O Desafio das Desigualdades

Coleção Estudos
Dirigida por J. Guinsburg

Equipe de realização – Tradução: Wilson F. Menezes; Edição de Texto: Alexandra Fonseca e Marcio Honorio de Godoy; Revisão: Iracema A. de Oliveira; Sobrecapa: Sergio Kon; Produção: Ricardo W. Neves, Sergio Kon, Luiz Henrique Soares e Raquel Fernandes Abranches.

Pierre Salama

O DESAFIO DAS DESIGUALDADES

AMÉRICA LATINA/ÁSIA:
UMA COMPARAÇÃO ECONÔMICA

Título original francês:
Le Défi des inégalités. Amérique Latine/Asie: Une comparaison économique

Copyright © 2006 pela Éditions La Découverte, Paris.
Este livro foi publicado originalmente em 2006, na França
pela Éditions La Découverte.

Dados Internacionais de Catalogação na Publicação (CIP)
(Câmara Brasileira do Livro, SP, Brasil)

Salama, Pierre, 1942-
O desafio das desigualdades. América Latina/Ásia: uma comparação econômica / Pierre Salama; tradução Wilson F. Menezes – São Paulo: Editora Perspectiva, 2011.

Tradução de: *Le défi des inégalités. Amérique Latine/Asie: Une comparaison économique*

Bibliografia.
ISBN 978-85-273-0921-9

1. Economia 2. Sociologia. 2. Desigualdade e distribuição de renda. I. Título

| XXXX | CDD |

Índices para catálogo sistemático:

Desigualdade e distribuição de renda
Pobreza

Direitos reservados em língua portuguesa à
EDITORA PERSPECTIVA S.A.

Av. Brigadeiro Luís Antônio, 3025
01401-000 São Paulo SP Brasil
Telefax: (011) 3885-8388
www.editoraperspectiva.com.br

2011

Sumário

Introdução xiii

1. ESTAGNAÇÃO ECONÔMICA
   E DESIGUALDADES NA AMÉRICA LATINA..... 1

   Uma História Econômica com Restrição............ 1

   A Tendência à Estagnação Explicada pelo Aumento
   das Capacidades Ociosas de Produção 11

   Financeirização, Comportamentos Rentistas,
   Volatilidade e Nova Tendência à Estagnação 24

2. POBREZA: SUCESSOS APARENTES NA ÁSIA,
   FIASCO NA AMÉRICA LATINA 41

   As Medidas da Pobreza Monetária 43

   O "Triângulo da Pobreza" 46

   Vulnerabilidade e Volatilidade 63

3. PASSIVIDADE *VERSUS* VOLUNTARISMO:
   A ABERTURA REVISITADA 79

   Papel das Exportações no Crescimento 79
   Uma Aposta nas Novas Estruturas 82
   Globalização Comercial: Mais Abertura, Mais
   Crescimento? 90
   A Abertura ao Comércio Internacional:
   Uma Vitória do Mercado sobre o Estado? 99

4. DE UMA ABORDAGEM PELAS INSTITUIÇÕES
   À REDESCOBERTA DO ESTADO 107

   Crítica das Teses Dominantes sobre a Redução
   do Papel do Estado 110
   As Particularidades do Estado nas Economias
   Emergentes Inseridas na Economia Mundial 120

5. UM CRESCIMENTO PUXADO PELO
   MERCADO INTERNO COMO RESPOSTA À
   CRISE NA AMÉRICA LATINA: UMA UTOPIA
   MOBILIZADORA? 141

   De Uma Crise à Outra 143
   A História Pode se Repetir? 149
   Conclusão 158

6. UMA CRISE FINANCEIRA ESTRUTURAL 163

7. FORÇAS E FRAGILIDADES DA ARGENTINA,
   DO BRASIL E DO MÉXICO 177

   Vulnerabilidade Comercial: A América Latina
   Marginalizada 179
   Vulnerabilidade Financeira: A América Latina
   Volátil 188

Que Pensar das Políticas Contracíclicas
e das Coalizões e Conflitos de Interesse? 198

Conclusão 214

8. PERCURSO DE VIDA DE UM PESQUISADOR
EM ECONOMIA............................... 217

Primeiros Passos 218

A Pesquisa: Ambiguidades nas Expressões Utilizadas e
Novas Dificuldades 225

CONCLUSÃO:
OS ENSINAMENTOS DA COMPARAÇÃO
ENTRE ECONOMIAS LATINO-AMERICANAS
E ASIÁTICAS 243

ANEXO:
OS EFEITOS DA MODERNIZAÇÃO TÉCNICA
SOBRE O CRESCIMENTO E O EMPREGO:
OS ENSINAMENTOS DE TRABALHOS
RECENTES 249

A Produtividade Total dos Fatores: Um Indicador de
Modernização Pertinente? 249

A Produtividade do Trabalho Afetada pela Volatilidade
do PIB.. 252

Uma Relação Inversa entre Expansão da Produtividade
e Diminuição da Pobreza? 255

Uma Elasticidade do Emprego em Relação ao PIB Cada
Vez Mais Fraca............................... 256

Referências Bibliográficas........................... 259

*Meus agradecimentos a Jaime Marques Pereira,
Jean Cartier-Bresson, Alexis Saludjian, Nicolas Benies,
François Gèze e aos muitos amigos latino-americanos
que leram e comentaram capítulos deste livro quando
de minhas viagens ao Brasil, México, Argentina
e Colômbia.*

Introdução

Desde meados dos anos de 1980, as economias emergentes passam por um crescimento mais elevado em relação às economias desenvolvidas. Isso pode ser explicado pela forte expansão do continente asiático, mais particularmente da China e da Índia. Nesses países, o crescimento das desigualdades de renda é muito grande. Em outros, mais particularmente na América Latina, a expansão é bem menor, mas as desigualdades tendem a aumentar, em benefício dos 5% a 10% da população mais rica e em detrimento de uma fração de camadas médias e às vezes de trabalhadores menos qualificados. Trata-se, portanto, de uma concentração em favor das altas rendas, dificilmente apreendida pelos indicadores globais e essencialmente explicada pela elevada participação das atividades financeiras no produto interno bruto e a forte remuneração dos ativos financeiros.

De maneira geral, *as desigualdades são um desafio* para o desenvolvimento, porque o aumento delas, ou sua manutenção em um nível muito elevado, produz sociedades excludentes e instáveis, além de enfraquecer a coesão social. Além disso, são um desafio igualmente intelectual, pois as relações entre desigualdades e crescimento são complexas: respeitando as condições, o crescimento pode favorecer tanto as desigualdades fracas quanto as fortes e com distintas evoluções. Sob esse ângulo, comparar as performances econômicas da Ásia e da América Latina mostra-se muito instrutivo. As relações entre desigualdades e crescimento não podem, com efeito, ser compreendidas sem levar em conta outras variáveis, dependentes umas das outras: a renda *per capita*, a dimensão dos mercados, o grau de abertura das economias, o papel do Estado. Essas diferentes variáveis se sobrepõem: a abertura controlada expressa a existência de uma política industrial do Estado; menos desigualdade pode significar uma política social ativa dos poderes públicos; mais desigualdade pode ser acompanhada do livre jogo das forças de mercado e, portanto, resultar em uma retração do Estado sobre as esferas econômicas e sociais. Vamos ilustrar nosso propósito através de alguns exemplos.

No caso de um país pequeno, com uma renda anual *per capita* da ordem de cinco mil a sete mil dólares, grandes desigualdades limitam a dimensão de certos mercados internos e sua natureza pode frear o crescimento, exceto se esse país optar por uma grande abertura de sua economia. Nesse caso, a demanda externa pode constituir seu mercado. O mercado externo torna-se um substituto ao freio posto pelas fortes desigualdades. Em geral, tal configuração somente pode acontecer se o Estado intervém para favorecer a expansão das atividades de exportação. Diferentes tipos de regimes políticos podem ser levados a se orientar dessa forma. É assim que uma ditadura chegou ao Chile no início dos anos de 1970, fato que possibilitou uma reorientação da atividade econômica a um custo humano muito elevado no plano político.

No caso de um país grande, com renda *per capita* e desigualdades comparáveis ao caso anteriormente mencionado, grandes desigualdades podem não ser um limite à rentabilidade do capital e ao crescimento. Nesse caso, o crescimento é alimentado pelo próprio tamanho dos diferentes segmentos do mercado interno, podendo estes ser suficientes em relação às tecnologias utilizadas e assegurar a rentabilidade dos investimentos efetuados.

Duas observações devem, entretanto, ser feitas: uma com respeito à segmentação da demanda; outra em relação aos efeitos da elevação da atividade financeira sobre o crescimento.

Em primeiro lugar, desigualdades muito elevadas são acompanhadas de demandas bastante diferenciadas segundo as camadas da população: diz-se, então, que a demanda é segmentada. Por exemplo, a maior parte da população não pode ter acesso ao mercado de automóveis. É também possível que a demanda das camadas mais ricas não tenha tamanho suficiente para assegurar uma rentabilidade mínima aos setores mais dinâmicos e que o crescimento, no conjunto, esteja obstruído. Esse não é o caso da China atual, cuja população ultrapassa 1,3 bilhão de habitantes. Mas foi o caso do Brasil nos anos de 1960. Assim, para que se retome o crescimento, basta que as categorias mais ricas, 30% da população, tornem-se ainda mais ricas, e que as desigualdades se acentuem a partir de um nível já elevado. No entanto, é preciso também que o Estado intervenha, investindo diretamente nos setores pesados, cujo financiamento é muito elevado para ser realizado por investidores privados. Isso é o que se passou no Brasil no final dos anos de 1960, com a chegada de uma ditadura "colbertista"*.

Em segundo lugar, as finanças adquiriram grande importância nos últimos anos. Nas economias latino-americanas, o desenvolvimento do setor financeiro se explica muito mais pelas necessidades de financiamento do Estado, em face dos serviços de suas dívidas interna e externa, que pelas necessidades das empresas. Estas recorrem pouco ao crédito para financiar seus investimentos e os mercados financeiros são ainda relativamente pequenos. A arbitragem dos bancos entre investimentos financeiros e financiamento de investimentos se faz, sobretudo, em favor dos primeiros. Nas empresas, o custo elevado dos capitais freia o investimento e o crescimento, de maneira que o apelo ao crédito bancário serve, sobretudo, para financiar o capital circulante. Os lucros financeiros aumentam de forma acentuada. O conjunto dos lucros do setor não financeiro aumenta, mas dentro deles cresce mais rapidamente a parte dos lucros pagos ao setor financeiro que a parte consagrada aos investimentos produtivos. Tais investimentos progridem de maneira insuficiente para

---

* Relativo a Jean-Baptiste Colber, ministro das finanças do rei Luís XIV durante 22 anos, que implantou na França uma política econômica baseada no superávit da balança comercial, com protecionismo e incremento da produção manufatureira (N. da T.).

alimentar um forte crescimento, mas o bastante para desatrelar a evolução dos salários em relação à produtividade. As desigualdades crescem. Enfim, os rendimentos elevados dos títulos financeiros, sobretudo públicos, aumentam consideravelmente as rendas de uma minoria da população (5% a 10%) e desviam essas pessoas dos investimentos que poderiam realizar, direta ou indiretamente, no setor produtivo. No limite, essa nova configuração das desigualdades não favorece o crescimento, mas produz comportamentos rentistas.

É preciso sublinhar que, em muitos pequenos países da Ásia, o forte crescimento não deu lugar a um aumento significativo das desigualdades ao longo das décadas passadas[1], ao contrário do que se passou e continua a acontecer na China. As desigualdades ficaram em níveis baixos, próximos dos observados nas economias europeias. Portanto, o aparelho industrial conhece reestruturações impressionantes, indústrias pouco capitalistas cedem passagem às indústrias mais capitalistas. O nível médio de qualificação dos empregos aumenta, sem que necessariamente o desvio padrão das qualificações cresça e as desigualdades salariais se elevem. Essa evolução foi possível graças a um esforço importante no domínio da educação.

O objeto deste livro é duplo. De um lado, aponta que existem vários modos de relação entre desigualdades e crescimento, combinando diferentemente as variáveis implicadas (nível e variações das desigualdades de rendas, grau de intervenção do Estado, grau de abertura externa da economia e suas modalidades); de outro, busca entender em que condições, na América Latina, novas políticas poderiam relançar o crescimento e diminuir a brecha entre cidadania política e cidadania social.

1   Em seu relatório de 1993 sobre o "milagre asiático", o Banco Mundial sublinhou a relação entre o baixo nível das desigualdades e o forte crescimento observado nos países asiáticos, em oposição à relação entre fortes desigualdades e o fraco crescimento constatado nos países latino-americanos. O Banco Mundial sublinhou também o papel unívoco das desigualdades sobre o crescimento: segundo ele, as desigualdades muito elevadas constituíam um obstáculo ao crescimento. No entanto, o próprio banco não encorajou políticas de redistribuição de rendas; ao contrário, ele as qualificou de "populistas", por causa dos efeitos perversos que essas políticas poderiam suscitar. E também recomendou o reforço do jogo das leis de mercado e a prática da livre troca. Graças à abertura externa, as desigualdades deveriam diminuir e oferecer muitas oportunidades ao crescimento.

Ler sobre os principais insucessos econômicos latino-americanos a partir do que parece ser sucesso na Ásia torna-se, então, particularmente instrutivo. Tal leitura revela, no mínimo, que não há "via real" para o desenvolvimento. Ela obriga a retomar o caminho percorrido na história do pensamento do desenvolvimento. Mas se a abordagem comparativa é frutuosa, ela também é fonte de perigos: com efeito, se os percursos asiáticos podem aparecer como exemplos a ser seguidos, isso não significa dizer que, em muitos aspectos, eles sejam modelos no plano político e social.

Nós privilegiamos aqui quatro temas: o crescimento, a pobreza, o grau e as modalidades de abertura externa, e o papel do Estado. Todos eles são analisados a partir do prisma das desigualdades. As particularidades do trabalho e do emprego, o papel exercido pelos investimentos estrangeiros diretos, as finanças internacionais, as consequências sobre o meio ambiente de uma agricultura intensiva e de uma industrialização selvagem não são tratados como tais, ainda que sejam abordados ao longo do livro.

O primeiro capítulo trata do crescimento. Admite-se muitas vezes que fortes desigualdades entravam o crescimento. No entanto, essa opinião vai às vezes de encontro aos fatos. Assim, no Brasil, pôde-se observar no final dos anos de 1960 e ao longo dos setenta um "milagre econômico" resultado, em parte, de um aumento das desigualdades. Essas desigualdades aconteceram em favor dos 30% da população mais rica e consolidaram assim a ascensão das camadas médias. A redução dos salários reais e o aumento da demanda de bens de consumo durável das camadas médias valorizaram o investimento feito nesses setores. A forte intervenção do Estado no setor de bens pesados e de capital acelerou o crescimento e reduziu sensivelmente a pobreza. Hoje, as elevadas desigualdades observadas na América Latina não parecem mais favorecer um crescimento forte e durável. Os comportamentos rentistas, alimentados pela expansão das finanças, são um freio ao crescimento.

Ao contrário, na China, desde os anos de 1980 o crescimento não é apenas muito elevado, durável e pouco volátil, mas as desigualdades crescem também a um ritmo muito grande (elas aumentaram em mais de 50%). Na China, a desigualdade é menor que na América Latina, os comportamentos são menos rentistas e a intervenção do Estado é mais consequente.

O segundo capítulo analisa a pobreza. Admite-se geralmente que o crescimento diminui a pobreza quando é estável, durável e elevado. Entretanto, pode acontecer de o crescimento não conduzir a uma redução significativa das desigualdades e alimentar uma distribuição das rendas favorável às camadas mais ricas da população. Na América Latina, o crescimento é fraco e volátil, e as desigualdades, situadas em um nível elevado, não diminuíram. Mais precisamente, a relativa estabilidade das desigualdades, medida por abordagens globais, mascara muitas vezes uma concentração das rendas em favor das frações mais ricas da população e em detrimento de uma parte das camadas mais pobres. Na Ásia, e mais particularmente na China, a pobreza diminui fortemente, mas com o aumento das desigualdades, sua redução é freada, talvez até mesmo estancada, apesar do crescimento. O crescimento das desigualdades inter-regionais e as disparidades crescentes entre cidades e campo fazem com que a pobreza se mantenha em um nível elevado em muitas dessas regiões.

A análise das experiências latino-americanas revela que é inútil esperar uma redução substancial do nível de pobreza absoluta a partir do funcionamento "livre" do mercado.

O terceiro capítulo aborda a abertura econômica aos mercados externos. Admite-se muitas vezes que a abertura é favorável ao crescimento. O termo "abertura" pode, no entanto, permitir uma ambiguidade: ele pode designar tanto uma política de livre troca como uma política intervencionista. A comparação dos percursos mexicano e asiático mostra que a expansão das exportações nem sempre tem os mesmos efeitos sobre o crescimento. No primeiro caso, há pouca ou simplesmente nenhuma política industrial, e a liberalização dos mercados autoriza uma expansão da indústria de montagem fracamente integrada (e observa-se uma diferença crescente entre as curvas do PIB e das exportações). No segundo caso, a política industrial executada conduz a uma integração cada vez mais importante das linhas de produção e, ao mesmo tempo, a uma modificação da estrutura das exportações em favor dos produtos cada vez mais elaborados; a relação, portanto, não é mais entre abertura e crescimento, mas entre abertura, intervenção do Estado e crescimento.

O quarto capítulo discute as instituições. Muitas vezes admite-se que se os Estados não respeitarem os direitos de propriedade, suas instituições terão pouco desempenho, e isso resultaria em um crescimento mais baixo do que se poderia alcançar se houvesse respeito aos direitos de propriedade. Ora, as análises do crescimento chinês e de outros países da Ásia invalidam essa tese. A escolha não se dá entre um Estado muito intervencionista, mas com pouca eficácia em razão da perda de qualidade de suas instituições. A opção que parece ser mais eficaz consiste em reduzir, ao mesmo tempo, o déficit de racionalidade – enfrentado muitas vezes pelos aparelhos de Estado – e o déficit de legitimidade dos governos junto às suas respectivas populações, permitindo assim reforçar a democracia e aproximar cidadania social e cidadania política.

1. Estagnação Econômica e Desigualdades na América Latina[1]

UMA HISTÓRIA ECONÔMICA COM RESTRIÇÃO

*O Contexto da Industrialização
por Substituição de Importações*

Em países periféricos, a economia de exportação pode, às vezes, contribuir ou não para a industrialização. Desde o fim do século XIX, a especialização internacional, baseada na produção de produtos primários, provoca uma dinâmica industrial que é muitas vezes frustrada pela vontade das potências dominantes. Tal dinâmica é mais ou menos importante segundo a natureza do produto exportado e a intensidade do comércio com as economias do centro (algumas especializações internacionais contribuem pouco para essa dinâmica industrial: a exploração de certas matérias-primas conduz a efeitos de enclave; outras explorações, não).

A industrialização das economias periféricas se origina da *monetização* da força de trabalho empregada (cuja demanda

---

[1] Este capítulo retoma, em parte, uma contribuição em homenagem a Celso Furtado, quando de um seminário organizado pelo Banco do Nordeste e realizado em Fortaleza em julho de 2005. Uma versão revista dessa contribuição foi publicada na *Revue Tiers Monde*.

estimula uma pequena indústria de bens de consumo), da manutenção das infraestruturas mais ou menos importantes (indústrias mecânicas), e das economias ligadas aos efeitos de aglomeração que se encontram, sobretudo, nos portos (indústria da construção). Essa industrialização é freada pelas exigências das economias do centro, que temem ao mesmo tempo uma concorrência por seus produtos e um questionamento da relação de dominação que poderia produzir uma industrialização nesses países. A intenção dessa breve lembrança histórica é mostrar as especificidades da industrialização desenhadas pelo mercado interno, e ir ao encontro das ideias equivocadas que muitas vezes confundem finalidade (o mercado interno) e processo (a constituição desse mercado via monetização). Com efeito, o mercado não é constituído, mas se constitui, e a industrialização só acontecerá se certas condições sociais e políticas, institucionais e econômicas se harmonizarem ao longo do tempo.

Na América Latina, o processo de industrialização recorreu inicialmente a uma mão de obra imigrante de origem europeia e composta de relativamente poucos camponeses. Com a guerra de 1914-1918 e a sucessão de crises nas economias do centro – em especial a "interminável" crise dos anos de 1930 –, abre-se uma janela para a industrialização por substituição de importações. Essa industrialização se inicia nas indústrias leves, que pouco necessitam de capital e mão de obra qualificada. Trata-se de uma *resposta "não pensada"* à crise externa, mas que se torna durável apenas se certas condições estiverem reunidas: um mínimo de tecido industrial, produzido direta e indiretamente pela economia de exportação, alianças de classes visando preservar os interesses dos exportadores afetados por essa crise, e sua tradução no plano governamental em uma política de ajuda aos exportadores. Tal conjuntura explica um pouco o fato de os países latino-americanos terem conhecido esse tipo de industrialização na época.

A mão de obra imigrada e a que vem do campo, pouco monetizadas, foram utilizadas nas pequenas empresas com baixa intensidade capitalista. À primeira fase de substituição da importação leve corresponde um forte processo de *monetização*: os camponeses migram para as cidades e oferecem sua força de trabalho não qualificada a uma indústria produtora de bens de consumo e de produção simples, em troca de uma renda monetária. *É isso que constitui a originalidade do processo de substituição de importações*: longe de ser a expressão de uma simples e precoce política keynesiana, ainda que haja uma distribuição de renda, o essencial do crescimento se explica pela monetização da força de trabalho. O mercado interno não está ainda verdadeiramente constituído.

O espectro das rendas desses trabalhadores é fechado, de sorte que a distribuição das rendas (monetizadas) pode ser caracterizada como "horizontal", diferentemente da distribuição que se segue com a chegada de uma indústria mais sofisticada, produtora de bens intermediários e de consumo durável. Essa segunda fase se caracteriza por uma substituição de importações pesadas. A forte intensidade capitalista é acompanhada de uma diferenciação profunda da mão de obra absorvida: os leques das qualificações tornam-se mais abertos e com eles o espectro das rendas salariais. Graças a esse tipo de industrialização mais pesada e mais sofisticada, que cada vez mais demanda bens de consumo durável, começa a aparecer, de maneira significativa, uma demanda específica das camadas médias em expansão (técnicos, engenheiros). A cidade, monetizada, produz grande número de trabalhadores.

O crescimento da mão de obra absorvida diminui, mas o processo de monetização continua, em razão da atração das cidades (pensadas como oferecedoras de melhores condições de vida) e da expulsão econômica do campo pouco (mas crescentemente) monetizado. A mão de obra em excesso ocupa cada vez mais os empregos formais, pouco remunerados. A miséria dos campos produz a miséria das cidades. Nessa configuração, a distribuição das rendas tende a se tornar "vertical". As desigualdades aumentam a partir de um patamar já elevado; as razões desse aumento são endógenas ao regime de crescimento adotado. A originalidade do argumento da Cepal (Comissão Econômica para a América Latina da Organização das Nações Unidas), em suas primeiras explicações sobre a industrialização, é que, além das razões históricas na fonte das desigualdades profundas (modos de colonização no povoamento desses países), a continuidade das deformações da distribuição de rendas no essencial se explica pelos regimes de crescimento adotados: substituição de importações leves (*concentração horizontal*), seguida pela substituição de importações pesadas (*concentração vertical*).

Enquanto a demanda das camadas médias permanece em harmonia com as dimensões da oferta de bens duráveis, o movimento deslanchado por esse tipo de industrialização é positivo. Mas nos anos de 1960 as coisas mudaram: após a superação da crise dos anos de 1930 nas economias desenvolvidas, a reconstrução das economias europeias e asiáticas depois da Segunda Guerra Mundial, seguindo-se o retorno do crescimento sustentado na Europa e no Japão, a restrição tecnológica torna-se mais forte. A capacidade ótima de produção aumenta por conta da evolução das técnicas nos países desenvolvidos. O protecionismo amplia o leque restrito das técnicas elegíveis[2], mas não oferece a possibilidade de escolher qualquer técnica – como pensa a tese neoclássica de alocação ótima dos fatores –, em particular as intensivas em mão de obra. Os empresários "escolhem" técnicas mais ou menos de ponta e a partir dessa escolha sofrem uma dependência tecnológica. O protecionismo permite tornar mais maleável tal restrição. Mas chega o momento que o rendimento dos 30% a 40% da população mais rica não é suficiente, tendo em vista a pressão das dimensões ótimas da oferta de bens duráveis e de seus *insumos* (bens intermediários e de equipamento). A industrialização por substituição de importações reencontra então seus limites, os quais se tornam cada vez mais difíceis de ser ultrapassados. Os obstáculos, tanto externos (pressões produzidas por uma capacidade de importação limitada) como internos (distribuição das rendas ligada ao processo de industrialização),

---

2 Apesar dos efeitos benéficos do protecionismo, quando ele permite a execução de uma política industrial e ajuda as indústrias nascentes, seu reforço pode produzir efeitos perversos. O protecionismo tende a acentuar o comportamento rentista dos empresários nacionais e estrangeiros. Ele estimula, por exemplo, as empresas transnacionais a entrar no mercado para produzir bens obsoletos em seus países de origem, ou mesmo produzidos a partir de linhas de produção atrasadas, de segunda mão; estimula, ainda, tais empresas a exigir, da parte do governo local, a continuidade dessa proteção, fonte de renda. Esse é o caso das multinacionais da indústria automobilística, que durante longos anos – de 1960 a 1980 – exportaram capital produtivo desvalorizado em seus países de origem, mas valorizados em outros lugares graças ao protecionismo (P. Salama, Spécificités de l'internationalisation du capital en Amérique Latine, *Revue Tiers Monde*, n. 74). No entanto, este último, mesmo elevado, não é autárquico, pois existem limites com a alta dos preços relativos, que pode ser insuficiente para assegurar uma elevada taxa de valorização.

tendem a ficar intransponíveis. Em vez de dinamizar o crescimento, esses fatores tendem a desacelerá-lo.

Estagnação e Desigualdades nos Anos 1990

Desde os anos de 1990, as economias latino-americanas conhecem em conjunto uma modesta taxa média anual de crescimento (ver tabela 1) – para não dizer baixa, sobretudo quando comparamos com as taxas dos anos de 1950 a 1970 e as confrontamos com as taxas de crescimento das economias asiáticas. Às vezes, em certos países, essa taxa é elevada durante alguns anos, mas sua volatilidade é em geral pronunciada, com exceção de poucos países (ver tabela 1).

Tabela 1.
Taxas de crescimento do PIB na América Latina, 1994-2005
(em percentual, a preço constante de 1995)

	1994	1995	1996	1997	1998	1999	2000	2001	2002	2003	2004	2005
Argentina	4,4	-4,1	4,1	6,6	2,5	-4,6	-1,9	-5,4	-11,7	7,7	9,0	8,6
Brasil	4,7	2,7	1,0	1,6	-1,2	-0,4	2,4	-0,2	0,1	-1,2	4,9	2,5
México	2,5	-7,8	3,6	5,0	3,4	1,9	5,1	-1,8	-0,7	-0,9	4,4	3,9
Colômbia	3,9	2,9	0,0	1,4	-1,2	-5,6	0,6	-0,3	0,2	3,0	4,1*	4,0*
Chile	3,3	7,2	5,3	5,2	1,9	-1,8	3,2	2,3	0,9	2,2	6,1*	5,9*
América Latina	3,4	-0,6	2,1	3,4	0,6	-1,1	2,1	-1,1	-2,1	0,5	5,9	4,3

Fonte: Cepal, *Anuário Estatístico* (e FMI, *World Economic Outlook*, 2005).

A volatilidade do crescimento nesses países é menos elevada que nos anos de 1980, mas maior que nas economias asiáticas, apesar da forte crise do fim dos anos de 1990 (ver tabela 2). Medidas em nível global pelo "coeficiente de Gini"[3], as desigualdades

3 O coeficiente de Gini é um indicador global de desigualdades: ele estabelece uma relação entre as porcentagens da população e da renda distribuída. População e renda, em porcentagem, formam os dois lados de um quadrado. Se, por exemplo, 5% da população recebe 5% da renda, 10% recebe 10% etc., tem-se uma distribuição da renda absolutamente igual. O coeficiente corresponde à diagonal do quadrado. A distribuição da renda é mais ou menos desigual segundo o país: 10% da população recebe, por exemplo, 5% da renda; 20% recebem 9% etc. Obtém-se assim uma linha que reflete essa distribuição (essa é a "curva de Lorenz"). O espaço compreendido entre essa linha e a diagonal correspondente

de renda, consideráveis, aumentam menos que no passado, e até se estabilizem, com exceção da Argentina, onde pobreza e desigualdades cresceram consideravelmente. Entretanto, essa relativa estabilidade esconde uma profunda redefinição da distribuição da renda: a curva de Lorenz* se modifica em detrimento das camadas médias e da pobreza, pois, após ter diminuído com o fim das fortes inflações dos anos de 1980, se estabiliza no início dos anos de 1990. Conforme o país, concentração das rendas em favor das camadas sociais mais ricas e relativa estabilidade da pobreza em um nível elevado caracterizam os movimentos de distribuição das rendas de uma maneira mais ou menos pronunciada.

Na Ásia, ao contrário, existe aparentemente apenas uma única fase, caracterizada por uma taxa de crescimento *per capita* elevada, e mesmo muito elevada nos anos de 1980, às vésperas da profunda crise do final dos de 1990. Esse crescimento é ainda considerável após os anos de 1960 para certos países (os "tigres"**: Coreia do Sul, Taiwan, Singapura e Hong Kong) e desde os anos de 1970 para outros (Malásia, Tailândia etc. e China), e, mais recentemente, para a Índia[4]. Ele é regular exceto pela grande

  à metade do quadrado é o "coeficiente de Gini". Quanto mais a curva de Lorenz se aproxima da diagonal, menor será o espaço ocupado entre essa curva e a diagonal, logo, menor será o coeficiente de Gini – e vice-versa. Compreende-se também que o espaço ocupado entre essa curva e a diagonal pode ser produzido por duas curvas de Lorenz diferentes na mesma curvatura; um mesmo grau de desigualdade pode assim corresponder a situações diferentes.

* A curva de Lorenz é uma representação gráfica que estabelece uma relação entre o rendimento e a população. Com isso, ela permite avaliar o grau de desigualdade distributiva do rendimento entre os indivíduos de uma dada economia. Cada ponto da curva de Lorenz representa um percentual acumulado do rendimento (eixo vertical) e um percentual acumulado da população (eixo horizontal). Uma situação ideal estabelecida por essa curva seria dada se todos os indivíduos auferissem exatamente o mesmo rendimento; essa situação se verifica na bissetriz do gráfico. À medida em que os pontos do gráfico vão se afastando dessa situação, vão sendo caracterizados processos distributivos mais concentrados (N. da T.).

** Diferentemente do português, em francês este primeiro grupo é chamado de "dragões", e o termo "tigres" é aplicado ao segundo grupo referido (N. da E.).

4 Abstraindo a China e a Índia, observa-se uma redução da taxa média de crescimento dos novos países industrializados asiáticos entre os anos de 1980-2000 em relação aos anos de 1960-1970. Essa observação é válida também para os países do G6 (França, Alemanha, Itália, Japão e Reino Unido) e para os Estados Unidos (G. Palma, *Flying-Geese and Lame-Ducks*). Tal desaceleração mais ou menos pronunciada do crescimento, a partir de níveis elevados ou modestos, acontece no momento em que a globalização comercial e financeira se desenvolve.

crise do fim dos anos de 1990, que afetou a maior parte dessas economias, com notável exceção da China. E é acompanhado em certos países de um aumento muito forte das desigualdades, em especial na China, mas, no conjunto, a pobreza diminui fortemente. As duas tabelas a seguir apontam isso.

Tabela 2.
Trajetórias de crescimento e volatilidade:
comparação entre Ásia e América Latina

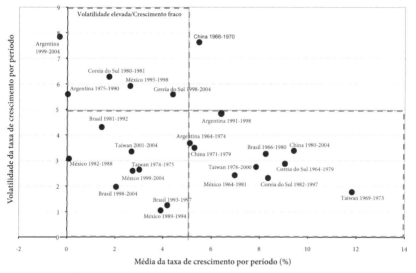

Fonte: Tabela elaborada por Alexis Saludjian – a quem agradecemos – a partir de uma base de dados de 1960-2004 do Banco Mundial. A escolha dos períodos é justificada pelos picos de conjuntura (existem fases em que os picos são baixos e outras em que eles são elevados), permitindo assim estudar a volatilidade no interior desses períodos.

A tabela 2 mostra que, com exceção da China (1966-1970), época da Revolução Cultural), nenhum país conhece, ao mesmo tempo, uma forte volatilidade e um crescimento elevado: *volatilidade e crescimento elevados são incompatíveis*. Na Argentina, a volatilidade é elevada e o crescimento fraco (quadrante superior esquerdo) durante um período longo (1975-1990 e 1999-2004), enquanto para outros países esses períodos são muito curtos (1980-1981 e 1998-2004 na Coreia do Sul). Pode-se considerar, desde então, que a inscrição nesse quadrante significa uma crise, quando o período é breve (Coreia do Sul), ou uma *decadência* da economia, quando o período é longo (Argentina).

É nos dois outros quadrantes (volatilidade média a fraca e crescimento elevado ou fraco) que a maior parte dos outros países se inscreve em diferentes momentos. O quadrante inferior direito (crescimento forte e volatilidade fraca) corresponde às economias asiáticas e mais particularmente, em um período muito longo, à China (1971-1979 e 1980-2004) e a Taiwan (1976-2000) – e em períodos um pouco mais curtos, a alguns países latino-americanos (Argentina, de 1991 a 1998; Brasil, de 1966 a 1980; México, de 1964 a 1981). Com exceção da Argentina, a conjunção de uma volatilidade fraca e de um crescimento elevado corresponde a uma época anterior à crise da dívida (1982) na América Latina. Enfim, no quadrante inferior esquerdo, caracterizado por uma volatilidade e um crescimento fracos, para os últimos anos estão, entre outros países, o Brasil (1998-2004) e o México (1999-2004), com exceção da Argentina, que conhece um crescimento particularmente sustentado após o colapso de sua economia em 2001.

A tabela 3 mostra, de uma outra forma, a diferença das trajetórias das economias asiáticas e latino-americanas: enquanto nas asiáticas o número de anos de crise (1960 a 2002) é pequeno, ele é muito elevado nas economias latino-americanas, em especial na Argentina.

Tabela 3.
Frequência das crises econômicas na Ásia e na América Latina (1960-2002)

	Número de anos com taxas de crescimento negativo do PIB			Porcentagem de anos de crise de 1960 a 2002
	1960-1980	1981-2002	1960-2002	
Argentina	6	11	17	42%
Brasil	3	9	12	29%
Chile	6	3	9	22%
México	0	8	8	20%
Coreia	2	1	3	7%
Tailândia	0	2	2	5%

Fonte: A. Solimano; R. Soto, Economic Growth in Latin America in the Late 20th Century, Cepal, *Macroeconomia del Desarrollo*, n. 33, a partir dos dados da Cepal e do FMI, disponível em: < www.eclac.org >.

As economias latino-americanas conhecem, portanto, no período, uma tendência global de estagnação, caracterizada por uma elevada volatilidade das taxas de evolução do PIB. Nos anos de 1960, a Cepal tinha procurado explicar o esgotamento do regime de crescimento por "substituição de importações". Das duas explicações emitidas por Celso Furtado desde 1966 para essa tendência à estagnação, a primeira se revela não pertinente, mas a segunda encontra certa atualidade.

A primeira tese destacava a impossibilidade de o processo de substituição de importações pesadas seguir adiante pelo fato de haver crescente rigidez da estrutura das importações. Segundo esse raciocínio, a restrição externa, antes fonte de dinamismo ("crescimento puxado pelo mercado interno"), se transforma pouco a pouco em seu contrário. A continuidade do processo suscita, com efeito, um volume de importação de bens de capital e de produtos intermediários tal que o valor dos bens importados acaba por ultrapassar o valor dos bens que se procura substituir por uma produção local. Como o país não chega a se endividar, a relativa falta de divisas impossibilita a integralidade da conversão do dinheiro em capital no setor industrial, dada a impossibilidade de importar bens de capital em quantidade suficiente. O aumento dos preços relativos dos bens de produção que resulta disso torna igualmente custoso o investimento na indústria, de maneira que o dinheiro se orienta para outros setores, nos quais a valorização requer menos importação, como o setor imobiliário ou de consumo de bens de luxo, em detrimento do investimento industrial. A taxa de crescimento da formação bruta de capital fixo diminui, o consumo improdutivo aumenta e o comportamento rentista dos empresários se acentua. A deformação dos preços relativos favorece a expansão da especulação sobre os bens imobiliários, mas a fragilidade dessa tese é que ela pressupõe a existência de obstáculos que reduzem os empréstimos externos. Ora, tal avaliação se revelou equivocada porque esses países se engajaram, desde os anos de 1970, em um forte processo de endividamento externo, permitido pelo excesso de liquidez da economia internacional, após a alta dos preços do petróleo e o aparecimento dos "petrodólares".

A segunda causa para a tendência à estagnação apresentada por Celso Furtado, mais estrutural, remete ao divórcio crescente entre as evoluções de uma distribuição de renda particularmente desigual e as condições de produção de certos produtos considerados "dinâmicos". Esse divórcio estaria na origem da capacidade ociosa de produção, que determina, ao mesmo tempo, uma deformação dos preços relativos e uma baixa na rentabilidade do capital, provocando, assim, uma diminuição relativa dos investimentos na indústria. A partir dos trabalhos do economista polonês Michal Kalecki (1899-1970), outros economistas explicaram a tendência à estagnação, insistindo no papel exercido pela busca de uma taxa de margem que leve em conta as estratégias de capacidade e a influência das variações da distribuição da renda sobre a decisão de investimento: as capacidades ociosas de produção e a variação da distribuição da renda em favor dos assalariados, mais que a amplitude das desigualdades, explicariam a desaceleração econômica (e é isso que examinaremos na seção seguinte).

Porém, as capacidades ociosas de produção provavelmente não são a característica mais dominante dos anos de 1990, exceto conjunturalmente. Isso coloca em dúvida a pertinência dessa tese. Certa tensão parece existir sobre essas capacidades, desde a retração do Estado nos setores de energia e de infraestrutura, decorrente das privatizações ou da desaceleração dos investimentos públicos. Compatível com a estabilidade relativa das desigualdades em um nível extremamente elevado, a concentração das rendas em favor dos 5% da população mais rica explica melhor a tendência rentista dos investidores, a taxa modesta de crescimento desde os anos de 1990 e a forte volatilidade do crescimento econômico das economias latino-americanas. Portanto, uma combinação de diversos fatores – retração do Estado, efeitos perversos das finanças sobre o investimento produtivo e sobre a concentração em favor das rendas elevadas – explicaria o fraco crescimento médio e seu aspecto particularmente volátil após os anos de 1990. No entanto, não se pode reter apenas a dimensão financeira, mesmo porque ela não provocou os mesmos efeitos na Ásia, como será visto em seguida.

A TENDÊNCIA À ESTAGNAÇÃO EXPLICADA PELO AUMENTO DAS CAPACIDADES OCIOSAS DE PRODUÇÃO

A Originalidade do Pensamento de Furtado[5]

A teoria da tendência à estagnação data dos anos de 1960. Ela permite explicar as dificuldades então encontradas pelo regime de substituição de importações, dificuldades cuja superação se torna cada vez mais difícil. Ela explica também as razões do aumento da capacidade ociosa de produção, muitas vezes em um nível mais elevado que nos países desenvolvidos. Ela esclarece, enfim, as causas da continuidade de uma forte inflação, cuja origem está não apenas na questão financeira, mas nas formas de expansão da indústria. Essa tese, entretanto, entra em contradição com a grande expansão da taxa de crescimento dos anos de 1960 e 1970. Portanto, paradoxalmente, a aceleração do crescimento durante a época da ditadura militar no Brasil confirma esses aspectos.

A abordagem de Furtado difere profundamente da abordagem das instituições internacionais. Ela se alinha às abordagens de Raul Prebish e da Cepal, assim como às de Nicholas Kaldor e mesmo de Michal Kalecki, e toma emprestadas as ideias desenvolvidas nas universidades de Cambridge. Nessa abordagem, a demanda vem antes da oferta. A continuidade do processo de substituição de importações produz um divórcio crescente entre as estruturas da demanda e da oferta de produtos dinâmicos.

Com efeito, a curva de demanda das famílias não é linear, mas quebrada, segundo a expressão de Paul Sweezy: com desigualdades de renda muito pronunciadas, as camadas de baixa renda (a maior parte da população) não podem ascender aos importantes bens duráveis, sobretudo aos produzidos pela indústria automobilística. Somente as pessoas que dispõem de um nível elevado de renda podem comprá-los. São os "bens de luxo", no sentido dado por David Ricardo a esse termo, que se

---

[5] C. Furtado, Industrialisation et Inflation; em *Développement et Sous-développement*.

diferem dos "bens dos trabalhadores", ou seja, bens de consumo não duráveis, acessíveis a todas as camadas da população. Essa distinção dos bens segundo a natureza, e principalmente segundo a acessibilidade, está na origem de uma modelação que parte de um sistema de equações para caracterizar a reprodução ampliada (setor de bens dos trabalhadores, de bens de luxo e de bens de produção) de inspiração kaleckiana, realizada por Maria da Conceição Tavares[6], e realça as especificidades da reprodução do capital nas economias semi-industrializadas[7].

As consideráveis desigualdades de rendimentos têm como efeito engendrar uma demanda de bens de luxo que, em razão dos efeitos de encadeamento (os *backward linkage effects* de Hirschman), está na origem de uma demanda de bens intermediários e de capital. O crescimento da produção desses bens "impulsiona" o crescimento do conjunto da economia: trata-se de produtos considerados dinâmicos porque são caracterizados por uma alta elasticidade da demanda em relação à renda, além de ser suscetíveis a provocar consideráveis efeitos em cadeia – para frente e para trás – sobre o restante da economia. Entretanto, do lado da oferta, a influência, mais forte que a proveniente da restrição tecnológica internacional – ligada ao grande crescimento econômico das economias centrais nos anos de 1960 –, se traduz em um aumento da dimensão ótima de produção para alguns desses bens. Beneficiar as economias de escala para reduzir os custos unitários exige aumento das capacidades de produção. Por essa razão, as dimensões da demanda e da oferta de bens duráveis, intermediários e de equipamento não seguem as mesmas lógicas e tendem a não mais se corresponder. Vejamos mais precisamente essa contradição.

A evolução divergente das dimensões da oferta (devida aos tamanhos ótimos cada vez mais importantes) e das da demanda

---

6 *Relação entre Distribuição da Renda, Acumulação e Modelo de Desenvolvimento* (mimeo).
7 Sobre essa questão, ver J. Cartier-Bresson; P. Kopp, *L'Analyse sectionnelle*. Esses autores fizeram uma síntese das literaturas brasileira e francesa e recalcularam as seções, não os setores (simples agregados de ramos), a partir da matriz de troca interindustrial. Eu mesmo, em *Un Procès de Sous-développement*, utilizei a configuração de Tavares para sublinhar a emergência de um novo regime de crescimento, chamado "excludente", o qual se baseia no avanço das classes médias na distribuição da renda e na dinâmica do setor de bens de luxo.

(concentração vertical das rendas) está na origem das grandes capacidades ociosas de produção e, em consequência disso, do maior peso dos custos unitários, parcialmente compensado pela alta dos preços (alimentando assim a inflação estrutural[8]), permitida pelo elevado grau de proteção que beneficia essas economias. A alta do preço *relativo* desses bens de capital em relação aos bens de consumo não duráveis torna o investimento mais caro, pesando sobre a rentabilidade do capital. Essa alta, bem como a dos bens de capital e dos produtos intermediários[9], repercute no setor de bens dos trabalhadores e tende a *frear as possibilidades de um crescimento elevado* nesse setor.

De maneira geral, nem sempre é possível repassar integralmente a alta dos custos aos preços, pois não se pode jogar indefinidamente com a proteção tarifária. A manipulação das trocas também pode não ser suficiente[10]. Nesse caso, a efetiva alta dos preços está abaixo da alta dos custos e da desejada alta dos preços. As margens diminuem. Encontramo-nos, desde então, diante do seguinte paradoxo: as empresas são forçadas a investir em tecnologias mais sofisticadas, mesmo que não sejam de ponta, e até, muitas vezes, de segunda mão, cuja implantação, com tudo o mais constante, reduz suas margens. Essa redução é, entretanto, menor do que a que aconteceria caso esses investimentos não tivessem sido feitos.

Três conclusões podem ser extraídas disso: a. as empresas são fragilizadas por essa redução das margens, fato que constitui

8 A teorização de Furtado sobre a inflação estrutural se opõe à abordagem dos monetaristas, cuja influência no Fundo Monetário Internacional é grande. Os monetaristas consideravam que a inflação era proveniente de um excesso de demanda, a qual era preciso reprimir através de uma política restritiva da oferta monetária. A Cepal considerava que as estruturas agrárias rígidas explicavam o essencial da alta dos preços. O aporte de Furtado foi o de demonstrar que no setor industrial, a inflação e a deformação dos preços relativos eram provenientes de uma insuficiência da demanda.

9 Supondo que ela aconteça nesse último setor, o que não é certo, pois o Estado, muito presente no setor de produtos intermediários e energéticos, pode praticar uma política de preços que não repercuta sobre a alta dos custos.

10 Essa manipulação das taxas de câmbio tem um aspecto contraditório: a desvalorização pode facilitar a expansão das exportações se, entretanto, a elasticidade em relação ao preço fosse elevada, mas ela pesa no valor das importações e notadamente das importações necessárias ao investimento, ou seja, os bens de capital importados. Em sentido oposto, a apreciação da moeda nacional diminui o valor desses bens, reforçando a eficácia e a produtividade do capital, mas torna mais difícil a exportação de produtos cujos preços não são definidos por uma divisa-chave.

uma atração para as empresas multinacionais, que assim podem absorvê-las mais facilmente (o investimento direto estrangeiro, em alta, não se junta integralmente ao investimento de nacionais; ele o substitui em parte); b. a valorização do capital torna-se insuficiente, provocando um aumento na atração para outras atividades mais rentáveis, com caráter especulativo (o investimento no setor imobiliário, por exemplo); c. enfim, a já acentuada tendência para o consumo das camadas médias e altas se amplia; por outro lado, o investimento do dinheiro não consumido desloca-se crescentemente para títulos estrangeiros. *No total, os comportamentos rentistas se acentuam e a tendência à estagnação se reforça.*

Esses resultados são importantes. Trata-se da primeira demonstração, na literatura do desenvolvimento, da existência de elevadas capacidades ociosas de produção, e, ao mesmo tempo, da manutenção de uma forte inflação, chamada de estrutural nos anos de 1960 e 1970. Com efeito, esses dois fenômenos não encontram explicações científicas outras, apenas aquelas, insatisfatórias, dos neoclássicos (uma demanda muito elevada que é preciso diminuir e uma alocação não ótima de recursos que convém corrigir por uma especialização segundo as vantagens comparativas).

A abordagem da Cepal dos anos de 1960 e 1970 permite compreender um duplo paradoxo: contrariamente aos cânones do pensamento dominante, as empresas escolhem técnicas intensivas em capital, quando globalmente os países são "pobres" nesse fator e "ricos" em mão de obra. Trata-se de uma escolha forçada, mas coerente com os objetivos de maximização dos lucros das empresas privadas. Mesmo sendo "pobres" em capital, essas economias o desperdiçam, o que afeta suas rentabilidades pela existência de importantes capacidades ociosas. A ênfase é dada na rigidez associada à distribuição particularmente desigual da renda.

Discussão dessa Tese: Estado e Camadas Médias

O raciocínio que acabamos de fazer permite dois comentários: o primeiro trata da intervenção do Estado; o segundo, da adaptação de uma parte da demanda final às condições da oferta, provocada pela emergência de um novo regime de crescimento.

Relações Estado-Indústrias Específicas

As lógicas de valorização do capital diferem em seus efeitos, dependendo se as empresas são públicas ou privadas. A diminuição da rentabilidade não provoca, portanto, os mesmos efeitos sobre o investimento em cada um desses dois casos.

A propriedade das empresas é principalmente privada no setor de bens de consumo duráveis, quer ela seja nacional ou estrangeira, mas também, em parte, no setor produtor de bens de capital. As grandes dificuldades encontradas deveriam suscitar uma redução da taxa de investimento, mas certas medidas podem atenuar essa redução: manipulação do câmbio, protecionismo acentuado, rigor salarial, subsídios diretos ou indiretos do Estado. No setor de produtos intermediários e parcialmente no setor de bens de capital, a propriedade é principalmente pública[11]. O aumento do peso dos custos unitários e a incapacidade de transferir integralmente esse aumento aos preços se traduzem em uma queda da rentabilidade. Esta é, porém, com frequência, muito desconectada do investimento das empresas privadas.

A relação rentabilidade/investimento não é a mesma nos dois casos. Os investimentos públicos obedecem a razões estratégicas e o Estado socializa as eventuais perdas – ou as insuficiências de lucro. Dessa forma, o Estado não obedece exclusivamente a uma lógica de subsídio às empresas pouco eficientes, tal como fazem acreditar os defensores de uma diminuição da presença do Estado na indústria. Ele obedece também a uma política industrial que visa oferecer às empresas privadas, situadas a montante ou a jusante, *insumos* com preços mais baixos que os autorizados pelo mercado. Nesse caso, trata-se de uma "aposta na nova estrutura", cujo custo pode ser

---

11 Destaquemos que sem intervenção do Estado nos setores pesados (indústria, energia, de transportes e de infraestrutura) esses, provavelmente, não teriam existido, tendo em vista as grandes dimensões dos investimentos e a impossível centralização do capital em razão do grande estreitamento dos mercados financeiros, quando existem.

avaliado (esse não foi o caso geral nessa época) e cujo benefício visa dinamizar as empresas privadas graças a uma depreciação do capital público. As perdas eventuais, ou melhor, os lucros insuficientes, das empresas públicas se transformam em ganhos para as empresas privadas. A desconexão parcial entre a alta dos custos unitários e a alta dos preços pode então ser interpretada como uma *subvenção* às empresas privadas.

Compreende-se, assim, que o excesso de capacidade de produção no setor de produtos intermediários, no qual a propriedade pública predomina, não provoca necessariamente uma desaceleração dos investimentos. Esses investimentos obedecem a uma outra lógica, próxima de um voluntarismo político, reproduzindo em certos casos uma forma colbertista de industrialização e de relações público/privado, sem que o custo real tenha sido avaliado, tal como pudemos observar no Brasil dos anos de 1960 e 70, após o golpe de Estado dos militares.

Dimensões Relativas e Dimensões Absolutas

A demonstração teórica da tese de tendência à estagnação repousa no crescente fosso entre as dimensões ótimas de capacidade de produção, necessárias para produzir bens de consumo duráveis e de capital, e as dimensões das demandas (das camadas médias, mas também dos investimentos). A análise é realizada em termos relativos quando se considera a demanda (concentração vertical dos rendimentos), mas também em termos absolutos quando a oferta é estudada. Existe, portanto, um problema de não homogeneidade do raciocínio, que deveria ser feito em termos absolutos dos dois lados. *A demonstração seria pertinente se* as evoluções em termos relativos da demanda desses produtos correspondessem sempre às evoluções em termos absolutos desses mesmos produtos. Porém, esse não é necessariamente o caso. Com efeito, com desigualdades similares, o rendimento de 30% de uma população muito grande de um país não tem a mesma dimensão do rendimento de 30% de uma população menor de outro país, ainda que ambos possam ter o mesmo nível de rendimento médio por habitante.

Assim, a dimensão da demanda das camadas médias não é a mesma nos grandes países latino-americanos, como no Brasil, no México, e mesmo na Argentina. Apesar das importantes desigualdades dos dois primeiros[12], as economias desses países possuem, entretanto, um mercado comparável ao de muitas nações europeias para numerosos bens duráveis – o que não é o caso do Chile ou da Colômbia, por exemplo. Nestes, as populações são menores, o grau de desigualdades é elevado, mas o nível de renda *per capita* situa-se em níveis comparativos. O confronto das demandas em relação às ofertas não se traduz, portanto, da mesma forma em termos de capacidades ociosas de produção, aumento do peso dos custos, alta dos preços e manutenção das margens.

Tal análise, porém, contém um deslize: ela trata da demanda dos produtos em termos relativos (pois depende da evolução da distribuição de renda), como se essa distribuição fosse significativa em sua dimensão absoluta de uma parte, e trata da demanda em termos absolutos (pois depende da dependência tecnológica) de outra parte. Essa crítica estritamente lógica pode ser atenuada de um ponto de vista empírico, quando, em ramos dinâmicos, produzindo bens de consumo duráveis e bens de capital, a situação "inicial" está em equilíbrio, e esse equilíbrio é rompido em seguida: o diferencial de velocidade dos aumentos das dimensões da oferta e da demanda desses produtos engendra capacidades excessivas de produção, que se traduzem em uma alta dos custos e em uma dificuldade crescente para manter as taxas de margem. Esse é o caso quando as restrições tecnológicas se fazem sentir cada vez mais e o progresso técnico imposto do exterior implica aumentos substanciais das capacidades ótimas de produção. Estamos, então, em presença de um conflito entre as economias internas de escala, fortes para essa categoria de produtos naquela época[13],

12 A Argentina nessa época detinha uma renda média *per capita* mais elevada que a observada em outros países, e uma distribuição de renda bem menos desigual. A dimensão relativa de sua população, comparada à do Brasil ou à do México, não se traduz, assim, em uma fraqueza absoluta da demanda de bens de consumo duráveis. É preciso, portanto, buscar em outra parte as causas profundas da longa desindustrialização que aquele país sofreu a partir de 1976 (golpe de Estado, governo não colbertista, monetarismo), ainda que se possa considerar que, desde o final dos anos de 1960, problemas relativos a uma valorização insuficiente do capital no setor de bens duráveis tenham sido enfrentados.
13 Tais escalas diferem igualmente entre os bens duráveis: a produção de certos bens necessita de uma dimensão tal que não pode ser empreendida na maior

e de uma distribuição de renda cada vez mais desigual, cujo tamanho absoluto da demanda desses produtos específicos não segue a dimensão da oferta.

Essas críticas e comentários realçam, de fato, a necessidade de considerar principalmente as condições de valorização do capital. Ao analisar o processo de industrialização com a ajuda dos ciclos do capital, compreende-se que o aumento dos custos unitários e a baixa valorização consecutiva podem ser resolvidos se as condições de execução do trabalho se modificam (salários reduzidos, organização diferente do trabalho). Como se verá, o "milagre" econômico brasileiro dos militares do final dos anos de 1960 até os de 1970 (a industrialização em "marcha forçada") se explica, em parte, por essa baixa do custo do trabalho, e em parte, pela ideologia colbertista, nacionalista e industrialista daqueles militares, ideologia ausente na Argentina da mesma época.

O Milagre Econômico Brasileiro sob a Ditadura Invalida a Tese da Estagnação?

As economias latino-americanas são relativamente fechadas nos anos de 1970. Os trabalhadores pouco ou não qualificados não participam da demanda efetiva de bens duráveis. Seus salários representam exclusivamente um custo e não pode estar na origem da demanda por esses produtos. Nesse sentido, uma política keynesiana redistributiva apenas teria provocado efeitos negativos sobre a dinâmica do setor de bens de consumo duráveis (o custo unitário do trabalho aumenta, mas a demanda não cresce), tal é o fosso existente entre as remunerações dos trabalhadores e as das camadas "altas e médias"[14]. Ao contrário,

---

parte dos países. Essa heterogeneidade, importante para os bens duráveis, não foi suficientemente considerada pela Cepal. Constata-se, desde os anos de 1990, uma "proletarização" de certos bens de luxo, mais ou menos elevada segundo os produtos, apesar das grandes desigualdades na distribuição das rendas. Os refrigeradores, os televisores, até mesmo os coloridos, por exemplo, são acessíveis a uma fração muito grande da população pobre (S. Rocha, *Pobreza no Brasil*; A. Barros de Castro, *Estratégias Industriais Pós-abertura*), mas isso ainda está muito longe de ser o caso do automóvel.

14 Essa qualificação não serve para uma definição sociológica das camadas médias, mas para uma decomposição social por estratos de renda, recorrente nas análises dos pesquisadores latino-americanos.

uma redução do poder de compra desses trabalhadores[15] e um aumento do peso das camadas na distribuição da renda[16] dinamizam o setor de bens de consumo duráveis, mas torna mais letárgico o de bens de consumo não duráveis, pois os trabalhadores são ao mesmo tempo um custo e uma demanda.

À medida que aumenta a parte do setor de alta tecnologia no tecido industrial, a formação social fica mais densa. O círculo "virtuoso" é assim o produto dessa acumulação, tornada novamente possível nesse setor dinâmico, e dos efeitos em cadeia que ele ocasiona tanto nos setores de bens de capital como no de produtos intermediários. As possibilidades de retorno ao crescimento desse setor ampliam assim a demanda de bens de consumo duráveis, na medida em que a estrutura do emprego favorece a utilização de uma mão de obra qualificada com poder de compra mais elevado[17]. A "verticalização" da distribuição de renda, analisada anteriormente – ou ainda o desvio padrão dos rendimentos salariais –, tende a aumentar, e com ela o peso das camadas médias e suas demandas por bens duráveis. Esse tipo de crescimento é excludente, podendo ser caracterizado como o da "terceira demanda"[18] para enfatizar sua especificidade: a harmonização das camadas médias com o setor de bens duráveis de consumo[19].

---

15 Como foi o caso do Brasil em 1964, desde o primeiro ano da ditadura: o poder de compra dos trabalhadores é brutalmente diminuído em 50%, essencialmente em decorrência da inflação.
16 A expansão do setor de bens de consumo duráveis, tornado possível pela redução do custo unitário do trabalho, engendra muitos empregos qualificados, pois se trata de indústrias mais capitalísticas. A essa transformação do leque de qualificações, que corresponde mais ou menos a uma mudança do leque de rendas, se soma um segundo fator: a expansão dos bens de consumo duráveis permite a expansão do marketing, da publicidade, dos serviços e de uma política de crédito de médio prazo. Nesses "novos setores", a parte relativa às camadas médias é igualmente importante. Existe, portanto, direta e indiretamente, uma transformação da curva de Lorenz em favor das camadas médias, provocada pela expansão desse tipo de indústria.
17 Lembremos que não se trata de uma solução "técnica". Foi preciso uma ditadura e a forte repressão que a acompanhou para remodelar a distribuição da renda em favor das camadas médias e em detrimento imediato de 60% da população.
18 P. Salama, *Un Procès de sous-développement*.
19 Camadas médias (3) em face das camadas "baixas" (2) e da demanda de investimento (1); bens de consumo duráveis (3) em face dos bens de consumo não duráveis (2) e em face dos bens de investimento (1).

A dinâmica desse regime de acumulação está ligada à sua capacidade de excluir a maioria da população dos benefícios do crescimento, por isso ele é excludente. Mas o crescimento muito forte em certos países, como o Brasil, um paradoxo facilmente compreensível, permitiu que a desigualdade crescente dos rendimentos se convertesse em uma diminuição da pobreza global: estima-se que o rendimento médio *per capita* no Brasil aumentou 220% entre 1960 e 1980, e que o índice de pobreza diminuiu 34%. Esses indicadores macroeconômicos globais ocultam, no entanto, o fato de a melhoria do nível de vida ter sido muito desigual, e de certas categorias terem conhecido, ao contrário, uma regressão de seu poder de compra (esse é o caso principalmente de numerosos trabalhadores sem-terra, obrigados a emigrar para as cidades na esperança de encontrar uma solução para sua miséria).

O Brasil dos anos de 1960 de alguma forma inaugurou uma via que foi em seguida escolhida pela China: forte crescimento, forte aumento das desigualdades, diminuição global da pobreza. Mas com uma diferença: no Brasil, o agravamento das desigualdades foi possível graças à implantação de uma ditadura. Existe, portanto, um fator extraeconômico na origem do processo, ao contrário da China, onde esse fator preexiste. Somente em seguida é que o encadeamento descrito se desenrola.

O Papel Exercido pelas Capacidades de Produção nas Abordagens Kaleckianas

Acabamos de ver que a escola chamada "estruturalista" coloca um importante peso no aumento das capacidades ociosas de produção. O mesmo se verifica nas abordagens kaleckianas, mas o papel exercido por essas capacidades não é exatamente o mesmo: depende do grau de monopólio, em Kalecki; do poder oligopólico, para o economista de origem austríaca Josef Steindl (1912-1993); e da distribuição da renda, para o economista indiano contemporâneo Amitava K. Dutt. Entretanto, com uma diferença em relação aos estruturalistas, a distribuição é percebida a partir do conflito distributivo, do crescimento possível das desigualdades, e pouco, ou mesmo nada, a partir do *grau de desigualdade*.

O objetivo desta seção não é analisar a obra de Kalecki[20]. Suas teses não são propriamente "estagnacionistas", mas suas análises e sua abordagem são muitas vezes utilizadas por essa corrente.

Em um mercado monopolístico, os preços são fixados pelas empresas. A oferta vem, portanto, primeiro; a demanda vem depois. O mercado pode, em seguida, corrigir esses preços se a demanda for insuficiente perante a oferta e vice-versa. A fixação dos preços reflete assim uma *estratégia* das empresas: ela depende de seu poder de monopólio e tem por objetivo reforçar esse poder, transformar a concorrência. O preço inclui uma taxa de margem decisiva, pois o lucro permite o investimento. Desse modo, a análise kaleckiana considera o investimento dependente dos lucros passados. A sociedade é hierarquizada: os empresários agem em dois mercados: o mercado de bens, no qual fixam os preços, e o mercado de trabalho, em que compram a força de trabalho. Os assalariados agem apenas no mercado de trabalho. Essa hierarquização é encontrada em Marx[21] e nos keynesianos de maneira geral: os empresários estão na origem do processo, pois eles investem e, fazendo isso, empregam. Quando se adota uma abordagem "seccional" (decompondo a atividade econômica em três seções, uma produzindo bens destinados aos trabalhadores, que gastam todo seu salários no consumo; outra produzindo bens de luxo destinados ao consumo dos empresários; e uma seção produzindo bens de capital destinados aos investimentos), pode-se mostrar que a produção de bens trabalhada é inteiramente determinada pelas decisões de gastos dos empresários em investimento e consumo, tomadas no período anterior.

Na abordagem de Kalecki, o preço depende dos custos unitários (salário e matérias-primas) e do grau de monopólio. Pode-se mostrar que a taxa de lucro[22] depende de algumas variáveis:

20 Para uma apresentação da obra de Kalecki a partir de uma abordagem marxista, ver A. Ferreira, *Limites da Acumulação Capitalista*.
21 Kalecki adota uma abordagem em termos de reprodução, como Marx, mas com uma diferença em relação a este, sua abordagem repousa exclusivamente na análise em termos de preço: não existe, portanto, análise em termos de valor e seu estudo das crises privilegia, nesse sentido, as crises de realização.
22 Ainda que Kalecki agrupe de maneira diferente os diferentes elementos, a taxa de lucro corresponde à de Marx. Essa taxa é dada pela relação entre os lucros brutos e o conjunto do capital (capital fixo K_f e capital circulante K_c). O capital fixo corresponde aos bens de capital e o capital circulante, aos elementos constituintes do custo direto, isto é, ao salário e às matérias-primas.

ela varia diretamente com a taxa de margem (ou *mark up*, k) e com o grau de utilização da capacidade de produção (v), e indiretamente com a relação entre os custos indiretos unitários (c: taxa de juro e dividendos pagos) e os custos diretos (u: salário e matérias-primas), tal como segue:

$$1 = [(k-1) - \frac{c_i}{u}] \frac{v}{a}$$

onde "a" representa um parâmetro positivo proveniente da suposta relação entre o grau de utilização da capacidade de produção e da relação entre o capital circulante e o capital total:

$$v = a\left(\frac{K_c}{K}\right)$$

A determinação do montante dos lucros depende então do poder de monopólio, do grau de utilização da capacidade de produção, e dos custos diretos e indiretos. Essa relação determina o lucro, e assim os investimentos futuros, permitindo alterar a concorrência. A abordagem desenvolvida por Steindl[23] é similar: ele insiste, provavelmente mais que Kalecki, no caráter estratégico da capacidade de produção. Em condições oligopolísticas de funcionamento do mercado de bens, as empresas podem obter um aumento dos lucros sem que tenha havido um crescimento da demanda. Um crescimento mais fraco da acumulação é compatível com uma dada taxa de margem e uma redução da taxa de utilização do capital, taxa esta que se aproxima então da *desejada* pelos capitalistas. Deduz-se, dessa forma, um aumento do subemprego e um excedente de capacidade de produção, portanto, uma propensão mais fraca a investir. De uma redução do crescimento da acumulação pode-se passar para a baixa absoluta por um movimento cumulativo autossustentável[24]. Tal movimento resulta uma tendência à estagnação.

O modelo de A. K. Dutt[25] demonstra o papel de uma variação da distribuição da renda sobre a taxa de crescimento. A partir de hipóteses fortes[26,] algumas das quais serão desconsi-

---

23 *Maturity and Stagnation in American Capitalism.*
24 J.-P. Bertrand, *Le Développement des Monopoles et la Tendance à la Stagnation.*
25 Stagnation, Income Distribution and Monopoly Power, *Cambridge Journal of Economics*, n. 8.
26 Existe apenas um bem ao mesmo tempo bem de consumo e de investimento. Trata-se de uma hipótese chamada ricardiana, que permite evitar o problema

deradas mais à frente, o investimento depende ao mesmo tempo do espírito de empreendimento (*animal spirits*) (*a*), da taxa antecipada de lucro (*r*) – quanto mais essa taxa é elevada, mais o investimento será grande –, e, como em Steindl, o investimento depende da taxa de utilização da capacidade de produção, medida pela relação entre a produção efetiva e a que poderia ser obtida com uma utilização total da capacidade de produção ($a_k \frac{Q}{K}$). O excesso de capacidade é assim dado por $K = a_k Q$, onde Q é a produção e K é o estoque de capital.

$$\frac{I}{K} = a + b + c a_k \frac{Q}{K}$$

Os empresários buscam um excesso de capacidade de produção para responder mais facilmente às variações rápidas da demanda, mas quando as capacidades ociosas de produção efetivas são superiores às desejadas, esse diferencial influencia a decisão de investir.

O preço depende da taxa de margem (๖) sobre os custos diretos, que aqui essencialmente são os salários. Combinando diferentes equações simples, mostra-se que a taxa de lucro varia com a produção Q para uma taxa de margem e um estoque de capital dados.

$$r = \left[\frac{๖}{(1+๖)} \right] \frac{Q}{K}$$

Dutt considera em seguida a poupança. A propensão a poupar é nula para os assalariados; também uma alteração da distribuição da renda será o único meio de modificar a poupança. O equilíbrio é obtido quando a poupança se iguala ao investimento.

Uma vez que o modelo está completo, Dutt analisa o que se passa em caso de mudança de uma das variáveis: por exemplo, um aumento da taxa de margem seguida de uma baixa dos salários reais, baixa essa produzida por uma alta de preços decidida pelos empresários. O método empreendido é o da estática comparativa. O nível mais baixo da produção, seguido de um aumento da taxa de margem, resulta em um aumento da capa-

da medida do capital: não tem Estado nem progresso técnico, uma economia fechada, sem assalariados e capitalistas, enfim, os coeficientes de produção são fixos à Leontief.

cidade ociosa de produção para um dado estoque de capital. Esse crescimento da capacidade ociosa de produção conduz a uma redução da taxa de investimento, da taxa de lucro e da produção. A alteração da distribuição de renda, em seguida a um aumento da taxa de margem no quadro de hipóteses fortes (economia fechada, sem progresso técnico[27], sem finanças), leva a um processo cumulativo e à consequente estagnação econômica.

Portanto, não é muito difícil dinamizar o modelo e mostrar que uma melhoria na distribuição de renda em favor dos trabalhadores produz um crescimento mais elevado e vice-versa. Quanto mais a taxa de margem diminui, menos desigual é a distribuição de renda para os assalariados, mais elevado é o crescimento e vice-versa.

FINANCEIRIZAÇÃO, COMPORTAMENTOS RENTISTAS, VOLATILIDADE E NOVA TENDÊNCIA À ESTAGNAÇÃO

Modesta taxa de investimento; desigualdades situadas em níveis muito elevados; taxa de crescimento médio moderada, senão fraca; volatilidade muito forte, mas inferior à dos anos de 1980, essas são as principais características da evolução das economias latino-americanas desde os anos de 1990, com poucas exceções. Desigualdades fracas, taxa de formação bruta de capital fixo elevada, crescimento forte e pouca volatilidade caracterizam, ao contrário, o percurso econômico das principais economias asiáticas após várias décadas.

As abordagens estagnacionistas analisadas colocam o excesso de capacidade de produção, de uma maneira ou de outra, com papel primordial. Ora, o que caracteriza as economias latino-americanas parece ser, desde o fim das fortes inflações, a *insuficiência* da capacidade de produção. Enfim e principalmente, essas abordagens não levam em conta a dimensão financeira.

A distribuição muito desigual da renda favorece comportamentos com tendências rentistas. O serviço da dívida externa

---

[27] Essa hipótese pode, entretanto, ser relaxada, e o progresso técnico pode ser introduzido no raciocínio.

e interna alimenta a financeirização, que retroage sobre a distribuição da renda, acentuando a concentração em favor das camadas mais elevadas (5% a 10% da população). Um círculo "vicioso" se instaura em detrimento do investimento. As finanças servem pouco ao investimento, que se realiza muito mais pelo autofinanciamento. Nesse contexto, a retração do Estado no setor produtivo não ajuda a estimular a execução de grandes projetos, nem a contrapor as tendências rentistas do regime de crescimento; muito pelo contrário, com a emissão de títulos públicos, ela o alimenta.

As Finanças:
Um Janus com Duas Faces na América Latina?

De maneira geral, o período atual se caracteriza por uma predominância do mercado de capitais sobre os demais. Esse mercado dita, de alguma forma, as condições de rentabilidade mínima requerida nos mercados de bens, e, consequentemente, essas condições apenas podem se realizar se o mercado de trabalho e as formas de emprego se dobram às novas exigências. De forma mais precisa, o domínio das finanças não se faz exatamente da mesma maneira nas economias desenvolvidas e nas economias emergentes. A economia mundial é estruturada e hierarquizada e as grandes praças do centro dominam, sem que isso possa significar, no entanto, que não haja espaço para o desenvolvimento periférico, como bem mostram os exemplos de Singapura, Hong Kong, e amanhã, provavelmente, de Xangai. Na América Latina, as praças financeiras e o sistema bancário têm ainda dimensões modestas, mas seu domínio sobre a economia real, porém, não é fraco, muito ao contrário.

A expansão das atividades financeiras não é, por natureza, parasitária. De maneira geral, as empresas agem em um ambiente macroeconômico, sobre o qual têm, na maior parte dos casos, pouco controle, e também agem em um contexto de informação incompleta. Atualmente, a complexidade da produção aumenta a incerteza quanto à rentabilidade dos projetos. A cobertura desses novos riscos conduz ao desenvolvimento de produtos financeiros igualmente complexos. Como tal, o mercado financeiro pode permitir a expansão de novas tecnologias e assegurar, por conseguinte, a conversão do aparelho produtivo para a fabricação de produtos industriais cada vez mais sofisticados, criando desse modo produtos financeiros adaptados ao risco. As exportações de produtos complexos necessitam não apenas da intervenção dos bancos e da montagem de um "pacote" financeiro complexo e original, mas também requerem a utilização de produtos financeiros chamados de derivativos, que devem cobrir uma série de riscos, entre os quais o do câmbio. Assim, a complexidade do mercado financeiro decolou com a liberalização financeira (descompartimentação, desintermediação e desregulamentação). Essa liberalização certamente tem um custo, mas permite um lucro superior a esse custo. O desenvolvimento das finanças e a expansão de produtos financeiros sofisticados favorecem então, *in abstracto*, o desenvolvimento do capital, pois o ciclo do capital só se desenrola se as atividades financeiras permitem ao capital produtivo ser valorizado.

Como Janus, *as finanças têm duas faces*: uma virtuosa, quando facilita a acumulação, e uma parasitária, quando age em seu detrimento. Essas duas faces coexistem, uma superando a outra e *vice-versa*, dependendo dos períodos e ambientes macroeconômicos (distribuições de rendas, formas de inserção na economia mundial, relações com as economias desenvolvidas e com os mercados financeiros internacionais). Na América Latina, a face parasitária de Janus certamente superou a face virtuosa.

Quando o lado virtuoso das finanças supera o lado parasitário, as atividades financeiras podem ser compreendidas como "indiretamente produtivas". Nesse momento, o desenvolvimento das finanças é tão mais virtuoso quanto mais engendre um aumento dos patrimônios fictícios, quando o crescimento da capitalização na bolsa é grande: o crescimento desses patrimônios fictícios aumenta a propensão ao consumo das famílias e oferece, assim, um campo suplementar para a valorização do capital produtivo – o que pôde ser observado nos Estados Unidos durante a presidência de Clinton. Estamos portanto longe de uma interpretação unilateral, concebendo a relação finanças/indústria unicamente do ponto de vista da punção dos lucros industriais operada pelas finanças. A taxa de investimento cresce e com ela também o endividamento, facilitado pela alta dos valores detidos pelas empresas e pelo aumento de sua capitalização em bolsa[28].

Existe uma tendência à "financeirização" quando o desenvolvimento dessas atividades obedece muito mais à capacidade de atração dos novos produtos financeiros por eles mesmos que ao objetivo de diminuir os riscos enfrentados no financiamento produtivo. A financeirização é, portanto, o patamar a partir do qual o financeiro, mais lucrativo que o produtivo, se desenvolve à custa deste último. *Ultrapassado esse patamar, o aspecto parasitário das finanças pode se tornar muito grande.* O setor financeiro parece então ser autônomo em relação ao setor produtivo.

Nesse contexto de volatilidade pronunciada dos mercados financeiros, a financeirização das empresas tem três efeitos interligados. O primeiro concerne ao conflito entre o capital financeiro e o capital industrial, o segundo diz respeito à distribuição da renda, o terceiro, enfim, é relativo à flexibilidade. Privilegiaremos aqui os dois primeiros.

O primeiro efeito da expansão das finanças é a mudança da divisão dos lucros em favor das mesmas. Nos países europeus, o aumento da parte dos lucros no valor agregado, consequência direta das restrições mais elevadas impostas à valorização do capital, alimenta sobretudo o "apetite" do capital financeiro. A parte dos lucros que vai para o capital industrial, uma vez pagos os impostos, os juros e os dividendos, é relativamente insuficiente para aumentar de maneira consequente a taxa de formação bruta de capital fixo. Segundo o jovem economista brasileiro Miguel Bruno, no caso do Brasil, os números são particularmente eloquentes e as evoluções, rápidas: nas empresas não financeiras, a parte dos salários no valor agregado passa de 61,9% em 1996 para 43,2% em 2002, enquanto a parte dos juros líquidos pagos ao sistema financeiro passa de 13,8% para 19,1%, a parte dos impostos cresce de 17,1% para 29,1%, os

---

28 Esse endividamento certamente financia uma parte da elevação do investimento, mas ele é provocado essencialmente pela compra de ativos a preços elevados quando do processo de consolidação. Nesse caso, a expansão das finanças favorece um aumento do crescimento.

impostos aumentam de 5,1% para 7,4%, e os dividendos ainda continuam em um nível marginal[29].

Alguns desses números podem conduzir a conclusões errôneas, portanto, convém qualificá-los melhor. A parte dos lucros líquidos não cresce de maneira tão abrupta no período, e a dos salários não diminui tão claramente. O ano de 1996 é particular: ele vem na sequência do "Plano Real" (relativo ao nome da nova moeda, adotada em 1994 pelo presidente Fernando Henrique Cardoso para lutar contra a inflação), e um dos seus efeitos foi proporcionar um aumento dos salários no valor agregado. Mas desde 1997 essa participação regrediu para 57,6%, enquanto a dos lucros aumentou para 24%. Mesmo que moderadas, essas evoluções são, entretanto, líquidas e consequentes. Prosseguindo sua análise, Miguel Bruno mostra que a taxa de juro líquido sobre o estoque de capital das empresas não financeiras passa de 8% para 20% entre 1996 e 2002, um aumento considerável, e a relação dos lucros brutos sobre o estoque de capital passa de 23,5% para 25,5%. A taxa de acumulação – medida pela formação bruta de capital fixo sobre o estoque de capital – diminui de 7% para 5% no período e alcança assim um nível particularmente medíocre.

Tem-se assim um triplo movimento: alta dos lucros e alta de parte dos lucros financeiros no conjunto dos lucros, mas os lucros industriais líquidos dos lucros financeiros são insuficientes, resultando em uma taxa de investimento no setor industrial muito fraca (ver box a seguir) para impulsionar um crescimento forte e principalmente durável.

UMA RELAÇÃO BANCOS/EMPRESAS ATÍPICA E PERVERSA

Na América Latina, as empresas tomam relativamente poucos empréstimos aos bancos para investir, enquanto as empresas dos países desenvolvidos financiam seus ativos em 70% por autofinanciamento, 20% por endividamento e 10% por emissão de ações. Na América Latina, esses números são respectivamente 80% por autofinanciamento e 20% por endividamento e emissão de ações no ano de 1990. Em uma análise detalhada do conjunto dos créditos (tanto para o capital fixo, isto é, o investimento, quanto para

---

[29] *Crescimento Econômico, Mudanças Estruturais e Distribuição.*

o capital circulante) feita pelos bancos para as empresas privadas, Christine Peltier[30] destaca as diferenças entre as economias asiáticas e latino-americanas: em 2004, os créditos para o setor privado representavam, em média, 72% do PIB dos países da Ásia (entre eles China e Índia) e somente 30% dos países da América Latina. As empresas tomam empréstimos principalmente para financiar o capital circulante junto aos bancos nos países em que as taxas de juros são muito elevadas, como no Brasil; e quando demandam créditos para financiar uma parte dos investimentos, elas o fazem junto a organismos especializados do Estado (BNDES), que os emprestam a uma taxa elevada, mas inferior às taxas proibitivas praticadas pelos bancos.

Com efeito, as taxas de juros reais são extremamente elevadas no Brasil. As despesas financeiras das empresas são, nesse sentido, muito elevadas e evoluem em um crescendo, na medida em que essas empresas têm necessidade de créditos para financiar o capital circulante e os bancos quase não financiam mais o investimento[31].

É interessante ressaltar que pode existir uma diferença entre as taxas de juros externas e internas. As primeiras são compostas de *prime rate* e de *spreads* (riscos ligados à probabilidade de uma variação de câmbio, de um não pagamento, de uma mudança de política); as segundas exprimem a política do governo (lutar contra a inflação, na ausência de uma lei para as falências cumprindo as normas internacionais). A diferença em favor das segundas tem um duplo objetivo: fazer com que os capitais permaneçam, que sejam atraídos por essas taxas, de um lado, e, de outro, que possam aumentar a credibilidade externa, o que deveria levar a uma redução do prêmio de risco e cessar as pressões sobre a taxa de câmbio. Mas o custo em termos de recessão e de peso da dívida interna é considerável[32].

Os bancos exercem, portanto, um papel marginal no financiamento do investimento, que não compensam os mercados financeiros muito estreitos. No fim, eles financiam principalmente o déficit do Estado (comprando bônus do Tesouro muito lucrativos), o capital circulante das empresas e os créditos de consumo (a taxas leoninas). As empresas financiam uma pequena parte de seus investimentos graças aos empréstimos do BNDES e marginalmente pelo

---

30 Les Banques en Amérique Latine, *Conjoncture*, n. 6.
31 G. Tadeu Lima; A. J. A. Meireles, *Macrodinâmica Pós-Keynesiana do Crescimento e Distribuição* (*working paper*).
32 L. G. Belluzo; R. Carneiro, *Política Econômica em Foco*, n. 1, artigo que trata da vulnerabilidade externa particular quando da implantação do câmbio flutuante no Brasil.

> acesso ao mercado financeiro. Assim, a relação mais importante é entre os bancos e o Estado. A manutenção das elevadas taxas de juros participa da concentração das rendas: as camadas mais ricas recebem, por seus depósitos e suas compras de títulos, juros igualmente muito elevados. A concentração em favor das altas rendas contribui para o desinteresse em investir no setor produtivo. O ciclo está fechado: o círculo torna-se vicioso à medida que o Estado prossegue em sua política de taxas elevadas.

O segundo efeito da financeirização das empresas é o reforço da *concentração* nas altas rendas, destruindo uma fração das camadas médias em favor das camadas superiores. Com efeito, o regime de crescimento com domínio financeiro implantado nos anos de 1990 tende a produzir uma mudança na estrutura dos rendimentos em favor dos 5% a 10% mais ricos da população (cuja parte no rendimento total aumenta), os 30% seguintes se caracterizam por uma segmentação de seus rendimentos: aqueles cujos rendimentos são mais elevados seguem a evolução dos 10% superiores, mas a uma velocidade menor, e os outros conhecem um processo de empobrecimento relativo. Uma importante fração das camadas médias é assim comprimida. Então, é lógico que a estrutura dos gastos é afetada. Mais precisamente, os gastos de ostentação das camadas mais ricas aumentam, favorecendo uma expansão pronunciada do preço dos serviços (restauração, hotelaria, imobiliário principalmente) mais rápida que a alta do índice de preços e às vezes da poupança. Desse modo, a camada mais rica se refugia em fundos que não alimentam o investimento ou pouco o faz.

Enfim, a financeirização das empresas ocorre em detrimento dos salários no valor agregado, e tende assim a *desconectar* sua evolução da produtividade do trabalho e precipitar modificações na organização do trabalho no seio das empresas. O regime de crescimento econômico com domínio financeiro das principais economias latino-americanas atribui uma função de "retroação" aos salários: peso das finanças em alta, lucro líquido estagnado, produtividade mais forte e salários reais desconectados da produtividade, permitindo o aumento das finanças e a estagnação relativa dos lucros. O efeito final é uma manutenção da formação bruta de capital no setor industrial em um nível modesto, logo, um crescimento limitado no médio prazo.

Uma Vulnerabilidade Financeira Forte, uma Volatilidade Elevada do Crescimento

A abertura brutal dos mercados de capitais produz efeitos extremamente importantes na economia real quando uma crise financeira se desenvolve. Estancar a fuga de capitais leva a aumentar as taxas de juros em um nível astronômico, o que, na ausência de uma desaceleração dessas saídas de capitais, faz com que se paralise muito rapidamente a produção e acelere a crise econômica. Os economistas redescobriram que *a velocidade de reação da economia real é muito mais lenta que a da economia financeira*[33].

Um aumento da taxa de investimento, por exemplo, somente tem efeito positivo sobre o crescimento ao cabo de certo tempo. Do mesmo modo, a depreciação da moeda nacional, mesmo grande após movimentos especulativos, não dá imediatamente lugar a uma expansão das exportações – e ainda é preciso que ela seja de amplitude muito grande, quando a economia é pouco aberta e os produtos exportados não são principalmente matérias-primas, se o desafio é obter um saldo comercial positivo. As reações a essas políticas não são, portanto, rápidas. Ao contrário, o setor financeiro é muito sensível aos movimentos especulativos e os montantes que fogem de um país podem ser elevados em um prazo muito curto. *Essa sensibilidade exacerbada se repercute com um efeito de alavancagem muito grande sobre o setor real.* Alguns exemplos: quando as taxas de juros aumentam sensivelmente, a fim de frear a saída de capitais e mesmo inverter esse fluxo, o primeiro efeito dessa alta brutal é tornar os créditos excessivamente caros, aumentar os serviços da dívida do Estado e,

---

33 Tal constatação é encontrada em certa medida em G. Calvo et al., *Sudden Stops*, disponível em: <http://www.iadb.org>. Esses autores designaram as economias pouco abertas, endividadas e de fato dolarizadas como particularmente sensíveis aos movimentos de capitais, sobretudo se seus bancos têm poucas relações com os bancos estrangeiros e se a dívida pública é grande. A implantação de uma taxa de câmbio flexível poderia exercer certo papel (ainda que isso dependa da qualidade das instituições do país) se essas características são atenuadas (maior abertura, menos dívida e dolarização). O ceticismo quanto à eficácia de uma política de câmbio, quando a qualidade das instituições não melhora no plano da fiscalidade, das finanças e da moeda, é desenvolvido em G. Calvo; F. Mishkin, *The Mirage of Exchange Rate Regimes for Emerging Market Countries*, disponível em: <http://www.nberg.org>.

com isso, tornar mais difícil a redução prometida de seu déficit; e enfim, muito rapidamente, provocar uma recessão ou mesmo uma intensificação da crise no setor real. Estamos, portanto, em presença do que se poderia chamar de um fenômeno de *overshooting* do setor financeiro sobre o setor real.

Esta diferença de sensibilidade é inversamente proporcional ao grau de abertura da economia. Esse grau é pequeno na América Latina, onde as economias são relativamente fechadas, apesar do aumento da taxa de abertura ao longo dos anos de 1990. Desde então, uma das taxas mais significativas a ser considerada não é a da dívida externa em relação ao PIB, mas a dessa dívida em relação ao valor das exportações. Nos países latino-americanos, essa taxa é muito elevada, a despeito do forte aumento das exportações nos anos 2000.

A capacidade de o regime de crescimento, estabelecido nos anos de 1990, produzir crises financeiras é notável. Suas necessidades de financiamento são consideráveis. Tais necessidades são pouco controláveis em sua parte financeira (juros e dividendos, amortização), a menos que possam aumentar considerável e duravelmente as exportações e obter um saldo positivo e mais consistente da balança comercial. As capacidades de financiamento dependem de vários fatores: uns continuam a engendrar efeitos perversos (liberalização do mercado financeiro e elevada política de taxa de juros), outros são pouco controláveis pelos governos desses países (como as disponibilidades financeiras dos países desenvolvidos, que dependem das próprias conjunturas).

Compreende-se assim que o problema da credibilidade das políticas governamentais não se situa em um nível absoluto, mas relativo. É suficiente, por exemplo, que as capacidades de financiamento diminuam de maneira considerável, embora as necessidades de financiamento se tornem menos importantes, para que a amplitude da diferença entre capacidades e necessidades seja de tal forma que provoque movimentos especulativos e precipite uma alta das taxas de juros, uma crise financeira, uma depreciação da moeda, uma desaceleração do crescimento.

Esses regimes de crescimento enfrentam uma dependência financeira muito elevada. Quando ocorre um divórcio entre as necessidades e as capacidades de financiamento, quer ele seja provocado por fatores endógenos ou exógenos, a variável-chave de ajustamento é a taxa de juros[34], e isso acontece em detrimento do crescimento, quando as entradas líquidas de capitais são insuficientes. Os efeitos da especulação financeira repercutem muito rapidamente sobre a taxa de câmbio. Assiste-se assim a uma evolução brusca dessa especulação: quando a política econômica dos governos adquire certa credibilidade e quando as capacidades de financiamento não são limitadas por uma crise nos países desenvolvidos, a taxa de câmbio nominal é relativamente fixa (totalmente ou flutuante dentro de um intervalo); e se deprecia de maneira brutal quando ocorre uma crise financeira.

A alta da taxa de juro tem por objetivo frear, ou mesmo reverter, o movimento de desconfiança, mas como já vimos, essa alta deve ser mais elevada quando as velocidades de reação do financeiro e do produtivo são diferentes, a economia é pouco aberta e a taxa de endividamento em relação às exportações é grande. A alta brutal da taxa de juro precipita a crise, o serviço da dívida interna torna-se pesado e fica mais difícil responder positivamente às exigências dos mercados financeiros internacionais, exceto para cortar drasticamente os gastos públicos, além dos destinados ao serviço da dívida. O insucesso de tal política resulta em uma forte desvalorização em caso de câmbio fixo, em uma depreciação considerável em caso de câmbio flexível[35] e, sobretudo, em uma volatilidade do crescimento particularmente

---

34 Dizer que a variável-chave é a taxa de juros pode parecer paradoxal, caso se considere de maneira superficial os dados da balança de pagamentos das economias latino-americanas. Com efeito, essas economias indicam que a entrada dos investimentos de carteira (bônus e ações) diminuiu consideravelmente em favor dos investimentos diretos estrangeiros e dos créditos das instituições oficiais. Pode-se, portanto, considerar que a influência das taxas de juros seja insignificante, o que de fato confundiria entradas brutas com entradas líquidas. Os números apresentados são em geral líquidos e "escondem" a amplitude das entradas e saídas. A política de taxas de juros elevadas tem por objetivo reter e atrair capitais. As variações das taxas de juros não são suficientes para evitar as grandes depreciações da moeda em caso de regime de câmbio flutuante.

35 Não é nosso propósito discutir aqui as vantagens das taxas de câmbio fixas em comparação às flexíveis. Já fizemos referência aos argumentos de G. Calvo; F. Mishkin, op. cit. Notemos que no início de 1990, os diferentes governos latino-americanos foram obrigados a anunciar taxas de câmbio fixas em vez de flexíveis, isso porque os mercados financeiros não deram credibilidade a essas últimas. Sobre esse ponto, ver principalmente A. Alesina; A. Wagner, Choosing (and Reneging on) Exchange Rate Regime, *Working Paper Series*. Para uma comparação entre os regimes de câmbio praticados na Ásia e na América Latina, ver I. Takatoshi, Exchange Rate Regime and Monetary Cooperation, *Working Paper Series*.

pronunciada. *O paradoxo é surpreendente: de um lado, as políticas econômicas precipitam a crise em vez de evitá-la*[36]; *de outro, elas são muitas vezes a "via obrigatória" para reencontrar a sustentação por parte dos organismos internacionais e dos mercados financeiros internacionais* (ver box a seguir).

> ## A VULNERABILIDADE FINANCEIRA EXTERNA DAS ECONOMIAS LATINO-AMERICANAS MUDOU
>
> Com a liberalização de seus mercados nos anos de 1990, os países latino-americanos passaram novamente a ter acesso aos mercados financeiros internacionais: os serviços de suas dívidas são mais uma vez financiados essencialmente pelas entradas de capitais, conforme o que preconiza a teoria econômica dominante.
>
> De fato, lembremos que o déficit (ou superávit) da balança comercial corresponde aos déficits (ou aos excedentes) das poupanças líquidas privadas e públicas[37]. Mas esse déficit trata-se apenas de uma simples identidade contábil, que a corrente liberal interpreta como uma relação econômica real, ao deduzir que o déficit da balança comercial, fonte de endividamento, seria o resultado de um consumo excessivo, tanto privado como público, que precisa, portanto, ser diminuído. A abertura externa deveria permitir uma melhor alocação dos recursos e uma especialização internacional em conformidade com as dotações dos fatores: o superávit orçamentário

---

36 Os exemplos desse paradoxo são numerosos, seja o México em 1995, com o "efeito tequila", repassando sua crise financeira aos outros países do subcontinente, seja o Brasil quando da crise dos anos de 1998-1999. Para a análise do caso mexicano, ver S. Griffith Jones, The Mexican Peso Crisis, *Discussion Papers*; para o estudo da crise brasileira, ver J. G. Palma, The 1999 Brazilian Financial Crisis, *Working Paper Series*. Outras vias além das aconselhadas pelo FMI eram evidentemente possíveis, como atestam numerosos exemplos (ver J. Stiglitz, *La Grande Désillusion*; idem, *Quand le Capitalism Perd a Tête*, e as pesquisas realizadas pela Attac [Associação pela Tributação das Transações Financeiras para Ajuda aos Cidadãos]).

37 Uma das equações macroeconômicas clássica é a seguinte:
$$S - I = Y - A = X - M$$
em que S corresponde à poupança privada, I ao investimento, Y à renda nacional, A absorve a relação $C + I + G$ (onde C representa o consumo privado e G as despesas públicas) e X corresponde às exportações e M às importações.
Tomando T como sendo as receitas públicas, pode-se escrever:
$$Y - T = C + I + (G - T) + (X - M)$$
Sendo S a poupança privada, tem-se $S = Y - C - T$ e chega-se à relação contábil de base:
$$X - M = (S - I) + (T - G)$$

deveria permitir o pagamento do serviço da dívida pública, e o excesso de poupança privada em relação ao investimento deveria permitir pagar o serviço da dívida privada. Enfim, a entrada de capitais estrangeiros deveria ter por objetivo atenuar esse esforço e ajudar o financiamento do serviço da dívida.

Para essa abordagem, a política econômica recomendada é logicamente a da abertura e liberalização dos mercados (entre os quais o do capital). Essa política é também a do fim da "repressão financeira" (que resulta em uma alta das taxas de juros) e a do superávit primário do orçamento (ao contrário dos keynesianos, que insistem na oferta e para os quais o déficit público ligado ao aumento dos investimentos deveria levar a um aumento da renda e, na sequência, a um aumento da poupança). As divisas são hierarquizadas, sendo que as dos países emergentes têm pouco peso diante do dólar. Isso as torna fonte de mecanismos particularmente perversos, já que o Estado deve comprar as divisas de que necessita (taxas de juros elevadas, aumento do peso da carga da dívida interna e redução das demais despesas, tão grande que o superávit primário do orçamento deve estar em conformidade com as exigências do FMI).

Na América Latina dos anos de 1990, as entradas de capitais "voluntários" vão financiar, em uma *primeira fase*, o saldo negativo da balança comercial e os juros da dívida – a amortização do principal montante da dívida sendo em grande parte financiada por empréstimos "involuntários" dos bancos e pelos financiamentos diretos de instituições internacionais. A entrada de capitais é constituída, de início, principalmente pela emissão de bônus; depois, em uma *segunda fase*, por investimentos estrangeiros diretos maciços em certos países, diminuindo assim a entrada líquida de bônus. Em uma *terceira fase, o saldo negativo da balança comercial diminui e depois se torna positivo* nos grandes países (com exceção do México), seguindo-se simultaneamente as desvalorizações e a adoção de câmbios flexíveis, bem como os primeiros resultados da modernização do aparelho de produção e os termos de troca, que se tornaram mais favoráveis (elevação do preço de certas matérias-primas).

A abertura dessas economias levou, com efeito, a uma reestruturação do tecido industrial e a uma relativização do peso da indústria em relação a outras fontes de riqueza, tais como a agricultura e as matérias-primas. O tecido industrial foi mais ou menos reestruturado segundo os países, graças à importação de bens de capital modernos, que ficaram mais baratos em razão da liberalização das trocas externas e da apreciação das moedas (interrompida pelas depreciações quando das crises financeiras). Essas importações, além das novas organizações do trabalho e de uma crescente flexibilidade da mão de obra permitiram, fora dos períodos de crise econômica e na origem de um crescimento das exportações, um crescimento sustentado da produtividade do trabalho. Em certos países, como Argentina e Chile, esse processo foi mais longe: partes inteiras do aparelho industrial desapareceram e o crescimento das exportações foi resultado de uma grande especialização em produtos primários agrícolas e minerais. Em outros, como México ou mesmo muitos países da América Central, os investimentos estrangeiros foram multiplicados a fim de produzir para o mercado interno ou para exportação com pouco valor agregado[38].

No início dos anos 2000, a despeito da melhoria dos saldos da balança comercial e da balança de pagamentos (exceto o México entre os grandes países), o fluxo de investimentos diretos diminuiu. Com o término da crise do mercado de ações em fins de 2002, os investimentos em carteiras também diminuíram, permitindo apenas o pagamento dos empréstimos, às vezes pesados pelo aumento dos prêmios de risco. No total, estamos em uma posição paradoxal, em que as necessidades de financiamento diminuíram em muitos países, mas sem que se tenha reencontrado capacidades de financiamento à altura. As entradas líquidas de capital (bônus do Tesouro, ações) não foram suficientes para financiar a amortização da dívida externa antiga (créditos bancários) e nova (crédito das instituições internacionais[39]), e a obrigação de passar pela forca do FMI continuou forte.

Dessa forma, a vulnerabilidade financeira mudou de grau, mas não de natureza: ontem, era preciso financiar o saldo negativo da balança comercial e o serviço da dívida (juros e amortização); hoje, a balança de contas correntes tornou-se levemente positiva no Brasil e na Argentina, e as necessidades de financiamento estão essencialmente ligadas à amortização do montante principal da dívida, quer se trate de créditos antigos ou de bônus vencidos do Tesouro. A vulnerabilidade financeira, em princípio, diminuiu, mas não mudou na prática, pois as reservas dos bancos centrais são insuficientes para fazer frente às retiradas de capital ou não renovações de créditos. Isso é o que explica a manutenção das pressões dos mercados financeiros internacionais e de instituições internacionais para impor regras de gestão capazes de melhorar a credibilidade das políticas econômicas.

---

38 B. Lautier et al., Régimes de Croissance Vulnérabilité Financière et Protection Sociale en Amérique Latine, *Financiamento del Desarrollo*, n. 40, disponível em: <http://www.eclac.org>.
39 J. Kregel, *The Perils of Globalization*.

As Novas Formas de Domínio no Trabalho

O caráter rentista dos investimentos latino-americanos, como já foi sublinhado, apresenta suas consequências sobre o trabalho: interrupção da evolução dos salários e da produtividade do trabalho, emprego produtivo em declínio, flexibilidade e precariedade em elevação, participação crescente dos empregos informais no emprego total. Nossa hipótese é que a expansão das atividades financeiras se alimenta do trabalho e afeta bastante o emprego, as remunerações e as novas formas de dominação.

Estas últimas resultam de várias restrições de ordem tecnológica, social e financeira. Como já foi visto, a modernização do aparelho produtivo está ligada à abertura dessas economias e à introdução maciça de bens de capital sofisticados, graças principalmente ao crescimento dos investimentos diretos estrangeiros (diferentemente do que se observou nos anos de 1960 e 1970[40]), que proporcionaram mudanças substanciais na organização do trabalho. Mas os graus de liberdade nessa matéria são grandes, pois muitas vezes se observa diferentes modos de organização do trabalho entre filiais de uma multinacional em diferentes países, produzindo o mesmo bem com os mesmos instrumentos[41].

A natureza dos produtos fabricados intervém igualmente na organização do trabalho e na busca de uma flexibilidade "funcional" ou qualitativa, visando a uma adaptabilidade mais elevada da mão de obra empregada. Com efeito, sabe-se que, quando certo nível de poder de compra é alcançado pelas camadas médias, a demanda muda e os produtos diversificados tendem a superar os padronizados. As relações entre oferta e demanda não são exatamente mais as mesmas; a demanda exerce uma dupla influência sobre a oferta: diferenciação dos bens produzidos e modificação das condições de produção. A diversificação da demanda e a ênfase na qualidade permitem

---

40 Nessa época, as empresas multinacionais procuravam satisfazer o mercado interno de cada país latino-americano exportando suas linhas de produção, já obsoletas na Europa ou nos Estados Unidos, e defendendo que os governos mantivessem o protecionismo a fim de proteger a valorização de seus capitais produtivos desvalorizados em outros países (P. Salama, *Un Procés de sous--développment*).

41 J. Humphrey, *World Development*, v. 23, n. 1.

pensar de maneira diferente os estoques intermediários (que diminuem) e os prazos (que se tornam mais tensos). A organização do trabalho tende então a ser profundamente modificada: o trabalho necessário é reduzido, o trabalho em equipe aumenta ao mesmo tempo que cresce a polivalência e a precariedade em detrimento da qualificação.

A insuficiência de investimento, a liberalização do comércio exterior e a retração do Estado contribuem para acentuar essa evolução. Quando o volume de investimento cresce insuficientemente, a modificação de sua forma torna-se, com efeito, mais atraente. Os tempos mortos são então diminuídos com a intensificação e a reorganização do trabalho, bem como a sua distribuição no tempo ao longo do ano. A queda no custo do trabalho é buscada pela via da "moderação" salarial e de uma mobilidade mais elevada da mão de obra, graças ao desenvolvimento de empregos precários e às facilidades em desempregar. A exteriorização de numerosas atividades, julgadas insuficientemente rentáveis no quadro da empresa, permite modificar sensivelmente as condições de trabalho e do emprego nesses setores: a transferência de empregos para subcontratantes é um meio de impor a flexibilidade do trabalho, quer se trate de salários, da anualidade do tempo de trabalho, dos desempregos facilitados ou do não reconhecimento da qualificação em favor de uma competência sub--remunerada.

De maneira geral, o sensível crescimento da produtividade do trabalho, que se observa na América Latina desde o fim da crise inflacionária, se explica ao mesmo tempo pelos diferentes modos de dominação do trabalho e pela introdução de novos equipamentos. O investimento pouco aumentou em relação aos anos de 1980, a reorganização do trabalho é mais significativa que em outros lugares em termos da elevação da produtividade. Nessas condições de concorrência aguda, a redução dos custos unitários do trabalho, na falta de investimentos suficientes, passa cada vez mais pela busca de uma flexibilidade crescente da força de trabalho, independentemente das tecnologias utilizadas. E como a insuficiência de investimento se explica em parte por arbitragens em favor das atividades financeiras, o peso crescente das finanças no balanço das empresas encoraja a busca de uma flexibilidade mais elevada do trabalho.

Em conclusão, pode-se dizer que, se as relações finanças/indústria não evoluíram da mesma maneira do início dos anos de 1990 à metade dos anos 2000 nas diferentes economias da América Latina (e menos ainda nas economias asiáticas), as características do crescimento foram pouco a pouco se tornando similares: fraco, com uma volatilidade mais (Argentina) ou menos (México e Brasil) pronunciada. Portanto, seria um erro atribuir apenas à lógica financeira a responsabilidade dessa tendência à estagnação econômica na América Latina. Da mesma forma, também seria um erro ignorar seu peso nos efeitos de exclusão em relação ao investimento produtivo e em seu papel na deformação da distribuição dos rendimentos. As instituições financeiras exercem um papel considerável: elas retêm uma parte crescente dos lucros e participam do processo de concentração em favor dos 10% mais ricos. A lógica própria que as anima desvia os bancos do financiamento das empresas, sendo essa lógica responsável pela desconexão entre a progressão dos salários e a evolução da produtividade. Ela explica a forte vulnerabilidade das economias e está na origem de políticas econômicas que precipitam a crise do setor produtivo. Ela pesa, enfim, sobre o crescimento em razão de suas especificidades próprias (taxa de juro elevada) e através de seus efeitos sobre a distribuição da renda.

A tendência à estagnação apresenta assim várias causas: o nível particularmente desigual da distribuição da renda, não compensada por uma abertura externa ainda fraca (exceto no Chile); concentração nos altos rendimentos mais ou menos acentuada pela expansão das finanças; seu custo crescente para as empresas não financeiras; a orientação da poupança para os produtos financeiros propostos pelos bancos, cuja finalidade não é o financiamento das empresas, mas o desenvolvimento de atividades de carteiras em relação ao Estado. Em vez de servir ao investimento por meio da intermediação bancária, essa poupança financia o serviço das dívidas interna e externa do Estado e a lógica rentista do sistema acaba sendo reforçada.

Mesmo assim, existem vias alternativas. O pagamento da dívida poderia – ao menos em parte – ser feito pelo crescimento, em vez da implantação de políticas recessivas que conduzem a uma estagnação no médio e no longo prazos. Para tanto, bastaria um maior controle dos movimentos de capitais no curto prazo; combinar a abertura comercial com uma política industrial que, explorando certos nichos com elevada potencialidade, permitiria consolidar a expansão das exportações. Uma verdadeira política redistributiva poderia ser empreendida, a qual, taxando principalmente os 10% mais ricos, dinamizaria a demanda de bens de consumo não duráveis.

Daí o interesse em analisar, como faremos no capítulo seguinte, as razões pelas quais os governos dos países latino-americanos, mesmo os que se dizem de esquerda (cada vez mais numerosos após os anos 2000), parecem estar fechados em lógicas que os conduzem a "serrar o ramo da árvore que estão sentados", em detrimento da maior parte da população, em vez de se inspirar no que fazem numerosos governos asiáticos.

2. Pobreza:
Sucessos Aparentes na Ásia, Fiasco na América Latina

Desde os anos de 1990, um fato se destaca na "história recente da pobreza" na América Latina: a dificuldade em reduzir a amplitude e a profundidade da pobreza de maneira significativa. Não obstante, com o fim das hiperinflações e com a retomada do crescimento, era de se esperar uma redução substancial e, sobretudo, durável da pobreza. O retorno a uma relativa estabilidade dos preços certamente provocou, em um primeiro momento, uma redução sensível da pobreza, mas essa redução foi de curta duração e se explica principalmente pelos efeitos redistributivos que ela produziu, desta vez favorável às categorias sociais mais pobres e modestas. Em seguida, porém, a pobreza persiste em níveis elevados: ela diminui levemente em período de grande crescimento e aumenta quando a crise econômica volta a estagnar desde as primeiras fases da retomada.

Por que, em um primeiro momento, a pobreza continua em um nível tão elevado na América Latina e abaixa rapidamente na Ásia? Por que, em um segundo momento, é tão difícil de ela continuar a abaixar em certos casos, mesmo quando o crescimento continua muito forte (caso da China)? Qual a razão de existir uma grande vulnerabilidade dos pobres em relação aos ciclos econômicos?

Muitas vezes, os estudos sobre a pobreza enumeram uma série de evidências[1]: aumentar os gastos com saúde, desenvolver a educação, principalmente a primária, e proporcionar mais vantagens às jovens gerações pobres permitem diminuir a pobreza; aumentar os gastos com infraestrutura facilita o acesso a áreas de emprego, o que deve levar a termo uma redução da pobreza[2]. É difícil perceber que essas constatações ficam relativamente ignoradas na América Latina, onde os progressos observados estão muito aquém do necessário. Isso decorre da falta de meios financeiros suficientes, mas também porque os regimes de crescimento implantados com a abertura exacerbada das economias produzem fortes instabilidades e uma exclusão muito grande.

A pobreza persiste em um nível elevado na maior parte das economias latino-americanas, entretanto, com melhoras qualitativas: menos desnutrição das crianças, prolongamento da duração da vida, escolaridade mais elevada, por exemplo. Mas "perturbações econômicas" agravam de maneira duradoura a situação das camadas menos favorecidas, e os efeitos positivos que poderiam ter os "programas alvo" de luta contra a pobreza são profundamente afetados pela alta volatilidade do crescimento. Também convém buscar as razões dessa volatilidade, pois ela está na origem das dificuldades para reduzir significativamente a pobreza, quer ela seja mensurada pela renda ou de maneira qualitativa através de indicadores não monetários. Em um primeiro momento, exporemos uma das técnicas utilizadas para medir a pobreza[3], em seguida, analisaremos os

---

1 Com certeza elas podem ser muito instrutivas. Ver, por exemplo: M. Fay; M. Morrison, *Recent Development and Key Challenge*.
2 Numerosos estudos analisam também o papel da abertura comercial (diminuição dos impostos, eliminação de contingenciamentos e de autorizações administrativas, redução das subvenções às exportações), da estabilidade macroeconômica, da flexibilidade do mercado de trabalho ou dos investimentos estrangeiros na redução da pobreza. Em geral, esses estudos concluem que a liberalização dos mercados é a melhor via para reduzir a pobreza. Discutiremos a relação entre abertura (qual abertura?) e crescimento no próximo capítulo. Para uma apresentação ortodoxa sobre o papel desses diferentes fatores, ver B. Hoekman et al., Trade Policy Reform and Poverty Alleviation, *Policy Research Working Paper*, disponível em: <http://www.worldbank.org>.
3 Para uma apresentação do conjunto dessas técnicas que medem a pobreza, bem como sua discussão, ver B. Destremau; P. Salama, Brasil: Paradojas de la Pobreza, *Trayectorias*, n. 6.

fatores suscetíveis de atuar sobre a pobreza e, por fim, estudaremos a vulnerabilidade dos pobres nos regimes dominantes de crescimento e mais particularmente em relação às suas volatilidades.

AS MEDIDAS DA POBREZA MONETÁRIA

As maneiras de medir a pobreza nos países do terceiro e do primeiro mundo são diferentes, o que dificulta as comparações. Naqueles, em um conjunto de indicadores disponíveis[4], privilegia-se uma medida baseada na possibilidade de comprar uma cesta de bens de consumo e de serviços, o que permite apenas a reprodução. Trata-se de um indicador de pobreza *absoluta*, que define uma linha de pobreza. Já nos países do primeiro mundo, com exceção dos Estados Unidos, entre uma bateria de indicadores disponíveis, o indicador mais utilizado é o que leva em conta a distribuição de rendimentos. A pobreza é então chamada de *relativa*: abaixo de 50% da renda mediana, declara-se o indivíduo como pobre.

Consideremos os países em vias de desenvolvimento e concentremo-nos na pobreza absoluta. Os dados nacionais diferem dos fornecidos pelo Banco Mundial. Os primeiros são provenientes de enquetes sobre a composição de uma cesta de bens de consumo que permita a ingestão de certo nível de calorias. Convertida em preços, essa cesta indica o nível de renda estrito de reprodução, definindo a pobreza *extrema*. Multiplicado pelo coeficiente de Engel, para levar em consideração as necessidades em termos de moradia, transporte etc., obtém-se um rendimento correspondente ao patamar que define a pobreza. Se o rendimento do indivíduo, ou da família, é inferior a esse patamar, o indivíduo, ou a família, é designado como pobre.

[4] Outros indicadores não levam em conta as rendas recebidas, mas buscam avaliar a satisfação das necessidades consideradas essenciais para a reprodução do indivíduo ou de sua família. Trata-se da "satisfação das necessidades de base". Se elas não são satisfeitas, o indivíduo, ou sua família, é considerado pobre. Diz-se, então, que a pobreza é *estrutural*. Seguindo uma abordagem similar, o PNUD (Programa das Nações Unidas para o Desenvolvimento) desenvolveu um método que permite comparar os países e classificá-los: a pobreza é chamada de não monetária, e o indicador, considerado *indicador de pobreza humana*.

O indicador H_0 obtido mede a *amplitude* da pobreza. Podem-se calcular dois outros indicadores pertencentes à mesma família: H_1 mede a *profundidade* (chamada ainda de gravidade) e H_2 mede as *desigualdades entre os pobres*. Esses três indicadores podem ser escritos como:

$$H_\partial = \frac{1}{n} \Sigma \left[\left(\frac{z-y_i}{z}\right)\right]^\partial$$

em que z corresponde à linha de pobreza, y_i ao rendimento dos pobres, n é a população e ∂ assume os valores 0, 1, 2. A agregação se faz de um a q: números de indivíduos ou de famílias pobres. Para $\partial = 0$, H_0 mede a amplitude da pobreza, pois corresponde matematicamente à participação dos pobres na população.

O Banco Mundial calcula a linha de pobreza de maneira diferente. Ele considera indigentes (pobreza extrema) os indivíduos que recebem menos de um dólar americano por dia, calculado a partir de uma taxa de câmbio particular e avaliado em paridade de poder de compra (PPC). Os que recebem menos de dois dólares por dia são pobres. A classificação dos indivíduos como pobres ou não pobres e a avaliação consecutiva da evolução das taxas de pobreza apresentam uma falta de transparência: algumas evoluções refletem de modo mais perfeito as mudanças técnicas, raramente precisas, que a mudança de situação real[5].

Esses indicadores apresentam vários inconvenientes que acabam por limitá-los: muitas vezes não se leva em consideração que os rendimentos monetários, observando com desconfiança os diferentes mecanismos de solidariedade não mercantis, ignoram as subjetividades dos indivíduos, que podem se sentir pobres quando são incapazes de cumprir suas obrigações[6]. É por isso que esses indicadores simples são complementados por uma série de outros indicadores, que buscam captar a "diversidade" da pobreza e as formas de senti-la.

---

5 Sobre esse ponto, ver R. Wade, Globalization, Poverty and Income Distribution, *Development Studies Institute*, n. 02-33. Ele observa que as amostras de países utilizadas para medir o rendimento dos pobres diferem segundo as pesquisas.
6 Essas subjetividades exprimem códigos de valor transmitidos de geração em geração, mais ou menos deformados pela inserção, muitas vezes brutal, dos indivíduos em um mundo mercantil mais ou menos globalizado.

Os níveis de pobreza e de indigência se mantêm elevados na América Latina. Entre 1980 e 2002, a amplitude da pobreza das famílias varia entre 40% e 48%[7]. Ela foi particularmente elevada no final dos anos de 1980 e diminuiu com o fim das hiperinflações, para em seguida ficar relativamente estável, como pode ser visto nas tabelas 1 e 2[8].

Tabela 1.
Evolução da taxa de pobreza na América Latina, em % (1980-2002)

	1980	1990	1997	1999	2000	2001	2002
Pobres	40,5	48,3	43,5	43,8	42,5	43,2	44,0
Indigentes	18,6	22,5	19,0	18,5	18,1	18,5	19,4

Tabela 2.
Evolução dos indicadores de pobreza na Argentina, no Brasil e no México, em % (1990-2002)

		LINHA DE POBREZA			LINHA DE POBREZA EXTREMA		
		AMPL.	PROF.	DESIG.	AMPL.	PROF.	DESIG.
ARGENTINA	1990	16,2	7,2	3,4	3,5	1,6	0,8
	1997	13,1	6,2	3,1	3,3	1,5	0,7
	1999	13,1	6,8	3,3	3,1	1,4	0,7
	2002	31,6	19,1	11,5	12	7,5	4,1
BRASIL	1990	41,4	23,5	14,7	19,3	9,7	5,5
	1996	28,6	16,7	10,4	10,5	6,2	4,0
	1999	29,9	17,0	10,2	9,6	5,3	3,3
	2001	29,9	17,3	10,7	10,0	5,8	3,8
MÉXICO	1989	39,0	18,7	9,9	14,0	5,9	2,7
	1996	43,4	21,8	11,7	16,6	7,1	3,3
	2000	33,3	15,8	8,1	10,7	4,7	2,1
	2002	31,8	13,9	6,7	9,1	3,5	1,4

No conjunto, a amplitude da pobreza se situa e permanece em um nível muito elevado. O mesmo acontece com a pobreza extrema. A profundidade da pobreza e as desigualdades entre

7 Cepal, *The Millennium Development Goals*, disponível em: < www.eclac.org >.
8 Idem, ibidem.

os pobres são muito grandes[9]. A evolução dos indicadores de pobreza é radicalmente diferente na Ásia: segundo a Asian Development Bank[10], no que diz respeito apenas à pobreza extrema (um dólar PPC por dia), observa-se entre 1990 e 2003 uma queda muito forte na China (de 33% para 13,4%), no Vietnã (de 50,7% para 9,7%), sua erradicação na Tailândia (de 10,1% para 0,7%), e uma forte baixa embora mais moderada na Índia (de 42,1% para 30,7%). Para o conjunto da Ásia, a pobreza extrema passa de 34,3% para 19,3% ao longo do período.

O "TRIÂNGULO DA POBREZA"[11]

O exemplo oferecido pelos países subdesenvolvidos é interessante, pois coloca em relevo dois fenômenos presentes nos países desenvolvidos, mas muitas vezes menos visíveis: o crescimento aponta com relativa frequência desigualdades crescentes entre capital e trabalho e no seio do trabalho após os anos de 1980; as leis de mercado não levam a uma redução da pobreza quando o crescimento é modesto e volátil (no caso da América Latina) e, no caso de um forte crescimento, seus efeitos positivos são cada vez mais fracos quando as desigualdades aumentam muito (no caso da China). O crescimento não leva *ipso facto* a uma redução da pobreza no mesmo ritmo. No pior dos casos, um crescimento moderado pode ser acompanhado de uma elevação da pobreza. Uma crise provoca na maior parte das vezes um crescimento da taxa de pobreza, exceto se políticas *pro-poor* forem imediatamente realizadas para contrapor esses efeitos negativos.

9 A Argentina passa por uma trajetória mais impressionante que outros países: a amplitude, a profundidade, as desigualdades entre os pobres eram menores nos anos de 1980 e 1990. As desigualdades no conjunto da população aumentaram muito nos anos de 1990 e a pobreza se eleva de forma impressionante no início dos anos 2000 com a chegada de uma crise de grande magnitude. A amplitude, a profundidade da pobreza e as desigualdades entre os pobres ficaram então bem próximas do nível alcançado pelos principais países latino--americanos (Brasil, México). Elas diminuíram em seguida com a retomada econômica, mas a um ritmo relativamente fraco.
10 Asian Development Bank, *Key Indicators 2005*, disponível em: <www.adb.org>.
11 Segundo a feliz expressão de F. Bourguignon, The Poverty Growth Inequality Triangle, disponível em: < www.worldbank.org >.

A evolução da pobreza depende no total de três fatores: o *nível das desigualdades*, sua *variação* e a *taxa de crescimento*[12].

Um Nível Elevado de Desigualdades

Quanto mais elevado é o nível das desigualdades, menos o crescimento econômico diminuirá a pobreza: a elasticidade da pobreza em relação ao crescimento é baixa (ver gráfico 1 a seguir, caso B). Essa relação pode ser facilmente explicada: a pobreza é definida em um nível absoluto (linha de pobreza). Se a profundidade é muito grande e as desigualdades entre os pobres é pequena, o crescimento pode não apresentar efeitos sobre a amplitude da pobreza durante certo tempo, mesmo que as desigualdades globais fiquem estáveis. Se a profundidade e as desigualdades entre os pobres são pequenas, o crescimento provocará efeitos imediatos sobre a amplitude da pobreza (caso A). Se o crescimento é desigual (caso C), os efeitos sobre a pobreza serão menores, sobretudo se a profundidade dessa pobreza for grande. Da mesma forma, quanto mais as desigualdades entre os pobres aumentam, menos consideráveis serão os efeitos positivos do crescimento sobre a amplitude da pobreza (caso D). Enfim, pode-se considerar que quanto maior a profundidade da pobreza H_1, maior serão as desigualdades entre os pobres H_2 e maior será a probabilidade de as desigualdades de renda (recebidas aqui pelo conjunto da população) serem também grandes. Portanto, pode-se concluir que existe uma relação inversa entre o nível das desigualdades e a elasticidade da pobreza quanto ao PIB.

12 Nesse nível de análise, acrescentar a volatilidade do crescimento como fator explicativo da evolução da pobreza apenas duplicaria o que a variação das desigualdades já mostra. É verdade que quanto mais a volatilidade for elevada, menores serão os efeitos positivos sobre a pobreza. Em outras palavras, para uma mesma taxa de crescimento anual, um país com crescimento mais regular se beneficia de maneira mais acentuada de uma redução em seu nível de pobreza, relativamente a outro país com um crescimento em média similar, porém mais volátil. Somar esse fator, em tal nível de análise, apenas duplica o que já aponta a evolução da distribuição da renda, pois o fenômeno da histerese, que explica esses efeitos negativos sobre a pobreza quando a volatilidade é alta, se traduz em uma variação das desigualdades já levada em consideração. Trataremos desse ponto na seção seguinte.

Gráfico 1.
Amplitude, profundidade e desigualdades entre os pobres com crescimento neutro e não neutro

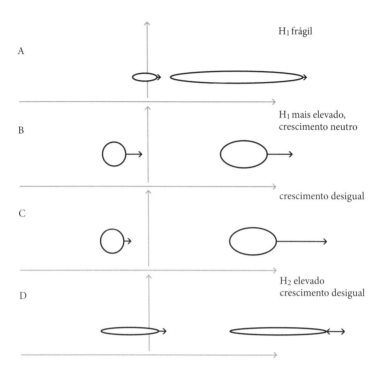

Entretanto, é importante notar que as medidas das desigualdades, como a permitida pelo coeficiente de Gini[13], podem esconder formas particulares de distribuição dos rendimentos. Um mesmo coeficiente é compatível com pouca ou com muita pobreza, isso porque se pode obter a mesma superfície entre a diagonal de equiparação e diferentes formas de curvas de Lorenz. Com um mesmo nível de desigualdade, a porcentagem de pobres pode ser grande se a curva aumenta para baixo, e menor se aumenta mais para cima. Assim, se ficarmos nesse nível global de análise, pode-se ter evoluções de desigualdades não perfeitamente visíveis.

Na América Latina, o nível de desigualdades é muito elevado: em 2000, o coeficiente de Gini foi de 0,64 no Brasil, 0,59 na Argentina, 0,52 no México, 0,55 no Chile e 0,58 na Colômbia[14], quando

13 Ver supra, p. 5, nota.
14 Cepal, *Panorama Social de la América Latina*, disponível em: < www.eclac.org >.

ele se situava em 0,36 nos Estados Unidos e em 0,27 na França no final dos anos de 1990, segundo a Organização para a Cooperação e Desenvolvimento Econômico (OCDE). Os coeficientes de Gini são em geral muito menores na Ásia que na América Latina: 0,45 em 2001 na China, 0,43 na Tailândia em 2000, 0,44 na Malásia em 1999, 0,31 na Coreia do Sul em 2003, 0,33 na Índia em 2000, 0,34 em Taiwan em 2003, e 0,34 na Indonésia em 2002, por exemplo[15] – ou seja, para os últimos países, os níveis são próximos dos da maior parte dos países desenvolvidos.

Vimos que o coeficiente de Gini permite uma avaliação útil embora rudimentar das desigualdades. A comparação de dois coeficientes de Gini, o primeiro considerando 100% da população e o segundo 90% da população, obtido após a retirada dos 10% mais ricos, dá uma ideia mais precisa da forma assumida pelas desigualdades na América Latina.

As diferenças entre os dois coeficientes de Gini são particularmente importantes na América Latina em relação a esses mesmos coeficientes observados nos Estados Unidos: o Gini dos 100% é superior ao dos 90% de 40% no México e na Argentina, de 42% no Brasil, de 45% na Colômbia e de 53% no Chile. O coeficiente de Gini dos 100% dos Estados Unidos é superior ao dos 90% em "apenas" 9%, diferença essa que parece muito pequena quando comparada às diferenças observadas na América Latina, muito embora a distribuição de rendas naquele país seja mais bipolarizada que a dos principais países europeus. A importância relativa do Gini dos 100% da população em relação aos 90% na América Latina reflete em grande parte a considerável diferença de rendimentos entre os 10% mais ricos e o restante da população.

Esses números poderiam, entretanto, dar uma ideia equivocada da distribuição dos rendimentos e das desigualdades na América Latina. Três a quatro segmentos de população coexistem com pouca continuidade, sendo considerável a distância entre eles: os rendimentos dos 5% a 10% mais ricos são muito elevados, os dos 20% a 30% que se seguem são elevados, os rendimentos dos 30% seguintes são modestos, e os dos 30% a 40% que restam, faixa em grande parte composta de pobres, são baixos,

---

15 Asian Development Bank, op. cit.

talvez extremamente baixos. É por isso que se pode utilizar a expressão "*apartheid* econômico" para qualificar tal situação: o consumo das camadas médias é composto principalmente de bens duráveis (os "bens de luxo" de David Ricardo), e os mais caros entre esses bens são inacessíveis para as camadas modestas e pobres (que têm acesso apenas aos "bens do trabalho"). Essas sociedades enfrentam hoje uma tendência à concentração nos altos rendimentos: a renda dos 5%, talvez dos 10%, mais ricos cresce mais rapidamente que a das demais categorias. As economias latino-americanas são, portanto, com algumas exceções (Uruguai, Argentina de ontem), particularmente excludentes.

Um Crescimento Fraco e Volátil

Se as desigualdades continuam constantes (crescimento neutro do ponto de vista dos efeitos distributivos), o crescimento age de maneira mais ou menos favorável tanto sobre a taxa de pobreza quanto sobre o nível das desigualdades. Quanto mais elevada é a taxa de crescimento, mais a diminuição da pobreza será significativa. No entanto, a diminuição da pobreza será maior se o nível das desigualdades for baixo. Assim, para um dado nível inicial de desigualdade, quanto mais as desigualdades se acentuam, mais a taxa de crescimento deve ser elevada para que a amplitude da pobreza diminua.

O crescimento é modesto na América Latina e forte na Ásia (ver supra, Capítulo 1). A volatilidade desse crescimento se traduz em um aumento das desigualdades, pronunciado durante a crise e com tendência a persistir no início da retomada. É isso que explica na essência essa persistente amplitude da pobreza, quando a hiperinflação cessou de produzir pobres em massa[16].

Na sequência dos testes econométricos efetuados por David Dollar e Aart Kraay[17], economistas do Banco Mundial,

---

16 A passagem de uma economia hiperinflacionária para uma economia de pouca inflação, no início dos anos de 1990, se fez por meio de uma diminuição das desigualdades, que permitiu uma redução, às vezes consequente, da amplitude da pobreza.

17 Esses testes foram efetuados a partir de um painel de uma centena de países, desenvolvidos e em desenvolvimento, que permitiram comparar o rendimento médio do último quintil – no qual a probabilidade de encontrar pobres é

Dollar[18] defendeu que o crescimento "era bom para os pobres" e que o efeito da variação das desigualdades era marginal. Cinco teses foram assim defendidas: 1. os países pobres passam por um crescimento mais elevado que o dos países ricos; 2. o número de pobres diminuiu no mundo; 3. a desigualdade entre os cidadãos do mundo declinou; 4. não existe uma tendência mostrando uma desigualdade crescente no interior dos países, em média, o que não exclui que certos países possam conhecer uma elevação de suas desigualdades (caso da China); 5. no entanto, as desigualdades entre os assalariados se acentuam.

A tese 1 é correta: o crescimento *per capita* é em média mais forte nos países em vias de desenvolvimento; mas ainda é preciso distingui-los (muitos países africanos, asiáticos e latino-americanos não têm crescido, o que é confirmado por Dollar). A tese 2 (o número de pobres diminuiu no mundo) é correta, bem como a tese 5, sobre as desigualdades crescentes entre os assalariados; mas a diminuição do número de pobres e da taxa de pobreza se explica principalmente pela expansão da Índia e da China, e sua amplitude é contestável, pois provém, em parte, da mudança dos modos de cálculo[19]. A tese 3 também é correta: a desigualdade entre os indivíduos diminuiu no mundo, pois o crescimento chinês e indiano é muito elevado, o que tem permitido uma aproximação do rendimento médio desses países com o rendimento médio dos países desenvolvidos, e, ainda que as desigualdades se acentuem fortemente, sobretudo na China, elas param de aumentar relativamente no plano da economia mundial, enquanto a globalização se acentua[20].

A quarta tese sublinha a ausência de tendência a uma elevação das desigualdades no interior dos países, em média. Essa tese se baseia, como veremos, em testes econométricos contestáveis.

muito elevada – com o rendimento médio da população como um todo. Os rendimentos, bem como as variáveis explicativas, foram observados em dois períodos separados no tempo por pelo menos cinco anos. Existem mais de trezentas observações. Ver D. Dollar; A. Kraay, Growth is Good for the Poor, disponível em: < www.worldbank.org/research >.

18 Globalization, Poverty and Inequality since 1980, *Policy Research Working Paper*, n. 3333, disponível em: < www.worldbank.org/research >.
19 R. Wade, op. cit.
20 N. Birdsall, Asymmetric Globalization, *Working Paper Series*, n. 12.

Mas o essencial é que um grande país como a China conhece uma expansão espetacular das desigualdades. O índice de Gini, indicador de desigualdade, passou, nesse país, de 0,28 em 1981 para 0,45 em 2001; ele cresceu uma média de 2% ao ano de 1990 a 2001[21], o que é considerável. Na história do capitalismo, essa progressão de mais de 60% das desigualdades em vinte anos constitui um recorde... Esse crescimento extremamente rápido e o nível alcançado por tais desigualdades bloqueiam a diminuição da pobreza desde meados dos anos de 1990 e anulam os efeitos benéficos do crescimento.

Segundo os testes de Dollar e Kraay, o crescimento seria "bom para os pobres" porque ele teria – supõe-se – poucos efeitos distributivos. As evoluções de longo prazo da renda média do último quintil da população (supostamente representando o rendimento dos pobres) e do rendimento médio do conjunto da população seriam similares. O crescimento seria neutro sobre a distribuição de *longo prazo* (anos de 1980 e 1990). Segundo esses autores, a elasticidade da pobreza em relação ao PIB seria, portanto, sempre próxima da unidade. Pode-se então considerar que o crescimento provoca uma redução da pobreza no mesmo ritmo. Com tais resultados, percebe-se que os remédios para a pobreza não podem vir de uma política redistributiva, já que elas podem provocar efeitos perversos[22], mas de medidas estruturais que favoreçam o retorno ao crescimento.

Ora, a hipótese desses autores não é pertinente, pois o crescimento apresenta efeitos distributivos diferentes conforme os períodos e os ciclos. O crescimento é fortemente *pro-poor* quando a elasticidade da pobreza em relação ao PIB ultrapassa 2; moderadamente *pro-poor* quando está situada entre 1 e 2; desigual quando está entre 0,5 e 1; e fortemente desigual quando é inferior a 0,5[23]. Assim, na América Latina, o crescimento teria

---

21 Banco Mundial, *World Development Report 2005*, disponível em: < www.worldbank.org >.
22 Taxar as categorias mais ricas poderia diminuir sua propensão ao trabalho e ao investimento, e levá-las a colocar seus capitais no estrangeiro, ou, até mesmo, a deixar o país. Para uma crítica dessas posições, ver A. O. Hirschman, *Deux siècles de rhétorique réactionnaire*.
23 J. P. Cling et al., La Croissance ne suffit pas pour réduire la pauvreté, *Revue Française d'Économie*, v. XVIII, n. 3.

sido fortemente desigual em 43,5% dos casos; moderadamente desigual em 10,9% dos casos; fortemente favorável aos pobres em 28,3% dos casos; e moderadamente favorável em 17,4%. Na Ásia e no Pacífico, o crescimento teria sido fortemente desfavorável aos pobres em 26,3% dos casos; moderadamente desigual em 28,1% dos casos; e forte e moderadamente favorável em 14% e 31,6% dos casos, respectivamente. As economias latino-americanas têm, portanto, conhecido muito mais vezes, em relação às economias asiáticas, períodos de crescimento fortemente favorável aos pobres. As elasticidades mais fracas refletem em parte o efeito das desigualdades: quanto mais estas são elevadas, mais a elasticidade é reduzida e vice-versa. A desigualdade sendo mais elevada na Ásia que na América Latina, seu efeito sobre a redução da pobreza é maior para uma dada porcentagem de crescimento. Mas as elasticidades mais fracas também são o reflexo de um crescimento mais desigual na América Latina que na Ásia, por conta de uma volatilidade mais forte e de uma abertura para a economia mundial pouco controlada.

O estudo de Dollar e Kraay foi muito contestado por outras razões. Wade sublinhou a pouca transparência das técnicas de avaliação da pobreza e contestou o fato de esses autores tomarem o rendimento médio do quintil mais fraco como significativo da evolução dos rendimentos dos pobres, observando que desigualdades podem se desenvolver no interior desse quintil (o que mostra em parte o indicador H_2). Alguns autores criticaram o método do estudo, principalmente pelo fato de colocar países desenvolvidos e países em desenvolvimento em um mesmo plano, tendo em vista que as instituições de ambos são profundamente diferentes, em especial, e sobretudo, em matéria de proteção social[24]. Por fim, outros autores chegaram a resultados diferentes[25] partindo do mesmo método de estimação, mas aumentando o número de variáveis explicativas e adotando uma amostra diferente.

---

24 Graças a essas instituições, uma política *pro-poor* é mais fácil de ser executada nos países desenvolvidos em períodos de crise que nos países em vias de desenvolvimento. Ver J. P. Cling et al., op. cit.
25 J. P. Cling et al., op. cit.

O Papel Exercido pela Mudança das Desigualdades

A abordagem por cenários oferece certo interesse: modificando determinadas variáveis como as desigualdades ou mesmo o crescimento, pode-se calcular o efeito dessas modificações sobre o nível de pobreza. Em 1997, os economistas brasileiros Ricardo Paes de Barros e Rosane Mendonça fizeram simulações para o Brasil. A hipótese consistiu em supor constante a distribuição dos rendimentos (como a de 1993), calcular o número de anos de crescimento contínuo e regular para que a amplitude da pobreza diminua. Esses autores obtiveram os seguintes resultados: dez anos de crescimento a uma taxa de 3% ao ano permitiria uma redução da pobreza em oito pontos percentuais, mas somente em dois pontos percentuais se o crescimento fosse de apenas 2%[26].

Os autores analisaram em seguida o efeito da distribuição dos rendimentos sobre a amplitude da pobreza. O método consistiu em supor o mesmo rendimento médio do Brasil e designar para o país a curva de Lorenz de um país menos desigual. Dessa forma, se o Brasil tivesse a mesma curva de Lorenz da Colômbia, a pobreza diminuiria em oito pontos percentuais, e essa redução seria de seis pontos percentuais se a curva adotada fosse a do México. Com essa lógica, pode-se igualmente calcular qual deveria ser a taxa de crescimento durante dez anos – com manutenção da distribuição de rendimentos – para obter uma redução da pobreza equivalente à alcançada com a adoção da distribuição de rendimentos de outro país, mas mantendo a mesma renda média inicial. Para obter o mesmo grau de pobreza da Colômbia e do México, seria preciso que o crescimento brasileiro fosse de 2,8% e de 2,4% ao ano, respectivamente.

Em um artigo já mais antigo, de 1989, mas ainda revelador, a economista argentina Nora Lustig[27] calculou, a partir de duas hipóteses, quantos anos seriam necessários, no caso do México, para preencher a lacuna entre o nível de remuneração alcan-

---

26 Em trabalhos mais recentes, esses pesquisadores mostraram que para reduzir a pobreza em 12,5 pontos percentuais no Brasil, seria necessário um crescimento de 4% ao ano durante dez anos, a fim de que o perfil das desigualdades não seja afetado. Ver R. Paes de Barros et al., Poverty, Inequality and Macroeconomic Instability, *Texto para Discussão*, n. 750,
27 La Desigualdad en México, *Economía de América Latina*, n. 18-19.

çado pelos 10% mais pobres, em seguida para os 10% seguintes etc., e o salário mínimo de 1977, salário esse próximo da linha de pobreza. O crescimento é supostamente neutro do ponto de vista da distribuição dos rendimentos; a taxa de crescimento é regular e aumenta 3% ao ano. Com essas hipóteses fortes, a população que compõe o primeiro decil (os mais pobres entre os pobres) deveria esperar 64 anos para que seu rendimento alcançasse o patamar de pobreza, a população do segundo decil teria de esperar 35 anos, e a do decil seguinte esperaria 24 anos.

Retomando o exemplo do México, o economista francês do Banco Mundial, François Bourguignon, mostrou em 2004 que, com as mesmas hipóteses (crescimento regular de 3% ao ano, neutralidade distributiva), a pobreza poderia ser reduzida em sete pontos percentuais em dez anos. Quando o coeficiente de Gini diminui dez pontos, passando de 0,55 para 0,45, a taxa de pobreza diminui quinze pontos percentuais em dez anos, em vez de em trinta anos, caso houvesse manutenção das desigualdades. Quando o nível das desigualdades é menos elevado (Gini igual a 0,4), o crescimento (3%), neutro quanto às desigualdades, apresenta efeitos positivos mais importantes sobre o nível de pobreza que no caso anterior. Com esse cenário, pode-se mostrar que uma taxa de pobreza de 50% diminui para 35% em dez anos. Mas se as desigualdades aumentam, passando de 0,5 para 0,45 (coeficientes de Gini), a redução da pobreza seria apenas da metade ao fim de dez anos.

Os economistas do Objetivo do Milênio (que propuseram alterações reformistas ao programa adotado em 1990 pelos economistas neoliberais do Consenso de Washington; ver quadro a seguir) cruzaram, para cada país, a redução das desigualdades com o crescimento, e imaginaram cenários para alcançar uma redução de 50% da pobreza extrema entre 1990 e 2015. Esses estudos procuram destacar as condições a serem satisfeitas para que o nível de pobreza extrema de 1990 caia pela metade até 2015. Para tanto, seria necessário que o crescimento fosse mais elevado que o nível das desigualdades: entre 2000 e 2015, 207% para a Bolívia; 104% para a Colômbia; 86% para o Brasil para a pobreza extrema (medida em termos de um dólar por dia). Não obstante, a diminuição das desigualdades permitiria alcançar esse objetivo com uma taxa de crescimento menor: 65% entre

2000 e 2015 para a Costa Rica; 41% para a Argentina e 1% para o Uruguai[28].

> **DO CONSENSO DE WASHINGTON AOS OBJETIVOS DO MILÊNIO**
>
> Na origem, o primeiro objetivo do Consenso de Washington, elaborado em 1990 por um grupo de economistas e de funcionários americanos do Banco Mundial e do FMI, era conter a alta dos preços vertiginosa na América Latina dos anos de 1980. Esse consenso se apresentava sob a forma de "dez mandamentos" e de um fio condutor: a liberalização dos mercados.
>
> Os "dez mandamentos" (reformulados em 2000 pelo economista americano John Williamson) eram os seguintes: 1. disciplina fiscal; 2. reorientação dos gastos públicos visando melhorar os gastos com infraestrutura, saúde e educação, em benefício das necessidades de base e em detrimento do papel econômico do Estado; 3. reforma tributária permitindo um alargamento da base fiscal e uma redução da taxa de imposição; 4. liberalização das taxas de juros e abandono das taxas preferenciais, a fim de eliminar a "repressão financeira" e melhorar, graças a uma elevação das taxas de juros, a seleção dos investimentos; 5. taxa de câmbio competitiva (sem que seja claramente indicado se ela deveria ser fixa ou flexível); 6. liberalização do comércio exterior graças à diminuição drástica das tarifas alfandegárias, o fim dos contingenciamentos e o abandono das autorizações administrativas; 7. liberalização dos investimentos estrangeiros diretos por meio do abandono de procedimentos administrativos, pesados e caros, de autorização para o repatriamento de lucros, dividendos e outros "*royalties*"; 8. privatização das empresas públicas; 9. abandono das regulamentações visando instituir barreiras à entrada e à saída, favorecendo os monopólios e diminuindo a mobilidade; 10. garantia dos direitos de propriedade.
>
> Esses dez mandamentos não incluem explicitamente a liberalização da conta capital da balança de pagamentos porque isso fazia referência clara à liberalização da conta mercadoria (comércio exterior) e da conta investimento estrangeiro direto, mas não se referia aos outros movimentos de capitais[29].

---

28 Cepal, Ipea, PNUD, *Hacia el Objetivo del Milenio de Reducir la Pobreza en América Latina y el Caribe*, disponível em: < www.eclac.org >.
29 É interessante, sobre esse ponto, destacar a ausência de acordo, entre os economistas do FMI e os numerosos economistas ortodoxos: o FMI preconiza

Mas é assim para qualquer projeto: existe o que é escrito e o que é posto em prática. O "sucesso" do Consenso de Washington, em referência às políticas de ajustamento estrutural assinadas pelos Estados com o FMI, se traduzirá em expansão geográfica, aplicando-se à Ásia e África medidas de contensão dos preços, legitimada pela "década perdida" na América Latina na década de 1980.

O sucesso (fim da hiperinflação), mas também os fiascos (incapacidade de promover um crescimento consequente e regular; dificuldades em controlar o funcionamento dos mercados financeiro; incapacidade de reduzir de maneira significativa a pobreza absoluta; incompreensão acerca do forte crescimento chinês e, de uma maneira geral, do crescimento asiático) dessa política conduziram a uma "nova versão" do Consenso de Washington, desta vez centrada na necessidade de encontrar "boas instituições".

A esses dez mandamentos foram então progressivamente acrescentados outros dez[30]: 11. governança de empresa; 12. medidas contra a corrupção; 13. liberalização estendida ao mercado de trabalho; 14. adesão aos princípios da Organização Mundial do Comércio; 15. adesão aos códigos e padronizações que regulam as finanças; 16. abertura "prudente" da conta capital; 17. ausência de regimes de câmbio intermediários entre o fixo e o flexível; 18. independência dos bancos centrais e estabelecimento de alvos em matéria de inflação; 19. constituição de redes de proteção social; 20. objetivos claramente definidos de redução da pobreza absoluta.

A abordagem frequentemente "elástica" das instituições (ver infra, Capítulo 4) e a manutenção das principais orientações dos dez primeiros mandamentos constituem os limites dessa nova versão do Consenso de Washington. Os dois últimos "mandamentos",

---

uma liberalização da conta capital e os economistas, como McKinon, viam nessa liberalização um perigo (para uma apresentação do debate entre economistas partidários do *big bang* e os inclinados à adoção de medidas gradualistas, ver P. Salama; J. Valier, *Pauvretés et inégalités dans le Tiers Monde*, cap. 6). Observa-se, ainda, um desacordo em relação à taxa de câmbio: o FMI apoiou, ao longo dos anos de 1990, a manutenção de uma política de câmbio fixo (anunciar um câmbio flexível para sair da inflação poderia causar um impacto negativo sobre a credibilidade das medidas tomadas; mas, ao contrário, o abandono de uma possibilidade de regulamentar o fluxo de capitais, quando os câmbios são fixos, é também bastante perigoso, quando o afluxo de capitais é muito grande em um sentido ou em outro, como demonstrou o exemplo extremo da Argentina). Porém, a maior parte dos economistas ortodoxos se inclina às taxas de câmbio flexíveis (seria preciso "chegar" a crise financeira do final dos anos de 1990 para que esse regime fosse adotado).

30 D. Rodrik, Growth Strategies..., *Economic Policy*.

> que, no quadro renovado da lógica do Consenso de Washington, chegam "como um fio de cabelo na sopa", estão na origem de um projeto mais ambicioso, chamado "Objetivos de Desenvolvimento do Milênio" (ou Objetivos do Milênio), adotado em setembro de 2000 pela Assembleia Geral das Nações Unidas, por uma iniciativa de seu secretariado geral[31], dando prioridade a duas grandes séries de objetivos:
>
> * de uma parte, a redução drástica do nível de pobreza absoluta (para a metade entre 1990 e 2015), mas também a melhoria da saúde (reduzir em dois terços a taxa de mortalidade infantil de crianças de menos de cinco anos, e em três quartos a taxa de mortalidade das mulheres na hora do parto; combater a Aids e as epidemias) e da educação (de maneira que as crianças de sete a quatorze anos dos dois sexos possam seguir um ensino de base; promover a igualdade entre homens e mulheres em todos os níveis do ensino);
>
> * de outra parte, políticas macroeconômicas e de gastos públicos eficazes; promoção de parcerias público/privado; harmonização do auxílio em favor dos países mais pobres, levando em conta critérios de boa governança; diminuição do protecionismo dos países mais ricos e melhora no acesso dos países pobres aos seus mercados; garantia de um desenvolvimento durável (redução para a metade da porcentagem das pessoas que não têm acesso a água potável; respeito ao meio ambiente).
>
> Com os indicadores sociais e ambientais sendo enfim levados em consideração, os Objetivos do Milênio estão evidentemente no sentido adequado. Mas eles enfrentam fortes riscos de se transformar em um catálogo de boas intenções, caso sua articulação seja contestada mais tarde. Assim, esta é a relação entre a expansão do comércio, o crescimento e a redução da pobreza. Com efeito, como observa o economista britânico Simon Maswell[32], a liberalização comercial produz numerosos "perdedores", que devem ser ajudados, e essa liberalização só pode ser eficaz do ponto de vista dos Objetivos do Milênio após o estabelecimento de instituições adequadas.

Os primeiros resultados desses estudos legitimam certo ceticismo sobre a capacidade dos mecanismos de mercado de reduzir a pobreza: no Brasil, a pobreza terá recuado 37,6% em

---

31 Disponível em: < http://www.un.org/french/millenniumgoals/ >; < www.unmillenniumproject.org/ >.
32 The Washington Consensus is Dead! Long Live to the Meta-Narrative!, *Overseas Development Institute Working Paper*, n. 243.

2015, em vez dos 50% esperados, caso o país prossiga a trajetória seguida entre 1990 e 2002, o que parece duvidoso (ver quadro a seguir). Projetando a evolução (crescimento, distribuição) observada de 1990 a 2002, a menos que não se deixe o mercado fazer suas "maldades", observa-se que seria preciso, para alcançar esse objetivo, 27 anos para o México, 102 para a Nicarágua e 240 anos para Honduras[33]. Segundo a Cepal[34], um país latino-americano já alcançou o objetivo fixado, cinco devem alcançá-lo, e os demais não o alcançarão se o crescimento e as desigualdades seguirem a mesma tendência.

Esses diferentes cenários, associando taxa de crescimento, nível de desigualdades e variação das desigualdades, apresentam certo interesse: é difícil alcançar os objetivos assinalados de redução da pobreza, isso porque as desigualdades não diminuem o suficiente. Tais objetivos representam apenas um jogo contábil. A questão é saber por que as desigualdades não diminuem se existem relações entre elas e a taxa de crescimento, se o regime de crescimento é portador ou não de desigualdades crescentes e, enfim, quais são os obstáculos sociopolíticos para uma redução das desigualdades. Somente fazendo esse diagnóstico é que se pode considerar uma política social adequada e avaliar as dificuldades para implementá-la. Não realizar esse diagnóstico é o mesmo que designar objetivos sem oferecer os meios necessários para alcançá-los. Isso é confortável de um ponto de vista ético, mas não passa de votos piedosos.

OS OBJETIVOS DO MILÊNIO:
O BRASIL, UM SUCESSO?

Desde 1990, a pobreza recuou no Brasil e as metas assinaladas pelos Objetivos do Milênio – diminuir pela metade o nível de pobreza extrema entre 1990 e 2015 – deveriam ser mais ou menos alcançadas. Mas é preciso sublinhar que a redução da pobreza registrada desde 1990 ocorreu essencialmente de 1993 a 1995, após o sucesso do

---

33 J. Ros, El Crecimiento Económico en México y Centroamérica, *Estudios y Perspectivas*, n. 18, disponível em: < www.eclac.org >.
34 Cepal, *The Millennium Development Goals...*, op. cit., p. 20. [N. da E.: O Chile é o país que já alcançou o objetivo fixado; os cinco mais próximos de atingi-lo são, respectivamente, Uruguai (80%), Brasil (78%), México (69%), Equador (64%) e Panamá (60%).]

"Plano Real" – e mais recentemente, em menor medida, graças aos efeitos redistributivos do plano "bolsa família", adotado em setembro de 2003 com o intuito de auxiliar 8,4 milhões de famílias cujos rendimentos estavam abaixo do nível de indigência (pobreza extrema) definido pelo Banco Mundial. O desaparecimento da hiperinflação, com efeito, produziu uma redistribuição dos rendimentos em favor das camadas mais modestas e as desigualdades diminuíram. É essa redução das desigualdades que essencialmente explica a diminuição da pobreza. Mas desde 1995, as desigualdades não apresentam tendência a diminuir, muito pelo contrário, e o fraco crescimento explica a manutenção da pobreza em um nível elevado. É por essa razão que prolongar a tendência de 1990 a 2002 até 2015 apresenta um lado artificial, pois tal redução está longe de ter sido regular ao longo desse período.

Entretanto, em contraste, os efeitos redistributivos do programa "bolsa família" jogam em favor de uma redução da pobreza. Efeitos modestos se compararmos o orçamento desse programa com as despesas do serviço da dívida pública interna e externa (ele era 22 vezes menor em 2005 que as despesas), a redistribuição reduz a pobreza e mais particularmente a pobreza extrema. Pode-se considerar que se esse programa fosse estendido a um maior número de famílias e se os valores alocados nesse plano aumentassem, o Brasil poderia alcançar – ou estaria próximo disso – o objetivo assinalado pelos *Objetivos do Milênio*.

O mesmo vale para os demais objetivos: 94,7% das crianças de sete a catorze anos deveriam ter completado todo o ciclo de ensino de base, a disparidade de gênero já teria sido suprimida nesse ensino e a redução em dois terços da mortalidade infantil seria alcançada. Ademais, o objetivo de reduzir pela metade o número de pessoas que não têm acesso à água potável deveria ser igualmente alcançado; e levando-se em consideração as evoluções já em curso, talvez ficasse apenas pendente o objetivo de acesso a esgotos.

    O quase desaparecimento da pobreza absoluta nos quatro países asiáticos (Coreia, Taiwan, Singapura, Hong Kong) e sua forte redução em vários outros países desse continente podem alimentar certo otimismo. Entretanto, a trajetória da pobreza na China é reveladora das dificuldades em associar forte crescimento e diminuição durável da pobreza: graças a uma taxa de crescimento extremamente elevada, a pobreza passou de 50% em 1980 para um pouco mais de 10% em 1996 (mas com desigualdades regionais particularmente elevadas). Desde então, a pobreza estagnou nesse nível, apesar da manutenção de um crescimento muito grande. As razões para essa incapacidade de reduzir ainda mais a pobreza são muito simples: o "socialismo de mercado" é particularmente excludente. Como já visto, o coeficiente de Gini aumentou 60% entre 1981 e 2001 (essa excepcional progressão das desigualdades é mais elevada que a da Argentina nos anos de 1990). Enquanto em outros lugares o índice aumenta pouco, escondendo as desigualdades no interior das diferentes camadas sociais, a explosão das desigualdades na China anulou, desde 1996, os efeitos benéficos do crescimento sobre a pobreza (são as camadas médias que enriquecem, enquanto na América Latina dois terços dessas camadas empobrecem – retornaremos a esse tema posteriormente).

Alguns países conheceram uma evolução muito forte das desigualdades entre 1990 e 2002. A Argentina, o Equador e o Paraguai de maneira bastante ascendente. O aumento foi menos pronunciado no Brasil, na Venezuela e na Bolívia. O Uruguai conheceu uma diminuição de seu coeficiente de Gini, o mesmo ocorrendo com México, Panamá e Honduras, porém de maneira mais branda. Finalmente, a evolução permaneceu marginal no Chile, na Colômbia e na Nicarágua[35]. Em geral, desde o início dos anos de 1990, as evoluções do coeficiente de Gini não foram muito pronunciadas na maior parte dos países latino-americanos.

Entretanto, é preciso alguma reserva ao deduzir dessa relativa estabilidade no período, com algumas exceções importantes, uma neutralidade do crescimento sobre a repartição das rendas. Com efeito, observa-se para certos países uma deformação da curva de Lorenz em favor dos 10% a 20% da população mais rica – vê-se, portanto, uma concentração em favor das altas rendas a partir de um nível de desigualdades já extremamente elevado. Dessa forma, na Argentina (Grande Buenos Aires), os 20% mais ricos[36] recebiam 50% da renda total distribuída em 1990 e 55% em 2002, em detrimento dos mais pobres, mas também dos 20% que os precedem (as camadas "baixas e médias"), cuja participação na renda passou de 20,9% para 18,4%.

---

35 Cepal, *The Millennium Development Goals...*, op. cit.
36 Distinguem-se, em geral, nesses 20%, os 10% mais ricos e os 10% que se seguem, qualificados de camadas médias "altas".

No Brasil, a evolução foi um pouco menos acentuada: a parte da renda nacional destinada aos 20% mais ricos passou de 59,2% para 61,6% entre 1990 e 2001, e os 20% que os precedem viram sua participação se deteriorar de 19,4% para 17,5%. Segundo a PNUD, com base em uma observação retirada de um estudo do Cebrap realizado por Alexandre Comin, os 10% mais pobres da população, após as transferências de rendimentos, teriam passado por um declínio de seus rendimentos reais de 39,6% entre 1995 e 2004 (lembremos, no entanto, que esses rendimentos tinham aumentado, em termos reais, para 100% entre 1993 e 1995, na sequência dos efeitos redistributivos do Plano Real). Para essa categoria da população, em 1995, 89% de seus rendimentos eram provenientes do trabalho, contra somente 48% em 2004, o que mostra que a queda de seus rendimentos teria sido ainda mais elevada não fosse em parte compensada pelo montante de transferências sociais (principalmente a "bolsa família"). Esses rendimentos registraram uma queda pronunciada de 1998 a 2003, e mais particularmente de 2002 a 2003 (26%), primeiro ano do governo Lula, para aumentar 11% em seguida, entre 2003 e 2004, graças aos efeitos positivos do plano "bolsa família", da retomada econômica, do aumento do número de empregos não qualificados e da revalorização do salário mínimo.

É interessante observar que no período de 1995 a 2004, o rendimento dos 10% mais ricos também diminuiu 21,9%. No entanto, a redução dos rendimentos provenientes do trabalho foi menos elevada em relação aos rendimentos dos 10% mais pobres, tendo passado de 83% para 77%. A diferença entre os rendimentos médios dos 10% mais ricos e dos 10% mais pobres, após a redistribuição, se acentuou nesse mesmo período, passando de 44% para 57%. A concentração nas altas rendas é, portanto, real em termos relativos, mesmo que o poder de compra dos 10% mais ricos tenha caído. Tal concentração também é provável, em termos absolutos, para os 5% mais ricos da população: graças aos ganhos provenientes das finanças, seus rendimentos reais aumentaram fortemente em detrimento do restante da população e de maneira diferenciada segundo os estratos. No Chile e no México, observa-se uma relativa diminuição de parte da renda dos 20% mais ricos: no Chile, ela passou de 57,9% em 1990 para 54,2% em 2003; no México, ela passou de 49,6% em 1994 para

46,5% em 2002 (e ficou estável na Colômbia: 54,7% em 1997 e 54,8% em 2002). As camadas "médias" e "baixas", em geral, não tiveram suas participações diminuídas.

A relação entre os rendimentos recebidos pelos 20% mais ricos e os 20% mais pobres, nessas mesmas datas, aumentou no Brasil, na Argentina, na Colômbia e no México: no Brasil, os rendimentos dos 20% mais ricos eram 17 vezes maiores que os dos mais pobres em 1990, e 18 vezes em 2001; na Argentina, essa relação passou de 8,6 para 10,5; na Colômbia, de 12,7 para 15,5. Porém, tal relação diminuiu levemente no Chile, passando de 12 para 11, e no México, de 7,2 para 6,5 (cálculos realizados a partir do *Anuário Estatístico da Cepal*, 2005).

VULNERABILIDADE E VOLATILIDADE

Segundo estimativas do economista mexicano Miguel Szekely[37], obtidas a partir de um teste econométrico realizado em dezessete países latino-americanos com dados do período 1989-2000, constata-se que a elasticidade do índice que mede a amplitude da pobreza em relação às mudanças do PIB (calculado em PPC) é duas vezes menor (-0,9) que em relação às desigualdades medidas pelo coeficiente de Gini (2,1). Essas informações foram recuperadas em intervalos mais curtos para cada país, a partir de pesquisas domiciliares significativas e comparáveis entre eles. Para 1% de aumento das desigualdades, o efeito sobre a pobreza é maior que o obtido, em sentido contrário, para 1% de crescimento. Como o crescimento no período foi pequeno e as desigualdades não ficaram menores, talvez tenham se agravado algumas vezes, então, compreende-se a resistência à baixa da pobreza.

Mais interessante ainda é o fato de a elasticidade da profundidade da pobreza (H_1) e a das desigualdades entre os pobres (H_2) serem ainda mais elevadas em relação às desigualdades globais que em relação ao PIB (3,1 e 3,6, respectivamente, para as desigualdades, e -1,2 e -1,4 para o PIB). À medida que a recessão, talvez a crise, acentua as desigualdades, ela acentua ainda mais a pobreza, sua profundidade e as desigualdades entre os pobres. Esse é o ponto que vamos discutir.

37 The 1990s Latin America..., *Journal of Applied Economics*, n. 2.

A Vulnerabilidade dos Pobres

A redução da pobreza depende de diversos fatores: dimensão do crescimento, nível e variação das desigualdades. O crescimento pode ser "bom para os pobres", mas se ele for acompanhado de uma redistribuição dos rendimentos em favor das camadas ricas, seus efeitos positivos sobre a pobreza serão alterados. E pode até mesmo ser empobrecedor, caso o efeito da variação das desigualdades seja maior que o efeito do crescimento. O crescimento das desigualdades pode ser induzido "mecanicamente", de maneira endógena, pelo regime de crescimento[38] e pela volatilidade deste. O crescimento "empobrecedor" decorre, em geral, de uma taxa de crescimento do PIB insuficiente para compensar os efeitos negativos sobre a distribuição da renda, resultado de uma desigualdade crescente. A intensidade da pobreza pode, entretanto, ser atenuada, ou mesmo invertida, se uma política redistributiva de renda é posta em ação em favor dos mais pobres e das camadas empobrecidas.

O crescimento é em geral "bom para os pobres", mas seria um erro subestimar os demais fatores e deduzir, como fizeram David Dollar e Aart Kraay[39], que o problema da redução da pobreza se resume ao retorno de um grande crescimento e que, operando por deslocamentos sucessivos, esse crescimento só pode ser obtido através do livre-comércio. Sob essa ótica, o livre-comércio torna-se sinônimo de redução da pobreza[40] e encontra assim legitimidade. Quem, de um ponto de vista estritamente ético, poderia ser contra uma redução da pobreza, especialmente quando se afirma que as políticas redistributivas –

---

[38] Um regime de crescimento com domínio financeiro aumenta, em geral, as desigualdades entre o trabalho e o capital: um regime de crescimento aberto à concorrência internacional, sem ou com pouca intervenção do Estado, pode acentuar as desigualdades salariais; um regime de crescimento baseado na expansão da demanda das camadas intermediárias, modestas, talvez pobres, pode diminuir as desigualdades (por exemplo, quando da primeira fase de substituição das importações leves) se políticas redistributivas são executadas e se uma reforma agrária em favor dos agricultores pobres é empreendida.
[39] D. Dollar; A. Kraay, op. cit.
[40] E para alguns, veremos no capítulo seguinte, o livre-comércio é sinônimo de uma diminuição das desigualdades, diminuição essa que é consecutiva de uma alocação ótima dos recursos, permitindo uma especialização segundo os custos comparativos.

qualificadas com desprezo por alguns como "populistas"[41] –, elaboradas e muitas vezes decididas na véspera de processos eleitorais, levam ao inverso dos objetivos definidos? A abertura das trocas, no entanto, não é necessariamente a expressão de uma política de livre-comércio (ver infra, Capítulo 3) e o Estado não está, diante do mercado, em um jogo de soma zero (ver infra, Capítulo 4). Ele pode participar da constituição do mercado e seus efeitos redistributivos podem em grande parte frear a diminuição da pobreza. O exemplo da China, desde o fim dos anos de 1990, confirma isso muito bem. Veremos nos dois últimos capítulos que esses "jogos de esconde-esconde teóricos" são contestáveis, de um ponto de vista teórico e econométrico.

Os estudos das séries temporais longas, comparando vários países situados em níveis diferenciados de desenvolvimento, apresentam certo interesse (graças, principalmente, à utilização sensata dos "efeitos fixos" e das técnicas econométricas), mas limitado. Muitas vezes, é mais pertinente analisar os ciclos de crescimento do PIB e da pobreza, em vez de procurar construir suas respectivas tendências. Em outras palavras, o estudo dos ciclos em primeiro lugar e o estudo das tendências em segundo são mais ricos em informações sobre as causas da evolução da pobreza, em todos os sentidos, que o estudo que começa pela busca de uma tendência[42]. Como analisamos no primeiro capítulo, é excepcional encontrar fases de alta volatilidade e de grande crescimento, sendo mais frequente observar períodos mais ou menos longos de grande volatilidade e de baixo crescimento. As combinações "grande crescimento e baixa volatilidade" e "baixo crescimento e baixa volatilidade", em períodos mais ou menos longos, são muito mais frequentes.

A comparação dos ciclos do PIB e da pobreza mostra que não se pode deduzir o segundo por meio de uma simples translação homotética do primeiro. O crescimento do PIB pode se acelerar, ou desacelerar; pode ser positivo ou negativo. A evolução

---

41 R. Dornbush; S. Edwards, *The Macroeconomic of Populism in Latin America*.
42 Atrás dessa observação existem sérias interrogações sobre a pertinência econômica das técnicas econométricas que privilegiam a busca da estacionariedade das séries em torno de uma tendência linear, independentemente dos fenômenos econômicos que elas representam. Não podemos desenvolver aqui essa complexa questão. Ver R. D. Caffé, *Cycles de croissance financiarisés en Amérique Latine depuis les années 1970*.

da pobreza pode não ser "em fase". Com efeito, é possível observar períodos distintos em que o crescimento é *pro-poor*, quando a redução do índice de pobreza é mais rápida que o crescimento do PIB; ou ele é *trickle down*[43], quando o índice de pobreza diminui mais devagar que a diminuição do PIB; ou mesmo ele é empobrecedor, quando o crescimento, positivo, ou mais frequentemente negativo, provoca um aumento do índice de pobreza[44].

Tal abordagem pode ser aprofundada ao levar em consideração outros índices de pobreza: a comparação das evoluções respectivas das taxas de crescimento do PIB com os índices que medem a profundidade da pobreza (H_1) e as desigualdades entre os pobres (H_2) são ricas em ensinamentos. Observa-se, em geral, que quando acontece uma crise econômica, as desigualdades aumentam. Na ausência de uma política orçamentária contracíclica, que permita um aumento substancial dos gastos sociais, a pobreza cresce mais que proporcionalmente, dessa forma, a profundidade da pobreza e a desigualdade entre os pobres tornam-se mais fortes. Esse foi o caso, por exemplo, do México, em 1966, na sequência da crise de 1995[45]. Ainda que parcialmente, esse também foi o caso da Coreia: segundo o economista indiano Nanak Kakwani e seus colegas[46], na sequência da crise de 1997-1998, os pobres se beneficiaram de uma melhora de seus rendimentos quando da retomada econômica; o índice de pobreza passou de 19% em 1998 para 13% em 1999,

---

43 Preferimos conservar as expressões inglesas. A última dificilmente é traduzível; a expressão "gota a gota" talvez seja a mais próxima, mas também é deselegante.

44 Nesses três casos, a elasticidade do índice de pobreza em relação ao PIB é respectivamente superior a 1, entre 0 e 1, e inferior a 1. Ver N. Kakwani et al., Pro-Poor Growth, IPC Working Paper, n. 1, disponível em: < www.undp.org/povertycentre >. Adotamos aqui as definições desse autor em vez de definições mais laxistas do Banco Mundial, que considera o crescimento *pro-poor* se o índice de pobreza diminuir, não importando qual seja sua taxa. Nesse caso, basta que a elasticidade seja superior a 0.

45 Segundo a metodologia do Banco Mundial, o índice de pobreza extrema (um dólar por dia) passou de 9,9% na véspera da crise para 16,7% em 1996, tendo em seguida diminuído para 7,7%. Para um estudo preciso dos efeitos da crise na Indonésia a partir de diferentes indicadores da pobreza, ver S. Dhanani; I. Islam, Poverty, Vulnerability and Social Protection in a Period of Crisis, *World Development*, v. 30, n. 7. Ver também L. Lopez-Calva, *Macroeconomía y Pobreza*, disponível em: < www.eclac.org > (*working paper*).

46 N. Kakwani et al, op. cit.

mas eles se beneficiaram menos desse crescimento que os não pobres; pode-se, portanto, dizer que esse crescimento foi do tipo *trickle down*. Entretanto, após uma política social ativa, as desigualdades diminuíram entre os pobres.

A fim de medir os efeitos do crescimento sobre a pobreza, Kakwani e colegas[47] construíram um indicador muito interessante. Vimos que o regime de crescimento não é neutro do ponto de vista distributivo e que a evolução do PIB pode ser diferente da evolução do índice de pobreza. A ideia de base desses autores consiste, assim, em definir uma taxa de crescimento hipotética (*poverty equivalent growth rate*, ou PEGR) do PIB, que corresponde a um crescimento neutro do ponto de vista distributivo: se essa taxa ultrapassa a taxa observada, o crescimento é *pro-poor*, pois esse crescimento foi acompanhado de uma diminuição das desigualdades; se ela for inferior, mas ainda assim positiva, o crescimento é *trickle down* (o índice de pobreza diminui, mais as desigualdades aumentam); enfim, se a taxa hipotética for negativa e inferior à taxa observada, estamos diante de um crescimento empobrecedor.

A análise do exemplo coreano, proposta por esses autores, mostra que, de 1990 a 1996, o crescimento foi globalmente do tipo *pro-poor*: os índices de pobreza diminuem mais rapidamente que o aumento do PIB. As desigualdades reduziram para o conjunto da população, tendo o coeficiente de Gini passado de 29% para 27%, e a profundidade da pobreza diminuiu. Em 1997-1998, com a crise, a situação muda radicalmente, e a evolução do PIB torna-se "empobrecedora": o índice H_0 diminui a uma taxa superior à do PIB, a profundidade da pobreza aumenta ainda mais rápido e as desigualdades entre os pobres crescem fortemente. No período que se segue, o índice H_0 fica levemente inferior à taxa de crescimento do PIB, o crescimento é, portanto, *trickle down* desse ponto de vista – mas ele é *pro-poor* em relação aos dois outros índices, graças à política social ativa executada.

O caso da Colômbia, analisado segundo a mesma metodologia pelos economistas Jairo Núñez e Silvia Espinosa[48], difere claramente do da Coreia do Sul: o efeito decorrente das desigualdades

---

47 Idem, ibidem.
48 *Determinantes de la Pobreza y la Vulnerabilidad*, disponível em: < www.dnp.gov.co > (*working paper*).

nesse país é bem menos importante. Observa-se, dessa forma, que a curva do "crescimento observado" está muitas vezes acima da curva do PEGR, e que esta é frequentemente inferior a 0%. O índice de pobreza permanece em nível elevado, o efeito distributivo mostra-se maior que o efeito crescimento, sobretudo de 1997 a meados de 1998, e mais ainda de 2000 a meados de 2002. Desde então, é lógico que o índice de pobreza não tenha baixado no período: de 51% em 1996, ele passou para pouco mais de 53% em 2004 (após ter diminuído 4% entre 2002 e 2003, graças a um forte crescimento *pro-poor*). Se o crescimento tivesse sido neutro, o índice de pobreza teria passado de 51% em 1996 para 37% em 2004. Isso demonstra, para o período, quanto as fases de crescimento empobrecedor foram fortes.

Os Efeitos da Volatilidade da Economia

Antes de abordar a importante questão da vulnerabilidade dos pobres com relação à volatilidade da economia, convém fazer duas observações preliminares: a primeira sobre a taxa de crescimento; a segunda, sobre sua volatilidade.

A taxa de crescimento da economia (medida pela evolução do PIB) é função de fatores que variam entre os países e épocas. Por isso, é importante analisar os diferentes regimes de crescimento e ir além de uma única medida econômica: o Chade não pode ser comparado aos Estados Unidos nem o Brasil à França apenas pelo critério das respectivas taxas de crescimento de seus PIBs. Os setores responsáveis por esse crescimento – externos ou internos –, quer sejam de consumo de bens duráveis ou não duráveis, de investimento ou de exportações, são diferentes entre os países e os períodos. Os efeitos distributivos do crescimento não são, portanto, os mesmos em cada caso. Produzir bens duráveis ou bens de investimento não necessita da mesma qualificação de mão de obra – nem o mesmo espectro de salários – que a produção de bens não duráveis. Assim, para uma mesma taxa de crescimento, os efeitos sobre o emprego, a qualidade do emprego e o nível de vida dos pobres diferem quando a ênfase é posta em um ou outro setor. Os níveis da "linha" de pobreza são, portanto, maiores ou menores – considerando a profundidade da pobreza –, dependendo não só do tamanho e da regularidade de sua taxa, mas também dos efeitos distributivos específicos de tal ou tal modo de crescimento[49].

A forte volatilidade do crescimento tem como origem o modo de saída da crise hiperinflacionista dos anos de 1980. A crença dominante era então que a liberalização súbita e de grande amplitude dos mercados deveria conduzir não apenas ao fim da hiperinflação, o que aconteceu, mas também a uma retomada econômica forte e durável, que não foi o caso. O raciocínio poderia ser resumido pelo seguinte encadeamento: liberalização, crescimento, redução da pobreza. Os efeitos redistributivos eram ignorados ou subestimados. O elevado crescimento não foi ao encontro marcado – com raras exceções e para breves períodos. Os efeitos da volatilidade do crescimento eram, enfim e sobretudo, profundamente subestimados.

Dos anos de 1990 aos anos 2000, a pobreza persistiu na América Latina em um nível elevado, diferentemente do que se observa em muitas economias asiáticas. Melhorias à margem podem ser observadas – menor desnutrição de crianças, aumento da expectativa de vida, maior escolaridade –, mas as perturbações macroeconômicas agravaram permanentemente a situação das camadas modestas e pobres e os efeitos positivos que poderiam ter os "programas alvo" de luta contra a pobreza foram mais ou menos alterados pela volatilidade do crescimento. Convém ainda buscar as razões dessa volatilidade, pois ela está na origem das dificuldades em reduzir significativamente a pobreza.

Por que essa incapacidade em reduzir de maneira durável a pobreza? Por que existe uma grande vulnerabilidade dos pobres aos ciclos econômicos? Qual a razão de o crescimento ser tão instável? A ordem das respostas a essas questões é importante.

---

49 Pode parecer surpreendente que precisemos lembrar dessas "banalidades". Teriam elas sido esquecidas ou esmagadas pelo rolo compressor do pensamento dominante durante tantos anos? Sem querer voltar aos clássicos, essas relações foram magistralmente demonstradas pela corrente estruturalista da Cepal. Pode-se lembrar, por exemplo, para analisar a evolução da rentabilidade do capital nos setores dinâmicos, da análise da concentração "horizontal" e "vertical" dos rendimentos (dependendo se o modo de crescimento era de substituição de importações leves ou pesadas) e do raciocínio dos estagnacionistas sobre a não correspondência das dimensões da oferta e da demanda em suas dinâmicas (ver supra, Capítulo 1).

Não se pode responder à primeira ignorando a segunda, ou responder à segunda esquecendo a terceira. Porém, responder à terceira questão em primeiro lugar permite uma resposta à segunda e, em seguida, à primeira. Essa abordagem permite não ficar "no que precisaria ser feito", ou seja, um catálogo de votos piedosos na maior parte das vezes. Ela permite interrogar sobre as razões que explicam as dificuldades em reduzir a pobreza e identificar os obstáculos sociopolíticos a ser ultrapassados para que medidas eficazes possam ser postas em ação.

A cada regime de crescimento corresponde uma fragilidade. A fragilidade das economias latino-americanas é particularmente grande: o crescimento pode ser mais ou menos volátil, dependendo das formas de negociar as restrições internacionais, tanto em termos de competitividade como da circulação dos fluxos de capitais – depende, portanto, do regime de crescimento escolhido. Analisemos inicialmente essa instabilidade, em seguida sua relação com a vulnerabilidade.

A Volatilidade

O crescimento foi pouco volátil nos países asiáticos. Forte em sua amplitude, fraco em sua duração, a crise do fim dos anos de 1990 foi uma exceção. A situação é diferente nas economias latino-americanas, nas quais o crescimento foi particularmente volátil. No período 1994-2005, observa-se: uma crise pronunciada no México e na Argentina em 1995 (uma variação de mais de 10% no PIB); nova crise em 1998, desta vez no Brasil e na Argentina; novamente crise na Argentina, de 1998 a 2002, com um "mergulho abissal" no final de 2001; séria desaceleração do crescimento no México, no Brasil e na maior parte das economias latino-americanas em 2002. Mas como já observamos, a volatilidade dos anos de 1990 é em média mais fraca que a dos anos de 1980. Ela se inscreve em uma tendência levemente crescente, o que não foi o caso na década "perdida" (os anos de 1980, de forte inflação e de crescimento muitas vezes negativo), quando a tendência foi mais ou menos orientada à baixa. Sua origem e sua especificidade são também diferentes: no primeiro período, a volatilidade está relacionada ao peso do serviço da dívida, com garantia sobre os recursos próprios desses países; no segundo, a volatilidade é a causa da elevada dependência financeira própria aos novos regimes de crescimento implantados após a saída das crises hiperinflacionárias.

As flutuações, mais que a mediocridade do crescimento, explicam a vulnerabilidade particularmente elevada dos pobres.

Vulnerabilidade e Resistência à Baixa da Pobreza

As flutuações do PIB não são seguidas de flutuações simétricas da pobreza. Quando o crescimento diminui, os pobres são afetados de maneira mais que proporcional por essa diminuição; quando o crescimento é retomado, o nível de pobreza fica estável, e, pior ainda, pode se agravar durante um período mais ou menos longo. Esse período depende dos efeitos redistributivos, exceto se políticas contracíclicas forem acionadas. Porém, esse não é, em geral, o caso, de maneira que se observa com mais frequência reduções dos gastos públicos, aumentando assim a pobreza.

As razões frequentemente alegadas para explicar essas evoluções são bem conhecidas: a crise é o momento em que os setores pouco competitivos são reestruturados, empresas são eliminadas ou reconvertidas, e condições de trabalho são questionadas. A verdadeira saída da crise, distinta das retomadas "mecânicas" por simples renovação dos estoques, se manifesta por um retorno às melhores condições de valorização do capital devido a novos equipamentos com melhor desempenho, modificações na organização do trabalho, redução do emprego e, enfim, "moderação" salarial. O ciclo de produção é retomado de maneira ascendente, os lucros aumentam e, eventualmente, a recuperação dos salários torna-se possível. As defasagens entre as evoluções da produção e dos salários se explicam, então, pela não correspondência dos ciclos do PIB e das mobilizações. Os ciclos do PIB e da pobreza têm a mesma defasagem, pois a pobreza não se origina do não emprego, mas do emprego: os pobres não podem ser desempregados em países onde não existe seguro-desemprego; e essas pessoas são obrigadas a se acomodar em ocupações menos qualificadas, muitas vezes informais, assalariadas ou não.

Tal explicação, no entanto, não é suficiente. Na América Latina, a crise dos anos de 1990-2000 não foi proveniente, ou foi muito pouco, de um excesso de investimento e de uma deterioração das condições de valorização do capital. Ela resultou muito mais de uma vulnerabilidade financeira bastante forte desses países. Para evitar uma fuga de capitais, os governos aumentam de maneira desmesurada as taxas de juros, elevando o serviço da dívida interna de forma mecânica, e provocando a recessão, senão a crise. O fiasco dessa política se manifesta através de uma desvalorização brutal, a ferro quente, de uma retomada da inflação[50], de um maior peso da dívida externa expressa em moeda local e de seu serviço, que conduz principalmente o governo engajado nessa política a apelar ao Fundo Monetário Internacional. Dessa forma, cortam seus gastos públicos quando as despesas relativas aos serviços da dívida aumentam de maneira considerável (ver quadro a seguir sobre o caso brasileiro). Mecanicamente, isso significa que os outros gastos públicos devem diminuir ainda mais fortemente, caso o governo respeite as diretrizes do FMI. Essas medidas aprofundam a crise, que afeta em especial os mais pobres, diretamente tocados pela redução dos gastos sociais. A retomada econômica opera, em seguida, sobre a base dessas deteriorações, e a situação tarda a melhorar para as camadas mais pobres pela posterior recuperação dos gastos sociais.

O BRASIL DE LULA:
UMA POLÍTICA ECONÔMICA PARADOXAL
E CONTRAPRODUTIVA

No Brasil, a chegada ao poder do presidente Luis Inácio Lula da Silva, em janeiro de 2003, deixava antever, com maus presságios, uma franca ruptura com a política econômica seguida por seu predecessor, uma política social voluntarista e uma resistência às "recomendações" do FMI. Mas foi possível observar muito mais uma continuidade: o novo governo foi além das recomendações do FMI, elevando o superávit primário do orçamento, ou seja, o superávit das receitas sobre as despesas orçamentárias deduzidas dos juros da dívida pública.

---

50 Essa inflação, contrariamente à crença de muitos governos (justificando assim a não desvalorização "a ferro frio"), foi de curta duração e pouco significativa.

Em uma economia relativamente fechada, a redução dos gastos públicos, exceto os relativos ao pagamento do serviço da dívida, apresenta efeitos negativos sobre a atividade econômica (como vimos, uma recessão econômica é seguida de um aumento das desigualdades e de um crescimento mais ou menos importante da pobreza). Ora, a essa política orçamentária, que faz pouco caso dos programas sociais – incluindo o famoso plano de luta contra a fome, bem "vendido" no exterior e bem recebido pelos pobres, mas em realidade modesto em termos de porcentagem do PIB –, soma-se uma política monetária fortemente restritiva. Em geral, espera-se que, nesse tipo de situação, as taxas internas de juros se alinhem às externas, que são decididas pelos mercados financeiros internacionais. Porém, foi o inverso disso que se observou no Brasil.

Lembremos que teoricamente existem para um Estado duas maneiras de contrair empréstimos para financiar os déficits: pela emissão de bônus do Tesouro Nacional sobre os mercados financeiros internacionais mediante o pagamento das taxas de juros americana mais um prêmio de risco (o *spread* justificado pelos riscos incorridos: depreciação da moeda e risco de não pagamento); ou pela fixação de taxas de juros internas atrativas, na esperança de que os capitais venham do exterior. Mas, de fato, o Estado emite bônus no exterior e a fixação de suas taxas no interior do país serve, entre outros objetivos, para levantar empréstimos a fim de financiar o serviço da dívida interna e externa e dissuadir os capitais de uma possível fuga do país, e muito pouco para atrair capitais do estrangeiro. Essas duas taxas de juros deveriam tender a convergir e, no caso do Brasil, a diminuir à medida que o prêmio de risco caiu consideravelmente (1.600 pontos na véspera da chegada de Lula ao poder – ou seja, 16 pontos a ser somados às taxas de juros americana vizinha de zero –, menos de 400 pontos em 2005).

Ora, foi justamente o inverso que se pôde observar, e é essa a "originalidade" da política econômica seguida pelo Brasil: a taxa de juros real interna permaneceu em um nível extremamente elevado (11% a 12%), taxa essa que é preciso multiplicar por três, senão quatro, para se ter uma ideia das condições de empréstimos para empresas e cidadãos. Essa taxa interna elevada onerou pesadamente o serviço da dívida interna da União e dos estados; além disso, também limitou bastante as demais despesas, permitindo um forte superávit primário, mais elevado que o exigido pelo FMI. O serviço da dívida interna e externa se estabilizou em torno de

7% do PIB, após ter alcançado 10%, ocupando facilmente o primeiro lugar no orçamento do Estado, na frente de gastos com educação e saúde. O custo dessa política é muito elevado em termos de crescimento e de degradação das políticas sociais, que constituem o objetivo fixado pelo governo Lula.

Por que esse paradoxo? Ele simplesmente se explica pela preocupação típica de ortodoxia liberal no coração de sua política econômica. Segundo esse dogma, quanto maior o superávit primário (em porcentagem do PIB), mais a ameaça inflacionista se distância e mais a credibilidade do Brasil junto aos mercados externos é reforçada. Quando o *spread* abaixa, os encargos da dívida externa e interna indexada ao dólar diminuem. Com a confiança revigorada, torna-se mais fácil a captação de capitais e a moeda apresenta uma tendência a se apreciar (isso reduz também os encargos sobre a fração da dívida interna indexada ao dólar). As condições para contrair empréstimos no exterior ficam mais favoráveis com a baixa dos juros e o reembolso mais barato em moeda nacional com a apreciação do real.

Mas, em sentido inverso, quanto mais elevadas são as taxas internas de juros, mais os bancos locais têm interesse em comprar bônus do Tesouro emitidos pelo Estado, em detrimento dos créditos às empresas, e menos as empresas tomam emprestado. Da mesma forma, quanto mais os encargos da dívida interna são consequentes, mais as condições para uma retomada econômica durável e estável tornam-se difíceis. E a redução da pobreza fica mais difícil quando a concentração das riquezas se acentua a partir de um nível de desigualdades já extremamente elevado.

Esse fenômeno de histerese se explica essencialmente pelo aumento das desigualdades quando da crise, cujos efeitos são multiplicados em relação aos países desenvolvidos, em razão da fraca proteção social da maior parte da população. Os serviços públicos, entre eles a educação e a saúde, enfrentam em especial reduções de despesas para reencontrar um equilíbrio orçamentário. O tempo médio de escolaridade diminui e sua qualidade recua. As crianças pobres frequentam menos a escola e são forçadas a trabalhar por motivos estritamente de sobrevivência. A qualidade e a duração da escolaridade diminuem, a proteção sanitária é reduzida, a desnutrição se agrava, as capacidades de sair da pobreza, uma vez chegada a retomada econômica, são mais fracas para os mais necessitados.

Para além da suposta sinceridade de certos discursos generosos, convém lembrar que segundo um estudo[51] realizado sobre sete países latino-americanos (Argentina, Chile, Bolívia, Costa Rica, México, Panamá e República Dominicana), observa-se evoluções diferentes dos gastos sociais nas fases do ciclo: a elasticidade dos gastos sociais em relação ao PIB é maior que a unidade durante as fases de crescimento, e menor durante as fases de recessão – mesmo que se trate dos gastos sociais considerados em seu conjunto[52]. Com efeito, esses autores explicam que, apenas para os gastos públicos atribuídos à redução da pobreza, quando o crescimento do PIB *per capita* cai um ponto, os gastos por pessoa pobre diminuem dois pontos (a metade dessa baixa é alcançada pela diminuição da taxa de crescimento, ficando a outra metade sob responsabilidade do aumento do número de pobres devido à crise).

É a volatilidade pronunciada do crescimento que explica a incapacidade de reduzir, de maneira significativa, a amplitude e a profundidade da pobreza. Não é suficiente, portanto, apresentar uma a uma as medidas sociais desejáveis que pudessem aliviar o sofrimento dos pobres, aumentando seu nível de vida (redistribuição de renda), melhorando suas capacidades de sair da "armadilha da pobreza" (crescimento dos gastos públicos em saúde, educação, habitação e infraestrutura), ou desejando sua participação nas decisões. É preciso também colocar a questão de saber por que o nível dessas medidas não permite compensar os efeitos perniciosos da volatilidade do crescimento sobre o nível de vida das diferentes categorias de pobres, exceção feita a alguns entre eles.

Nesse aspecto, a comparação com os países asiáticos é rica em ensinamentos: suas experiências mostram que os modos de inserção na economia mundial são diferenciados e que a abertura não é necessariamente sinônimo de livre-comércio absoluto. Uma política orçamentária mais ativa é possível e o grau de volatilidade depende do regime de crescimento esco-

---

51 N. Hicks; Q. Wodon, Protección Social para los Pobres en América Latina, *Revue de la Cepal*, n. 73.
52 Essas avaliações continuam otimistas em relação à diferença entre gastos orçamentários e gastos realizados, principalmente quando é conveniente *ab initio* que uma fração dessas despesas seja "desviada" para outras alocações, como foi o caso do Brasil.

lhido. Com outros regimes de crescimento, uma volatilidade menor e uma política social *pro-poor* é possível, em particular nos períodos de crise (como atesta o já mencionado caso da Coreia do Sul).

Na América Latina, as medidas de redistribuição de renda monetária em favor das categorias mais pobres certamente permitiram diminuir conjunturalmente a amplitude da pobreza, mas elas não tiveram nesse plano um porte estrutural (exceto quando foram acompanhadas de um aumento dos gastos sociais destinados à educação e à saúde). Essas medidas, *a priori*, por razões de equidade, são evidentemente desejáveis (mesmo que tenhamos sublinhado seus efeitos perversos potenciais[53] e com uma posição diferente[54]). Elas contribuíram para o surgimento de oposições políticas, pois as políticas redistributivas contempladas "agitavam" os mercados. Nos anos 2000, a diminuição da pobreza tornou-se um tema eleitoral: políticas assistencialistas foram então postas em ação – no Brasil, com as "bolsas-família", e na Argentina, com os "planos chefes" (no México, o prefeito da capital, Manuel López Obrador, candidato às eleições presidenciais de julho de 2006, anunciou em 2005 um projeto de expansão em nível nacional das medidas realizadas na capital).

Evidentemente, as medidas de assistência estão longe de ser inúteis no curto prazo, na medida em que tornam mais leves as dificuldades vividas pelos pobres. Sobretudo, a natureza dessas medidas consolida, senão aumenta, a legitimidade almejada pelos governos; além disso, seu custo (em porcentagem do PIB) não é muito elevado e não necessita de reformas fiscais. Mas se elas não são acompanhadas de outras medidas de base, tornam-se pouco úteis no longo prazo, pois deixam os pobres dependentes, não lhes permitindo sair da pobreza. Melhorar as "capacidades" dos pobres para sair dessa situação, por meio de uma política audaciosa de gastos sociais em matéria de saúde e educação, é bem mais eficaz, mas isso custa muito caro e implica uma reforma fiscal profunda. Diferentemente

---

53 F. Bourguignon, Redistribution et Développement, *Conseil d'Analyse Économique*, n. 25.
54 J. Valier, Pauvreté, Inégalité et Politiques Sociales dans les Tiers Mondes Depuis la Fin des Années 1980, *La Documentation Française*, n. 25.

da distribuição imediata de ajudas monetárias aos pobres, essa política apresenta poucos efeitos no curto prazo, com exceção dos gastos destinados à saúde. Seus efeitos a médio e longo prazos são, no entanto, mais consequentes, pois ao aumentar as "capacidades", permitem uma maior mobilidade social e oferecem assim uma probabilidade mais elevada de sair da pobreza que as políticas definidas por critérios monetários ou mais qualitativos (satisfação das necessidades de base ou indicador de pobreza humana do Programa das Nações Unidas para o desenvolvimento).

Poderia ser decidido, por exemplo, que os gastos sociais aumentassem dois pontos quando o crescimento caísse um ponto. Ou ainda, que o crescimento dos gastos sociais fosse vinculado ao crescimento do serviço da dívida interna e externa do Estado. Sob essa ótica, quando de uma crise, a variável de ajuste não deveria, portanto, ser a taxa de juros e a diminuição dos gastos públicos para obter o apoio das instituições internacionais. Muito pelo contrário: deveria ser um aumento dos gastos sociais para amortizar os efeitos negativos da crise sobre as camadas mais vulneráveis e favorecer a mobilidade social.

A escolha de tal política não é independente do regime de crescimento privilegiado, portanto, das modalidades de abertura à economia mundial, é isso que iremos agora analisar.

3. Passividade *Versus* Voluntarismo: A Abertura Revisitada

O objetivo deste capítulo é ler os desempenhos do comércio latino-americano à luz dos desempenhos dos principais países asiáticos, e mostrar que a inserção internacional pode ser eficaz em termos de crescimento quando este provém de uma adaptabilidade dos aparelhos de produção à evolução da demanda mundial por produtos cada vez mais sofisticados. Essa adaptabilidade não resulta do livre jogo das forças de mercado, mas de uma ação voluntarista dos Estados das economias emergentes. Na ausência dessa ação, a inserção internacional é passiva, as possibilidades de uma "reprimarização" dessas economias (retorno ao peso dominante da produção de matérias-primas em detrimento dos bens manufaturados), mesmo que parciais, são fortes, e a vulnerabilidade externa, ainda que com mudança de forma, permanece.

PAPEL DAS EXPORTAÇÕES NO CRESCIMENTO

Os efeitos em cadeia das exportações sobre o crescimento do PIB ficam limitados quando apenas dizem respeito aos produtos da indústria de montagem: por causa de seu baixo grau de integração ao tecido industrial nacional, o aumento das exportações implica também um aumento das importações, e a única distribuição dos salários se dá para alimentar uma demanda dirigida para a produção nacional. No sentido oposto, uma integração mais elevada, a jusante e a montante, das economias emergentes induz efeitos de encadeamento mais ou menos fortes. Ela é muitas vezes o produto de uma política voluntarista dos Estados e de um esforço particular na pesquisa, bem como de sua qualidade, da infraestrutura, da educação e das subvenções às indústrias "nascentes". Nessas condições, a integração desejada pode vir acompanhada de uma melhor capacidade de adaptação às evoluções das demandas mundiais: o valor agregado dos produtos manufaturados produzidos localmente aumenta e esses produtos são cada vez mais sofisticados. Com isso, os efeitos sobre o crescimento são positivos.

A estrutura do comércio internacional dos "países em desenvolvimento" foi profundamente transformada no curso das duas últimas décadas do século xx. Enquanto em 1980 um quarto das exportações dessas economias era de produtos manufaturados, essa porcentagem passou a quatro quintos em 1988, e continuou a crescer nos anos seguintes[1]. O essencial das exportações dos países em desenvolvimento é, no entanto, concentrado em alguns países chamados "emergentes". A China oferece um grande exemplo dessa orientação. Os "países menos avançados" são cada vez mais marginalizados no comércio internacional. Essa nova orientação não corresponde, portanto, a uma especialização de acordo com os "cânones" da "teoria pura do comércio internacional"[2].

A abertura de uma economia não significa necessariamente o reconhecimento das virtuosidades das leis do mercado. Muito

---

1 Banco Mundial, *World Indicators Development*.
2 A teoria pura do comércio internacional continua a ocupar um lugar de destaque nos manuais de economia internacional. Segundo essa teoria, a alocação ótima das produções no interior dos diferentes países alcança um comércio inter-ramos entre os países; ora, observa-se que o comércio internacional é principalmente produto de uma especialização inter-ramos. Para explicar essa "anomalia", é preciso levar em conta os rendimentos crescentes (excluídos das hipóteses dessa teoria) e, assim, abandonar grande parte dessa abordagem para retornar, muitas vezes de maneira implícita, a Adam Smith: antes de levar em conta os custos comparativos de um produto em relação a um outro produto em diferentes países, o importante é comparar os custos absolutos de um mesmo produto em diferentes países.

pelo contrário, essa abertura resulta muitas vezes de uma política industrial deliberada pelo Estado: subvenções à exportação, políticas de taxas de juros seletivas, protecionismo temporário e seletivo caracterizaram os modos e as sequências da abertura dos principais países asiáticos desde os anos de 1960[3], e em especial a China desde 1978. A abertura das economias permite, sobretudo, especializações intra-ramos, bem distantes das especializações inter-ramos baseadas em dotações relativas dos fatores de produção. À exceção dos países que exportam hidrocarbonetos, os que se especializam em produtos primários, agrícolas e minerais são atualmente marginalizados no comércio internacional, a menos que realizem uma "industrialização" de sua agricultura, desenvolvendo uma agroindústria que utiliza técnicas de ponta tanto no nível dos insumos como dos bens de capital (Chile e Argentina, por exemplo).

Como sempre, a realidade é mais complexa do que parece. As economias asiáticas emergentes puderam, por exemplo, se beneficiar das "vantagens" ligadas às dotações relativas dos fatores (mão de obra barata e essencialmente pouco protegida); mas, de uma parte, tais vantagens são de custos absolutos do tipo smithiano e, de outra parte, isso permite apenas, no máximo, criar novas "vantagens" mais promissoras. O preço da mão de obra desses países lhes permitiu obter vantagens *absolutas* em um número muito restrito de produtos, quando existia um espectro de técnicas que permitia a utilização de combinações produtivas intensivas em trabalho não qualificado, substituíveis às combinações intensivas em capital. É *a partir dessa vantagem* que eles puderam, graças a uma política industrial ativa, flexibilizar seus aparelhos produtivos para a produção de produtos que requerem mais capital e trabalho qualificado, e com uma elasticidade de demanda em relação à renda mais elevada. Quer se trate da Coreia do Sul, Taiwan ou Brasil – e, agora, da China –, pode-se observar esse movimento em direção a uma técnica avançada apesar do custo menor da mão de obra desses países. A verdadeira "ameaça" para os países desenvolvidos não decorre do fato de esses países se especializarem em produtos intensivos em mão de obra pouco qualificada (*labour*

---

3 S. Lall, Reinventing Industrial Strategy, *G-24 Discussion Paper Series*.

using) – isso foi o que fizeram no início –, mas do fato de suas empresas concorrerem no longo prazo com produtos de alta tecnologia, intensivos em capital, utilizando uma mão de obra qualificada e pouco remunerada[4].

É isso que veremos agora. E é graças inicialmente ao apoio direto e indireto do Estado que o crescimento da China pôde se apoiar em um *duplo processo de acumulação primitiva*: o primeiro no sentido de Marx, visando explorar a população migrante dos campos para as cidades pela imposição de uma "gestão livre de sua força de trabalho", isto é, uma força de trabalho desprovida de proteção social; o segundo, novo e original, consistiu em tirar partido dos ganhos obtidos nas empresas muito utilizadoras de mão de obra pouco remunerada, para investir em setores com tecnologia mais sofisticada[5] e utilizadoras de uma mão de obra mais qualificada e mais bem remunerada, mas bem menos que seus correspondentes nos países semi-industrializados.

Veremos em seguida que os desempenhos do comércio exterior da maior parte dos países asiáticos colocam em questão as abordagens que confundem o grau de abertura e o livre-comércio: o regime de crescimento puxado pelas exportações – que é muitas vezes fruto de um forte intervencionismo estatal – não é idêntico ao baseado no livre-comércio.

UMA APOSTA NAS NOVAS ESTRUTURAS

A China é atualmente tomada como exemplo, para os países em desenvolvimento, de país que, graças à confiança reencontrada nas leis de mercado, conheceu um crescimento muito grande desde o início dos anos de 1980. Limitando-se ao período mais recente, observa-se que o crescimento de seu PIB real de 1990 a 1994 foi de 12,4% ao ano (10,7% *per capita*), e de 8,3% de 1995

---

4   Como pode ser visto, por exemplo, no artigo The Three Scariest Words in US Industry, *Business Week*, 6 dez. 2004.
5   Diferentemente da Coreia do Sul, a China ainda investe relativamente pouco em pesquisa (pouco menos de 1% do PIB). Entretanto, as compras de empresas dos países desenvolvidos (com o objetivo de se apropriar dos mercados e, sobretudo, dos conhecimentos tecnológicos) e os importantes esforços em matéria de educação tendem a reduzir as defasagens tecnológicas em relação aos países desenvolvidos.

a 1999 (7,3% *per capita*), segundo o Banco Mundial; segundo o BRI[6], esse crescimento foi de 8,5% de 1995 a 2003, com um "pico" de 9,5% em 2004, uma taxa provavelmente equivalente em 2005, e com uma inflação desprezível desde 1997. A relação entre o PIB *per capita* chinês (medido a uma taxa de câmbio constante) e o PIB *per capita* dos países do G7 (Estados Unidos, Canadá, França, Alemanha, Itália, Japão e Reino Unido) passou de um pouco menos de 1% em 1960 para 2,5% em 2000, enquanto essa relação declinou fortemente para a América Latina, passando de 18% a 12% ao longo do mesmo período[7].

O PIB *per capita* subiu para 1.096 dólares em 2003 – isso equivalia a um PIB *per capita* de 5.486 dólares medido em paridade do poder de compra (PPC)[8]. Em contraste, os demais países asiáticos conheceram taxas de crescimento menores e, sobretudo, mais voláteis; certos países sofreram uma profunda crise no fim dos anos de 1990. Porém, as economias latino-americanas conheceram, como já visto, uma relativa estagnação econômica (2% de crescimento médio anual) entre 1995 e 2003, além de uma volatilidade elevada, contra a qual ainda lutam para sair.

A experiência chinesa e a de numerosos outros países asiáticos poderia alimentar um certo otimismo sobre a possibilidade de obter uma taxa de crescimento elevada, durável e pouco volátil. Mas essas taxas impõem, na prática, sérias advertências a esse otimismo: ausência de democracia, danos ao meio ambiente, aumento das desigualdades. Sobre esse último ponto, lembremos que se a pobreza diminuiu muito na China (passando em média de 50% em 1980 para 10% em 1996), desde então ela estagnou nesse nível e o índice de desigualdade cresceu 60% de 1981 a 2001, apesar da manutenção de um crescimento muito elevado (ver capítulo anterior)[9].

6   Banque des Règlements Internationaux, *Rapport Annuel.*
7   G. Palma, *Flying-Geese and Lame-Ducks*, p. 7.
8   D. Patterson, Checking China's Vital Signs, *McKinsey Quaterly.*
9   Em um número especial de 22 de agosto de 2005, dedicado ao confronto China/Índia, a *Business Week* explicava que o desenvolvimento de infraestruturas modernas (estradas, ferrovias) na China, sobretudo a partir de 1998 (a fim de evitar, entre outros problemas, o contágio da crise asiática), facilitou os deslocamentos de campesinos para as cidades, permitindo assim a expansão de um verdadeiro exército de reserva, com trabalhadores "flutuantes", ilegais,

Alguns Dados Sobre o "Milagre" Econômico Chinês

Os investimentos chineses são impressionantes: a taxa de formação bruta de capital fixo (FBCF) ultrapassou 30% do PIB nos anos de 1990 (31,5% de 1990 a 1994, e 34,8% de 1995 a 1999) e 40% em seguida (40,2% em 2002 e 42,2% em 2003), mas manteve-se inferior à taxa de poupança bruta[10]. Os investimentos estrangeiros diretos (IED) foram igualmente muito elevados: representavam em média 4% do PIB de 1997 a 2005, contra 2,1% nos Estados Unidos e 1,4% na Coreia[11]. A produtividade do trabalho passou por um crescimento brusco e espetacular: 9,8% ao ano em média de 1990 a 2001 (12% para a indústria, 4,5% para os serviços e 3,7% para a agricultura), contra 4% nos Estados Unidos, 7% na Coreia do Sul, 3,2% no Japão, e um pouco mais de 2% no Brasil de 1996 a 2000, e 4% no México de 1995 a 2000[12]. Em 1998, os salários reais na indústria chinesa, mesmo em forte progressão para certas categorias, ficaram muito baixos, oito vezes inferiores aos do México, treze vezes menos que os do Chile ou da Coreia do Sul, 32 vezes menores que os do Japão, e 48 vezes abaixo dos salários dos Estados Unidos[13].

Em geral, um conjunto de fatores explica assim o forte crescimento do PIB chinês: uma produtividade do trabalho em grande

---

em busca do primeiro emprego, dormindo em estações de trem, fato que, em um primeiro momento, tornou-se fonte do aumento da pobreza urbana.

10 Após a reavaliação da alta do PIB chinês em 2005 (decorrente de uma melhor análise do setor de serviços), a taxa de FBCF se mostrou levemente mais fraca. Entretanto, mesmo tendo diminuído alguns pontos, a comparação com a mesma taxa dos Estados Unidos é interessante: de 1997 a 2005, a FBCF foi, em média, de 40% na China e de 24% nos Estados Unidos, e a taxa de poupança foi de 40,3% contra 13,6% (ver D. Patterson, op.cit.). A FBCF se situa abaixo dos 20% na América Latina.

11 A CNUCED calculou um índice interessante colocando em relação, de um lado, os IED de um país contra o IED mundial, e de outro, o PIB desse mesmo país em relação ao PIB mundial. Para um total de 140 países, esse indicador revelou o crescente peso relativo dos investimentos estrangeiros na China, pois ela passou da 61ª posição em 1988-1990 para a 47ª posição em 2000. Ver R. Arrellano, China, *Comercio Exterior*, v. 55, n. 8; D. Patterson, op.cit.

12 Banco Interamericano de Desenvolvimento, *The Emergence of China*, disponível em: < www.iadb.org >.

13 Dados mais recentes confirmam essas diferenças: em 2004, na China, o custo-hora na indústria manufatureira era de 0,6 dólar americano, contra, em 2002, 21,37 nos Estados Unidos, 19,02 no Japão, 2,61 no México e 0,3 na Índia. Ver S. M. Shafaedin, *The Impact of China Accession to WTO on the Exports of Development Countries*.

ascensão, mesmo que seu nível ainda seja relativamente muito baixo[14]; condições de trabalho pouco protegidas e uma gestão quase livre da força de trabalho, adaptável segundo as necessidades da empresa; custos unitários do trabalho (relação entre salários reais e produtividade) cada vez mais favoráveis à China, combinando baixos salários com níveis de produtividade que convergem para os dos países desenvolvidos; uma moeda ligada ao dólar subavaliada; uma grande intervenção do Estado na economia; esforços consequentes na infraestrutura e na educação; instituições cuja ação parece no mínimo obscura, mas adaptada com eficácia ao contexto sociopolítico. Esse conjunto de fatores explica também o grande crescimento das exportações e os elevados excedentes da balança comercial, apesar das escolhas dos gestores aplicando, às vezes, lógicas burocráticas em vez de critérios de competência, impondo com frequência o crescimento como prioridade, em detrimento da rentabilidade.

Representando apenas 1% das exportações mundiais no início dos anos de 1980, as exportações chinesas alcançaram 5,5% em 2002. Nos anos de 1980, o crescimento das exportações de bens e serviços foi apenas superior ao do comércio mundial (5,7% contra 5%); mas nos anos de 1990, a diferença cresceu consideravelmente: 12,4% contra 6,2% ao ano; 30,6% contra 13% em 2000; 9,6% contra 0,4% em 2001; e 29,4% contra 4,1% em 2002[15]. Essa diferença aumentou, sobretudo nos períodos de baixo crescimento do comércio mundial, o que manifesta o poder crescente da China. A orientação geográfica de seu comércio também evoluiu sensivelmente: nos anos de 1980, 7,8% das exportações chinesas se dirigiam aos Estados Unidos, porcentagem que triplicou no início dos anos 2000 (21,5%); enquanto isso, as importações provenientes desse país diminuíram em porcentagem (13,9% e 9,2%, respectivamente), provocando um déficit abissal dos Estados Unidos em relação à China.

Em porcentagem do PIB, o saldo (positivo) da balança comercial chinesa passou de 1,7% entre 1990 e 1995 para 3,4% entre 1995 e 1999, baixando em seguida para 3% em 2002 e 1%

---

14 Com um elevado desvio padrão, a produtividade do trabalho reflete a coexistência de empresas que trabalham em condições modernas e de outras que ainda utilizam tecnologias relativamente obsoletas.
15 Banco Mundial, op. cit.

em 2003[16]. Mas, em valores absolutos, os excedentes comerciais cresceram exponencialmente: 25,5 bilhões de dólares em 2003; 32,1 bilhões em 2004; e 101,9 bilhões em 2005 (segundo dados elaborados por Bloomberg e Bradesco). O saldo anual da conta corrente do balanço de pagamentos foi de 5,1 bilhões de dólares, em média, entre 1990 e 1996[17]; de 29,8 bilhões entre 2000 e 2002; depois de 68,7 bilhões em 2003. Em decorrência disso, as reservas cambiais passaram de 12,6 bilhões de dólares, em média, entre 1990 e 1996, para 206,7 bilhões em 2003, tornando a China forte credora dos Estados Unidos, o que reforça seu poder de negociação comercial e financeira, logo, seu poder geoestratégico. Esses números impressionantes refletem as grandes transformações do tecido industrial chinês.

*As Economias Asiáticas Estão Mais Bem Adaptadas
à Evolução da Demanda Mundial
que as Economias Latino-Americanas*

Entre 1980 e 2000, o crescimento anual médio do valor agregado da produção de bens manufaturados se deu em um ritmo mais sustentado nos países em desenvolvimento que nos países industrializados: ele foi de 5,4% para os primeiros e de 2,3% para os segundos. Ademais, o valor agregado dos bens manufaturados de média e alta tecnologia aumentou ainda mais rápido: 6,8% ao ano contra 2,6%. Quando se analisa a expansão das exportações de produtos manufaturados no mesmo período, pode-se perceber grandes diferenças de sua evolução: elas cresceram em um ritmo médio de 6,6% ao ano nos países industrializados e de 12% nos países em desenvolvimento; encontra-se o mesmo movimento no caso das exportações de produtos de média e alta tecnologia, que cresceram 7,3% contra 16,5% nos países em desenvolvimento[18]. Mas nem todos os países em desenvolvimento conhecem tais avanços, longe disso. Essas evoluções ficaram concentradas em poucos países, quase exclusivamente os asiáticos.

16 Banco Interamericano de Desenvolvimento, op. cit.
17 Banque des Règlements Internationaux, op. cit.
18 S. Lall, op. cit.

Segundo a teoria pura do comércio internacional, um país deve abrir suas fronteiras e se especializar de acordo com sua dotação relativa de fatores. Mas não foi isso que ocorreu, pois se observa a participação crescente de alguns países em desenvolvimento, cuja abundância relativa em trabalho é evidente, nas exportações de produtos manufaturados de média e alta tecnologia, em relação às exportações mundiais desses produtos. A explicação para isso, ainda segundo aquela teoria, decorreria da centralização da produção, por parte dessas economias, em produtos pouco elaborados. Mas seguramente esse não foi o caminho seguido pelos "tigres", como a Coreia do Sul ou Taiwan, nem mesmo pela China. Mais especificamente, o crescimento chinês é financiado por um *duplo processo de acumulação primitiva*: o primeiro, no sentido de Marx, visa a uma superexploração dos trabalhadores – mais precisamente os que migraram recentemente do campo para as cidades – pela imposição de uma "gestão livre de sua força de trabalho"; o segundo processo, mais original, consiste na privatização dos ganhos obtidos nas empresas que empregam muita mão de obra pouco remunerada para investir nos setores de tecnologia mais sofisticada, que utilizam mão de obra mais qualificada e mais bem remunerada, mas que mesmo assim recebe rendimentos baixos, quando comparados aos rendimentos em vigência nas economias semi-industrializadas.

Retomemos mais detalhadamente as estatísticas apresentadas. Elas revelam que a China está cada vez mais competitiva em termos de produtos industriais mais elaborados e, por conta disso, não está, no plano mundial, imobilizada na especialização do trabalho intensivo, com baixa elasticidade da demanda em relação à renda. Quando se considera o valor agregado da indústria das economias emergentes, em relação ao conjunto dos países em desenvolvimento, observa-se um aumento sensível da participação chinesa: de 10% em 1980 para quase 30% em 2000. A Ásia, incluindo a China, aumentou sua participação de 29% para 58%, enquanto essa participação diminuiu sensivelmente para a América Latina (de quase 47% para 22%). Quando se centra a análise nas exportações mundiais de produtos manufaturados, constata-se que a participação da China aumentou muito entre 1981 e 2000 (de 1% para 6,5%); enquanto isso, a participação da Ásia (incluindo a China) saltou de 6,8% para 18,4% (a participação da China nas importações dos países da OCDE, desprezível em 1963, alcançou um pouco mais de 5% em 2000).

Em sentido oposto, a participação da América Latina diminuiu de 3,2% para 2,4% entre 1981 e 1990, elevando-se em seguida para 5,1% em 2000. Esse aumento decorreu principalmente da expansão das exportações mexicanas de manufaturados, mais precisamente do aumento das exportações das *maquiadoras* (indústrias de montagem). Sem o México, a participação das exportações latino-americanas de manufaturados diminuiu entre 1981 e 2000, passando de 2,7% para 2,2%, a despeito da crescente abertura dessas economias: a relação entre exportações e PIB passou de 3% em 1970 para 26% em 2000, aproximando-se assim da relação da Coreia do Sul e de Taiwan (45% para os dois países)[19].

Esses poucos dados manifestam uma competitividade crescente da China com seus produtos tradicionais, e uma incrível adaptabilidade de suas empresas, capazes de produzir rapidamente bens diferenciados e mais sofisticados, em resposta às mudanças da demanda dos países desenvolvidos. Na sequência, desenvolveremos esse segundo ponto.

O economista mexicano Gabriel Palma mediu a evolução do grau de competitividade de diferentes países levando em consideração a participação de seus mercados nas importações dos países da OCDE: os produtos que tiveram um aumento dessa participação foram considerados competitivos, e os que tiveram uma redução foram classificados como não competitivos[20]. A esse respeito, é interessante comparar Estados Unidos e China em dois períodos: 1963-1985 e 1985-2000. Em 1985, ao fim do primeiro período, portanto, a participação do mercado dos Estados Unidos nas importações dos países da OCDE era de 10%, enquanto a da China era de 0,5%; mais de 60% da participação americana era composta de produtos que perderam competitividade, o que não foi o caso da China. No final do segundo período, em 2000, a participação do mercado dos Estados Unidos continuava em 10%, mas agora 57% dos bens

19 G. Palma, op. cit.
20 Idem, ibidem.

exportados eram menos competitivos; diferentemente, a participação da China aumentou para 5%, com 97% de produtos competitivos[21].

Tal evolução traduz a forte capacidade das empresas chinesas de se adaptar à evolução da demanda mundial com produtos de alta elasticidade de renda, o que é confirmado pela construção de um indicador de adaptabilidade[22]: quando esse indicador assume valor unitário, significa dizer que o país soube se adaptar às mudanças da demanda. Os períodos analisados por Palma são os mesmos já considerados. Observa-se, para os Estados Unidos, uma razão de 1 em 1985 e de 1,7 em 2000, ou seja, um aumento de 70%. Essa variação se explica essencialmente pelo grande esforço em pesquisa e desenvolvimento. No entanto, o aumento da China foi mais elevado, um pouco mais de 100%: o indicador passa de 0,75 para mais de 1,5, isso mostra que a China soube modificar a estrutura de suas exportações em favor de bens mais sofisticados e mais procurados. Essa evolução é novamente confirmada quando se cruza, de uma parte, a participação das importações de produtos que possuem um elevado conteúdo em pesquisa e desenvolvimento, no total de importações efetuadas pelos países da OCDE, com a participação das exportações que tiveram aumento de suas participações de mercado nas importações da OCDE, de outra parte. Em 1963, a China não exportava nenhum produto de conteúdo tecnológico elevado, mas 82% de seus produtos aumentaram suas participações de mercado entre 1963 e 1971. Em 2000, o primeiro número foi de 28%; o segundo, de 98%, no período 1990-2000. Em vista desses dados, a recuperação da China foi rápida.

---

21 Idem, p. 24.
22 Esse indicador, desenvolvido por Gabriel Palma, é representado pela razão na qual o numerador representa a parte do mercado de um país nos produtos originários de setores dinâmicos (nas importações da OCDE), ponderada pelo peso desses setores no conjunto das importações da OCDE, e o denominador considera os produtos avaliados segundo o mesmo método, mas originários de setores pouco dinâmicos, até mesmo em declínio.

GLOBALIZAÇÃO COMERCIAL: MAIS ABERTURA, MAIS CRESCIMENTO?

A abertura comercial impõe novas regras às economias em desenvolvimento. No início, suas vantagens repousam principalmente nos preços da mão de obra e – mas não necessariamente – na disponibilidade de matérias-primas. A competitividade desses países se faz pelos preços; a "competitividade extracusto" não é possível, considerando seus graus de desenvolvimento. Entretanto, ficar nesse nível de especialização os condenaria a produzir apenas bens pouco dinâmicos, senão em declínio. As empresas são, em princípio, colocadas diante da escolha entre se adaptar ou desaparecer, a menos que optem por uma terceira via: buscar ajuda direta e indireta do Estado e adotar uma política "malthusiana" para salários e emprego, desde que o nível de produtividade do trabalho não seja suficientemente elevado e que o custo unitário do trabalho seja muito alto, a despeito dos baixos salários. Essa política foi seguida por numerosos "tigres" (Coreia do Sul, Taiwan e Singapura) nos anos de 1970 e em seguida pela China.

A abertura ao comércio mundial, como já vimos, é muitas vezes apresentada como um fator acelerador do crescimento econômico. Em 1993, o Banco Mundial editou um livro destinado a decifrar as causas do "milagre" asiático, encontrando-as no livre--comércio. Essa interpretação permitiu, no entanto, fortes contestações de inúmeros observadores, lembrando que os "tigres asiáticos", com exceção de Hong Kong, se caracterizavam por um intervencionismo econômico de Estado tão grande quanto eficaz (ver infra, Capítulo 4). Na atualidade, tal discussão retorna de uma outra forma: o crescimento chinês seria grande porque, com o "socialismo de mercado", o Estado desapareceria atrás do mercado e de suas leis. O livre-comércio impulsionaria um elevado crescimento, provocando uma redução substancial da pobreza. As economias em desenvolvimento deveriam então imitar a China, puxando seu crescimento através da expansão das exportações, mas para tanto, elas deveriam liberalizar ainda mais seus mercados. Estranha interpretação do crescimento chinês – e em geral asiático –, quando se sabe quão importante foi o papel do Estado na economia daquele país.

Abrir ainda mais as economias e dar um importante papel às exportações: esses são os cânones da política preconizada pelas instituições internacionais. Mas existem dois tipos de "abertura": liberal ou dirigista e, conforme o caso, ela não favorece necessariamente o crescimento, pois pode resultar de uma forte retração do Estado ou, ainda, ser o produto de uma política econômica destinada a controlar essa retração, mobilizando as taxas de câmbio, as taxas de juros preferenciais, as subvenções desejadas, gerando um protecionismo seletivo e temporário. O objeto desta seção é desmontar o discurso que privilegia as leis de mercado e minimiza o papel do Estado no processo de especialização na relação entre abertura e crescimento.

Um Indicador que Muitas Vezes
Diz o Inverso do que Pretende Medir

Um indicador simples, mas discutível, permite, *a priori*, medir a evolução do grau de abertura das economias: trata-se da relação entre o total das importações e das exportações (numerador) e o PIB (denominador) no tempo t e no tempo t + 1. De 1977 a 1997, por exemplo, China, México, Argentina, Filipinas, Malásia, Bangladesh, Tailândia, Índia e Brasil tiveram progressões mais rápidas de seus numeradores em relação aos seus denominadores. Essas economias seriam, portanto, abertas, ao contrário das economias de países como Paquistão, Quênia, Togo, Honduras, Senegal, Nigéria, Egito ou Zâmbia, para retomar os exemplos dados por David Dollar[23]. Dollar e Kraay[24] classificaram os países segundo essa relação (calculada para os períodos 1975-1979 e 1995-1997 para 68 países em desenvolvimento e completada por outro indicador: a redução das tarifas alfandegárias entre 1985-1987 e 1995-1997). Vinte e quatro desses países (ou seja, 30%) aumentaram o comércio em relação ao PIB e, ao mesmo tempo, reduziram as tarifas alfandegárias: eles seriam os *globalizadores*. Esses países tiveram uma aceleração de seus

---

23 Globalization, Poverty and Inequality since 1980, *Policy Research Working Paper*, n. 3333, disponível em: < www.worldbank.org/research >.
24 Growth is Good for the Poor, *Policy Research Working Paper*, disponível em: < www.worldbank.org/research >.

crescimentos quando ainda estavam relativamente "fechados", e mesmo após a fase de abertura, como é o caso do Brasil e da Argentina. Daí atribuir todas as virtudes à abertura é um passo rapidamente dado. No caso dos dois países latino-americanos, a aceleração do crescimento nos anos de 1990 permite supor que a crise dos anos de 1980 seria atribuível unicamente ao fechamento de suas economias, o que leva a ignorar os efeitos devastadores da gestão da dívida externa.

Em verdade, o indicador (importações + exportações)/PIB mais confunde que auxilia na mensuração da evolução da abertura da economia de um país, sobretudo para os menos avançados. Birdstall e Hamoudi, em suas críticas aos trabalhos de Dollar e Kraay, sublinharam tal ambiguidade e mostraram que "o conteúdo das exportações e as variações dos preços mundiais são mais importantes na história da globalização dos *globalizadores* que suas liberalizações"[25]. Esse indicador, com efeito, refere-se à soma das importações e das exportações em relação ao PIB, incluindo o saldo das trocas externas. Considerando dois países idênticos, basta que se aceite um déficit resultante das trocas externas (diminuindo o denominador) em um deles, para que esse país apareça como mais "aberto" que o outro que recusou esse déficit. Da mesma forma, uma melhoria dos termos de troca faz parecer que os países exportadores, principalmente os de matérias-primas, são mais abertos; no sentido oposto, basta que haja uma queda brutal na cotação das matérias-primas e que os países exportadores sigam uma política rigorosa para equilibrar suas contas externas, para que eles não mais façam parte do grupo dos *globalizadores* (como bem mostrou Birdstall e Hamoudi e o relatório de 2004 da CNUCED sobre os países menos avançados).

Estabelecer uma relação econométrica de causalidade entre a abertura externa – considerada sob o único aspecto da redução das tarifas alfandegárias e do aumento do indicador de abertura – e as taxas de crescimento do PIB, sem levar em consideração as medidas de contingenciamento, as licenças de importação, a proteção pela qualidade e, sobretudo, as políticas públicas industriais (subvenções, reduções das taxas de juros preferenciais),

---

[25] N. Birdsall; A. Hamoudi, Commodity Dependance, Trade and Growth, *Working Paper Series*, n. 7, p. 15.

conduz a uma visão enviesada e a interpretações simplistas, senão totalmente equivocadas. Alguns países estão se abrindo, mas controlam suas aberturas por meio de medidas de proteção indiretas e transitórias, acompanhadas de políticas industriais específicas que permitem proteger a produção local, que, no fim das contas, será destinada às exportações, tal como se observa em inúmeros países, incluindo a China. Outros países se limitam a aplicar, sem medidas de acompanhamento, as recomendações liberais das instituições internacionais, como se pode verificar na América Latina – e de maneira caricatural na Argentina – nos anos de 1990. Como assinala o economista indiano do Banco Mundial, Ravi Kandur[26], a relação (importações + exportações)/PIB não é um indicador de política econômica em si mesmo, mas uma *variável dependente*; a elevação dessa variável não depende necessariamente da redução das tarifas alfandegárias, mas do "clima dos negócios" e da eficácia das instituições.

Enfim, como mostrou o economista americano Dani Rodrik, isso pode ser errôneo por outras razões, tal como medir o grau de abertura através dessa relação e deduzir que seu aumento provoca uma aceleração do crescimento do PIB[27]. Tomando o exemplo de Taiwan e da Coreia do Sul, Rodrik aponta que existe uma defasagem entre a expansão do crescimento e o aumento do PIB nos anos de 1950, no início do processo de industrialização "à marcha forçada": a aceleração da taxa de crescimento do PIB precede à das exportações. Observa-se, ao contrário, que as curvas de investimento e do PIB se correspondem: isso porque a taxa de FBCF se eleva quando o crescimento se acelera. Refinando a análise, observa-se, enfim, que existe igualmente um paralelismo entre as curvas de investimentos e de importações, em especial a curva de importações de bens de capital. A lição é clara: as importações de bens de capital, que permitem ao mesmo tempo incorporar as tecnologias recentes e melhorar a produtividade do trabalho de maneira significativa bem como o nível dos investimentos, aceleram o crescimento, ao mesmo tempo que impulsionam um forte processo de modernização. As exportações podem então seguir seu curso,

---

26 Growth, Inequality and Poverty, disponível em: < www.people.cornell.edu/pages/sk145 >.
27 Growth Policy, Getting Interventions Right, *Economic Policy*.

especialmente se elas se beneficiam de uma política industrial consequente (protecionismo temporário e seletivo para as indústrias nascentes até que elas tenham alcançado um nível de competitividade que as permitam exportar maciçamente, antes mesmo de satisfazer o mercado interno; política de baixa taxa de juros e de riscos de mudanças provocadas pelo governo).

Não são, portanto, as exportações que levam à aceleração do crescimento, pois ao se acrescentar uma causa (as importações) e um efeito (as exportações), a taxa de abertura perde sua pertinência para explicar o crescimento. Compreende-se, assim, quanto o aumento dessa relação, retomando Kandur, é muito mais um produto (uma variável dependente) que um indicador de política econômica (abrir para crescer).

A Relação entre Abertura e Crescimento é Complexa[28]

A Abertura não é Redutível às Leis
do Mercado Livre de Qualquer Intervenção

O economista americano de origem malaia Wing Thye Woo, em um estudo muito interessante[29], analisou de maneira crítica os fundamentos teóricos da relação positiva estabelecida pela corrente ortodoxa entre liberalização comercial e crescimento, em particular na comparação entre os desempenhos econômicos asiáticos e latino-americanos nos anos de 1970 e 1980. Esse estudo se baseia em três pilares: a. a média das tarifas alfandegárias era mais baixa na Ásia que na América Latina; b. o desvio padrão dessas tarifas era mais elevado na América Latina que na Ásia, o que significa que a intervenção do Estado no primeiro caso tinha um caráter "intempestivo", e que uma menor participação do mercado se traduz por uma menor eficácia e por mais ganhadores que perdedores em

---

28 Para uma apresentação do conjunto de questões levantadas pelos diferentes testes econométricos, ver A. Winters et al., Trade Liberalization and Poverty, *Journal of Economic Literature*, v. XLII. E para uma apresentação do debate no interior das instituições internacionais, ver E. Lora et al., *A Decade of Development Thinking*, p.29-34.
29 Serious Inadequacies of the WC (ver, também, comentários de A. Buira e B. Stalli), em A. Akkerman e J. J. Teunissen (dir.), *Diversity in Development*.

relação à Ásia[30]; c. na Ásia, a taxa de proteção efetiva era aproximadamente a mesma que a taxa de subsídio às exportações, enquanto na América Latina a primeira taxa é sensivelmente mais elevada que a segunda. A proximidade das taxas na Ásia produziria um efeito semelhante na ausência delas, pois ambos os efeitos produzidos por essas taxas se anulam, e não seria esse o caso na América Latina. Nos países da Ásia, o jogo das forças do mercado estaria restabelecido, fato esse que explicaria o vigor de seu crescimento, enquanto nos países da América Latina, a intervenção do Estado frearia o crescimento ao privilegiar o mercado interno.

Wing Thye Woo critica muito esse último ponto e demonstra seu caráter equivocado: a proximidade das taxas de proteção das importações e das taxas de subsídio às exportações, observada nas economias asiáticas, não é suficiente para concluir sobre a neutralidade dos efeitos dessas duas taxas e deduzir que as economias asiáticas têm crescimento elevado graças ao *free trade*, ao contrário das economias latino-americanas.

Seja P_i o preço dos bens importáveis, P_x o preço dos bens exportáveis, "t" a taxa de proteção, "s" a taxa de subsídio atribuída aos bens exportáveis, PW_i o preço no mercado mundial de importações e PW_x o preço no mercado doméstico das exportações, então P_x é superior a PW_x, o que significa dizer que os exportadores recebem o subsídio "s" para poder exportar aos preços PW_x. Da mesma forma, P_i é superior a PW_i, ou seja, os importadores devem pagar uma taxa "t" para poder importar. Temos, assim, a seguinte igualdade:

$$\frac{P_i}{P_x} = \frac{PW_i(1+t)}{PW_x(1+s)} \quad [1]$$

Se "t" aumenta ou "s" abaixa, a relação $\frac{P_i}{P_x}$ se eleva e os empresários preferirão produzir para o mercado interno em vez de para o mercado externo. Se $t = s > 0$, então a equação [1] se torna:

---

30 Segundo essa abordagem, a relação Estado/mercado é considerada um jogo de soma zero: mais Estado significa menos mercado e, portanto, menos eficácia. Estamos muito distantes das abordagens que concebem a relação Estado/mercado de maneira orgânica: o funcionamento do mercado somente se torna possível graças a uma intervenção do Estado, que define as regras e intervém diretamente para que o mercado exista e funcione (ver infra, Capítulo 4).

$$\frac{P_i}{P_x} = \frac{PW_i}{PW_x} \quad [2],$$

o que parece justificar o argumento segundo o qual os dois efeitos se neutralizariam. Dessa forma, as economias asiáticas, graças a essa neutralização, e também porque o desvio padrão das taxas de proteção é menor que na América Latina, podem ser qualificadas como *free trade*. O crescimento líquido seria então puxado pelo crescimento das exportações graças ao papel hipoteticamente mais importante exercido pelo mercado, com melhor desempenho que o do Estado. Um resultado "matemático" como esse se opõe, portanto, a diversas análises sobre a industrialização das economias asiáticas.

Essa demonstração é, com efeito, uma "farsa", segundo a expressão de Wing Thye Woo: ela não distingue se os bens são submetidos à concorrência externa (*"tradable"*), tanto para as importações como para as exportações, ou se eles são por natureza protegidos (*"non tradable"*). Uma proteção acentuada favorece a produção local de bens *tradable* para o mercado interno, mas também se traduz por um declínio da produção de bens *non tradable*. Disso se deduz que as duas situações – $t=s>0$ e $t=s=0$ – não são equivalentes e que, portanto, é abusivo deduzir um regime *free trade* da primeira situação.

Seja P_t o preço local dos bens *tradable*, P_n o preço local dos bens *non tradable* e PW_t o preço mundial dos bens *tradable*, pode-se então escrever:

$$P_t = aP_i + (1-a)P_x \quad \text{com } 0 < a < 1 \quad [3]$$

$$PW_t = aPW_i(1+t) + (1-a)PW_x \quad [4]$$

A equação [3] pode ser escrita utilizando-se a equação [1]:

$$P_t = aPW_i(1+t) + (1-a)PW_x(1+s) \quad [5]$$

Quando $t=s>0$, pode-se escrever esta última equação da seguinte forma:

$$P_t = (1+t)PW_t \quad [6]$$

Esse é o caso de uma economia com regime de crescimento puxado pelas exportações (rce). Se compararmos a relação dos preços entre os bens *tradable* e os bens *non tradable* com a relação dos preços em regime *free tradable* (livre-comércio), teremos:

$$\frac{P_t}{P_n} \text{ desde que } \text{RCE} = [(1+t)(\frac{PW_t}{P_n})] > \frac{PW_T}{P_n} = \frac{P_t}{P_n} \text{ desde que } \textit{free trade} \quad [7]$$

Os dois regimes não são idênticos. A conclusão é simples: o regime de crescimento puxado pelas exportações aumenta a produção dos bens *tradable* à custa da produção dos bens *non tradable*. O crescimento não vem, portanto, de uma proximidade de "t" com "s", neutralizando seus respectivos efeitos e provocando um comportamento da economia de tipo *free trade*, mas da diminuição da produção de bens protegidos (*non tradable*). A valorização mais elevada dos bens *tradable* – graças a uma política de apoio a esse setor – em relação à valorização dos bens *non tradable*, setor mais arcaico, representado em geral pela agricultura não modernizada e de subsistência, faz com que o crescimento possa ser alimentado pelo aumento da produção dos bens *tradable* em detrimento dos demais bens. Desde então, toda política industrial visando a uma expansão dos bens *tradable*, por meio de subvenções seletivas e temporárias, pode ser favorável ao crescimento. A conclusão é, assim, exatamente oposta à apresentada por autores da corrente dominante (*mainstream*): não é a alocação ótima produzida pelo livre jogo do mercado que explica o grande crescimento, mas uma combinação de intervenção de Estado com as forças do mercado.

Não Esquecer o "Terceiro Excluído"

A relação entre taxa de crescimento e abertura ao comércio internacional é, desse modo, mais complexa que a preconizada pelos adeptos do livre-comércio. O crescimento mais elevado pode ser produto de uma melhoria do funcionamento das instituições[31] e de uma política industrial ativa e coerente que

---

31 Para certos autores (ver D. Acemoglu et al., *Institutional Causes, Macroeconomics Symptoms*), é muito mais a qualidade das instituições que, desde a Segunda Guerra Mundial, explica o crescimento e sua volatilidade do que as

controle a abertura, a situação e a estrutura da economia. A relação entre o crescimento "y" e as variáveis explicativas x_i parece ser a habitualmente testada, do tipo $y = \Sigma\, a_i x_i$. Tal relação pode tomar a seguinte forma:

$$y = [\Sigma\, a_i x_i] + [x_4 \Sigma\, b_i x_i] + c\,(x_1 x_2 x_3 x_4) + e,$$

em que os "i" no primeiro termo vão de 1 a 4, e no segundo, de 1 a 3. O primeiro termo indica a influência das variáveis explicativas; o segundo influi no crescimento somente se x_4 é não nulo; e o terceiro termo não exerce influência alguma caso uma das variáveis seja nula. Essa relação pode, de maneira mais radical, tomar unicamente a forma do segundo termo, ou seja, $y = x_4 \Sigma\, b_i x_i$, em que a variável x_4 é, muitas vezes, vista como representando a qualidade das instituições: as péssimas instituições levam a um crescimento nulo, qual seja, o grau de abertura.

A definição das instituições é, no entanto, muitas vezes "elástica": os aparelhos de Estado, o conjunto de regras, costumes e práticas. Na definição adotada pelas instituições internacionais, a qualidade das instituições depende, entre outras variáveis, do respeito aos direitos de propriedade; e a ausência de crescimento é então explicada pelo não respeito a esses direitos (ver infra, Capítulo 4)[32]. Mas então, como lembra D. Rodrik[33] com bom humor, procurar entender as percepções dos investidores a partir de regras de direito, como o respeito aos direitos de propriedade, não permite compreender por que a China passou por uma expansão sem precedentes de seu PIB, ainda que os investimentos estrangeiros diretos e esses direitos não sejam respeitados no país[34].

Em suma, a abertura ao comércio exterior pode permitir um crescimento mais forte, mas somente se essa abertura

---

boas ou más políticas macroeconômicas (ver infra, Capítulo 4). Essas políticas são muito mais sintomas que causas dos desempenhos econômicos. A qualidade das instituições é estimada nesse estudo por meio de uma variável *proxy*: a taxa de mortalidade dos colonos na época colonial.
32 Banco Mundial, *Development Report 2006*.
33 Getting Institutions Right (*working paper*).
34 Retomando os trabalhos de Yingyi Qian, Rodrik indica que as instituições podem ser "instituições de transição", que colocam em ação políticas pragmáticas de transição como as dos preços duplos, das formas intermediárias de propriedade etc. Ver Y. Qian, How Reform Worked in China; em D. Rodrik, *In Search of Prosperity*, D. Rodrik, *Growth Strategies* e infra, Capítulo 4.

for acompanhada de medidas que nada têm a ver com o *free trade*[35]. Essas medidas constituem, de alguma forma, o "terceiro excluído", aquele que não aparece em uma primeira abordagem, mas sem o qual nada é compreensível. Sem essas medidas, a abertura não produz os efeitos desejados. Como observa a CNUCED[36], os adeptos da abordagem liberal "colocam o carro na frente dos bois": em vez de primeiro analisar os efeitos da liberalização do comércio exterior sobre o crescimento, seria melhor analisar os efeitos do comércio exterior sobre o crescimento, bem como a distribuição dos rendimentos e a pobreza.

A ABERTURA AO COMÉRCIO INTERNACIONAL: UMA VITÓRIA DO MERCADO SOBRE O ESTADO?

Segundo os economistas do *mainstream*, a abertura ao comércio internacional deveria ajudar na criação de uma economia mais eficiente, graças a uma melhor alocação dos fatores de acordo com suas raridades relativas. Mas como os fatos são teimosos, as consequências das políticas de abertura sem rede de proteção têm em geral um custo social elevado. Ao questionar a pertinência das recomendações das instituições internacionais, inúmeros economistas próximos dessas instituições admitem que é importante considerar não só a qualidade das instituições, mas também as questões relativas à ética[37]. Mesmo assim, a doutrina central continua sendo esta: não levar em conta a raridade relativa dos fatores entravaria o funcionamento eficiente do mercado e se tornaria então uma heresia...

É preciso reconhecer que a tese que relaciona o crescimento puxado pela exportação, com livre jogo das forças do mercado, oferece, *prima facie*, a evidência como atração. Para seus defensores, adotar uma política econômica voluntarista visando subs-

---

35 Muito pelo contrário, não se pode demonstrar de maneira robusta, econometricamente, que as restrições à abertura favoreceram o crescimento desde a Segunda Guerra Mundial, contrariamente ao que se pôde observar no século XIX e na primeira metade do século XX. Ver P. Bairoch, *Mythes et paradoxes de l'histoire économique*.
36 CNUCED, *Rapport 2004 sur les Pays les Moins Avancés*.
37 Ver, por exemplo, o relatório de 2005 do Banco Mundial, centrado nessas questões.

tituir importações pela produção local favoreceria a economia da renda (*rent seeking*), o excesso de Estado e a burocracia, assim como o clientelismo e a corrupção, levando a uma alocação não ótima dos recursos. A observação histórica revela, no entanto, que os grandes períodos de industrialização na América Latina, bem como na Ásia, foram caracterizados por uma intervenção consequente do Estado[38] – embora acompanhada de corrupção e de clientelismo, fenômenos que não constituem necessariamente um entrave à industrialização. (As questões relativas à corrupção e ao clientelismo, mesmo ao *rent seeking*, são complexas e não podem ser reduzidas a uma interpretação simplista e negativa, muitas vezes fortemente marcada pelo "ocidentocentrismo". Qualquer que seja o julgamento de valor que se possa ter sobre tais práticas, é preciso observar que abaixo de certos limites – além dos quais o funcionamento da economia é gravemente alterada, apenas em benefício do enriquecimento individual dos mestres da renda – elas podem favorecer o crescimento e constituir um mecanismo de legitimidade graças à redistribuição. Desde os anos de 1980, a experiência das privatizações em numerosos países de economias antes "socialistas" mostra, *em sentido inverso*, que o "excesso" de Estado não necessariamente favorece a corrupção, muito pelo contrário: é a insuficiência de Estado, quando as regras de direito se tornam incertas e as capacidades de controle da força pública ficam reduzidas.)

Duas Teses Contestáveis

A importância da tese que equipara abertura e livre-comércio requer a análise de outros argumentos para justificar sua pertinência. A demonstração se faz através da combinação de

---

[38] A ponto de podermos, às vezes, qualificar essas economias de "capitalismo de Estado", isto é, o Estado investindo em vez de uma burguesia industrial ainda em vias de formação. Pode-se até mesmo sublinhar que uma das especificidades dessa intervenção do Estado é que ela teria produzido a camada social que o representa. Encontra-se em nosso livro (G. Mathias; P. Salama, *L'État surdéveloppé*) uma apresentação desse conjunto de discussões, bem como uma proposição teórica para entender a importância de tal intervenção. Para as economias asiáticas, pode-se referir à obra, tornada clássica, do economista americano A. Amsden, *Asia's Next Giant*.

duas teses complementares e de uma constatação econométrica obtida a partir de uma análise em painel ou em coorte (uma amostra de países em um longo período de tempo).

A primeira tese, bem conhecida, é a dos custos comparativos de Hecksher-Ohlin. Essa tese explica a especialização inter-ramos segundo as dotações relativas de fatores. Ela deduz de suas hipóteses que um país pouco dotado em capital e "rico" em trabalho deveria produzir bens que privilegiam a utilização intensiva de mão de obra. Ao praticar o livre-comércio, esse país obteria muito mais em termos de bem-estar relativamente a uma situação de autarquia[39].

A segunda tese analisa os efeitos distributivos da nova especialização obtida segundo as dotações relativas. Supõe-se que os países pobres em capital e mão de obra qualificada, mas ricos em mão de obra não qualificada, se especializam segundo uma combinação produtiva que utiliza mão de obra não qualificada e pouco capital. Inversamente, os países que dispõem de uma dotação rica em capital e em mão de obra qualificada devem se especializar em produtos que mobilizem esses dois recursos. Tais transformações das estruturas produtivas só podem ser realizadas se existir uma mobilidade da mão de obra no interior de cada país. No primeiro caso, a demanda de trabalho não qualificado aumentará, portanto, em relação à do trabalho qualificado – e

---

[39] Mas é essencial que se mantenha presente no espírito os limites das hipóteses e do método seguido: as dotações dos fatores são dadas, apenas as mercadorias podem ser trocadas, e os fatores de produção são, portanto, supostamente imóveis entre os países, mas perfeitamente móveis (logo, sem custo de transação) no interior de cada país. Em cada país, as funções de produção, para cada produto, são idênticas, contínuas e deriváveis. O raciocínio consiste em comparar dois equilíbrios: um em condição de autarquia, outro em condição de livre-comércio. As trocas são equilibradas, portanto, não existe déficit da balança comercial. Segundo essa teoria, quando dois países de importância similar praticam o livre-comércio entre eles, o país menor dispõe de uma melhor vantagem de integração que o país maior. O raciocínio é simples. O país maior tem uma estrutura de preços relativos que tenderá a ser imposta ao país menor. Para o país maior, poucas transformações decorrerão da abertura, porque, na medida em que seus termos de troca variam pouco, a alocação ótima de seus fatores de produção, segundo as dotações originais, será pouco modificada. Na sequência de uma abertura, a elevação do bem-estar será tão menor quanto mais fraca for a alteração dos termos de troca. Por razões rigorosamente inversas, a situação será diferente para um país menor. Submetido a uma estrutura de preços relativos muito distante de sua autossuficiência, o país menor deverá passar por uma profunda realocação de seus recursos para, em seguida, alcançar um importante aumento de seu bem-estar.

vice-versa para o segundo caso. A diferença de salário entre trabalho não qualificado e trabalho qualificado deveria então diminuir nos países em desenvolvimento e aumentar nos países desenvolvidos.

O livre-comércio seria então *eticamente justo* nos países em vias de desenvolvimento, geralmente caracterizados por grandes desigualdades (com exceção de vários países asiáticos). Como as desigualdades são insuportáveis, é legítimo que elas sejam diminuídas. Essa redução poderia ser alcançada sem desrespeitar as leis do mercado, por meio da rejeição de políticas voluntaristas de industrialização que não respeitem as dotações relativas e por isso mesmo aumentam as desigualdades já elevadas. O livre-comércio seria igualmente *eficaz*. Com efeito, observa-se em um período longo de tempo (entre 20 e 25 anos) que os países – geralmente os asiáticos – com nível de desigualdade menos elevado tiveram um crescimento líquido, ao contrário dos países em que as desigualdades são mais significativas. A conclusão, de um ponto de vista econômico, parece ser forte: a abertura liberal permite reduzir as desigualdades nos países em desenvolvimento.

No entanto, essa evidência tem por base um sofisma: quando se supõe que as desigualdades possam ser diminuídas graças à abertura liberal, o que é contestável, isso não ocorre porque elas são menos importantes, mas porque, *ipso facto*, isso implica um maior crescimento, a menos que se possa demonstrar economicamente a relação, feita apenas sob forma de pressuposto: a liberalização permite mais eficácia, logo, produz mais crescimento. E se continuarmos na análise de painel, em que a Birmânia se emparelha com os Estados Unidos, e em que o período considerado mistura subperíodos próprios a cada país, segundo seu regime de crescimento dominante, não se pode compreender por que o Brasil obteve altas taxas de crescimento nos anos de 1970 com crescentes desigualdades, taxas essas possíveis graças à ditadura militar. Não se podem entender também por que as economias latino-americanas e asiáticas foram submetidas a uma rápida abertura liberal nos anos de 1990, quando as desigualdades salariais aumentaram e o crescimento *per capita* diminuiu em muito[40]. Não se pode

---

40 P. Salama, La Tendance a la stagnation revisitée, *Problèmes d'Amérique Latine*, n. 52.

compreender, enfim, a explosão de desigualdades na China, que está associada à manutenção de sua taxa de crescimento em um nível muito elevado e à crescente inserção desse país no comércio mundial.

Duas Grandes Objeções

Duas objeções podem ser formuladas a essas teses. A primeira consiste em lembrar que os países "pobres" em capital *de facto* utilizam, quando podem, técnicas intensivas em capital, caso contrário, suas empresas não poderiam resistir à concorrência internacional, já que suas competitividades seriam insuficientes, a menos que elas sejam extremamente protegidas por tarifas alfandegárias, contingenciamentos e licenças dissuasivas de importação. É a lei dos custos absolutos comparados (Adam Smith), e não a lei dos custos comparativos (David Ricardo), que é pertinente para explicar o comércio internacional.

Cada vez mais, o comércio internacional obedece, enfim, a uma lógica de especialização *intrarramo*. A nova teoria do comércio internacional, sob a impulsão de Kaldor *via* Krugman, conciliou melhor fatos e teoria, em relação ao que era feito pelos adeptos de uma divisão internacional segundo as dotações relativas dos fatores. Incorporando os rendimentos crescentes de escala e a diferenciação dos produtos, tal lógica mostrou teoricamente que a troca se efetua segundo uma especialização intra-ramo, fato esse muito bem-vindo. A observação, mesmo elementar, das especializações mostra, com efeito, que elas operam principalmente no interior dos ramos, e cada vez menos entre os ramos, exceto nos países "menos avançados", que não chegam a "decolar". Nas últimas décadas, a composição das exportações dos países em desenvolvimento foi completamente alterada em favor dos produtos manufaturados. Não obstante, o custo da mão de obra é em geral baixo, se o compararmos com os custos dos países desenvolvidos – o que pode ser uma vantagem relativa, pois permite às exportações desses países competir com os produtos nacionais dos países desenvolvidos. No entanto, constatar que os custos mais baixos de mão de obra podem ser uma vantagem não significa raciocinar em termos de custos comparativos (David Ricardo e, em seguida, a "teoria pura do comércio internacional"), mas em termos de custos absolutos comparados (Adam Smith e, muitas vezes, a "nova teoria do comércio internacional"[41]).

A segunda objeção diz respeito à função de produção de um produto: ela não é contínua, como imaginam os teóricos da "teoria pura do comércio internacional", nem semelhante de um país para outro, mas descontínua e pouco segmentada. As possibilidades de escolha entre as técnicas são, portanto, restritas. Apenas se pode utilizar uma técnica antiga, com o pretexto de que ela utiliza muita mão de obra e pouco capital para um número reduzido de produtos. Essa razão explica o fato de muitos países asiáticos (Coreia do Sul, Taiwan etc., e China atualmente) que utilizaram essa "vantagem absoluta comparada" terem procurado em seguida, graças a uma política industrial voluntarista, ampliar a gama de seus produtos e utilizar técnicas de ponta para tanto, concentrando importantes esforços no domínio da formação e da pesquisa, como já vimos.

As empresas procuram valorizar seus capitais, logo, também procuram minimizar seus custos unitários de trabalho (salário e produtividade) e se beneficiar do apoio direto do Estado e de uma política de câmbio – depreciado se exportam ou trabalham para o mercado interno, apreciado se importam ou desejam exportar seus lucros. Em outras palavras, não são os custos comparativos os mais importantes, mas os custos absolutos. Deixando David Ricardo (análise dinâmica), desviando por Hecksher-Ohlin (análise estática), retornamos a Adam Smith. E ao fazer isso, redescobrimos os "terceiros excluídos", sem os quais compreendemos mal os fenômenos econômicos e as instituições.

Em síntese, contrariamente ao que afirmam os economistas do *mainstream*, é difícil estabelecer que a liberalização da economia estimula o crescimento e favorece a expansão da produtividade. Muito pelo contrário, ela pode arruinar muitas

---

41 Ver L. Fontagné; J.-H. Lorenzi, *Désindustrialisation, délocalisation*, p. 47 e s. Esses autores observaram o aumento da participação dos bens intermediários nas trocas internacionais e a expansão da divisão vertical do trabalho, fato que traduz uma imbricação cada vez mais forte dos processos produtivos e se explica pelos custos absolutos comparados.

pessoas e destruir mercados sem permitir que outros sejam reconstituídos (as famílias ficam incapazes de responder aos efeitos dos choques externos sem um apoio apropriado do Estado); pode ainda estar na origem de uma vulnerabilidade maior se a nova inserção repousa em especializações pouco dinâmicas, sujeitas a uma demanda internacional volátil e também pouco dinâmica; enfim, pode produzir especializações consideradas "empobrecedoras"[42].

Além disso, abertura e livre-comércio não são sinônimos. A abertura pode favorecer o crescimento se ela for produto de uma política cujo objetivo é controlar a própria abertura. A experiência seguida por numerosos países asiáticos aponta nesse sentido. No entanto, uma grande intervenção do Estado na economia, direta ou indireta, não se traduz necessariamente por uma vantagem em termos de coesão social. Limitada somente às empresas, excluindo de seu campo a gestão da força de trabalho e deixando-a ser regida apenas pelas forças de mercado, abertura e intervenção do Estado podem estar na origem das desigualdades crescentes e, no curso do tempo, de uma perda de coesão social. É também isso que mostra a experiência chinesa na atualidade.

Além das confusões que assimilam abertura e livre-comércio, e da simplória oposição entre Estado e mercado sem compreender suas relações orgânicas, propor uma inserção mais intensa na economia mundial não é incompatível com o desenvolvimento do mercado interno, graças a uma redistribuição de rendimentos que respeite regras simples de equidade. Isso coloca a questão dos modos possíveis de intervenção do Estado, que iremos examinar no próximo capítulo.

---

42 A. Winters et al., op. cit.

4. De uma Abordagem pelas Instituições à Redescoberta do Estado

Nos países em desenvolvimento, ao longo dos anos de 1950 e 1960, a intervenção do Estado nos setores da indústria, da infraestrutura e da energia era explicada pela fraqueza da burguesia industrial e, na ausência de um sistema financeiro privado consequente, por sua incapacidade em encontrar recursos necessários em face de uma crescente defasagem tecnológica[1]. Justifica-se a intervenção do Estado, direta ou indireta, pela existência de economias externas de escala não percebidas pelos empresários, incapazes de interiorizá-las em seus cálculos de custos. A miopia desses empresários não os estimulava a investir o suficiente e freava desde então as possibilidades de sair da armadilha do subdesenvolvimento. Ao reduzir as incertezas junto aos investidores, a intervenção do Estado lhes revelava

---

1 Quando não existe de maneira significativa uma classe de empreendedores, é importante o estudo das alianças de classes para compreender sua aparição. A dinâmica própria dessas alianças permite, sem que seja necessariamente desejada, a emergência da classe de empreendedores, tal como pudemos ver nos principais países da América Latina na sequência da grande crise dos anos de 1930. Muitas vezes, o Estado participa da emergência dessa classe social e, paralelamente, cria as regras que permitirão aos mercados começar a funcionar. Ver G. Mathias; P. Salama, *L'État surdéveloppé*, para uma exposição da literatura sobre essa questão.

ganhos possíveis e os estimulava a investir mais. Uma vez admitida a pertinência dessa intervenção, a discussão se deslocava: pautando-se na necessidade de um *big push* (ajuda maciça), de um desenvolvimento, equilibrado ou não, que maximizasse os efeitos em cascata a montante e a jusante[2].

Atualmente, as interrogações não são as mesmas: a eficácia (*via* instituições) e a natureza (democrática ou não) do Estado são muitas vezes apreendidas de maneira descritiva, com o auxílio de diferentes indicadores, sem questionar os paradigmas filosóficos que os fundam. Daí um olhar e um julgamento "americano-eurocentrista", que torna mais difícil tanto a compreensão dos "proto-Estados" africanos, caracterizados pelo patrimonialismo (confusão de interesses públicos e privados), como as mutações do Estado em suas relações para a industrialização das chamadas economias emergentes.

Evidentemente, essa mudança na maneira de abordar o Estado não é neutra. A saída do Estado da esfera econômica é preconizada e posta em ação em inúmeros países[3]. Tal saída pode ser direta ou indireta. A direta pode significar a privatização das

2 Para uma boa apresentação dos debates dos anos de 1950 e 1960, ver J.-Y. Chamboux-Leroux, *Approches Théoriques des Disparités Régionales*.

3 O economista britânico Nicholas H. Stern, que foi chefe do Banco Mundial entre 2000 e 2003, enumerava como segue, em seu *survey* sobre a economia do desenvolvimento, as "falhas" do Estado, legitimando o sentido de uma redução de sua intervenção:

"1. Os indivíduos podem conhecer suas preferências e seu meio melhor que o governo.

2. A planificação pode aumentar os riscos, unificando os comportamentos dos atores, e os governos podem cometer erros mais graves que o mercado.

3. A planificação pode ser mais rígida que as decisões privadas.

4. O governo pode ser incapaz de administrar os planos de maneira detalhada.

5. Os controles governamentais podem frear a iniciativa privada se existem numerosos obstáculos burocráticos.

6. As organizações e os indivíduos requerem estímulos para trabalhar, inovar, controlar os custos e repartir de maneira eficaz. A disciplina e as advertências do mercado dificilmente são transponíveis para o interior das empresas e das organizações públicas.

7. Os diferentes níveis podem ser mal coordenados na ausência de sinais de equilíbrio fornecidos pelo mercado, particularmente quando grupos ou regiões implicados têm interesses diferentes.

8. Os mercados são afetados por decisões governamentais: por exemplo, a venda de bens no mercado negro ou as atividades do setor informal podem afetar o provisionamento, os preços ou os impostos. Trata-se de um problema mais geral de compatibilidade dos estímulos.

empresas públicas da indústria, da infraestrutura (água, eletricidade etc.) e dos serviços (bancos, seguradoras etc.), que façam parte ou não dos serviços públicos[4]. Pode igualmente significar um papel crescente das empresas privadas na economia, graças, sobretudo, à chegada massiva de empresas transnacionais, sem que o setor estatal tenha sido desmantelado por privatizações. O primeiro caso é encontrado na América Latina, mas também em alguns países asiáticos após os anos de 1990; já o segundo caso é encontrado na China e parcialmente na Índia, considerando a lentidão de suas privatizações. A saída do Estado pode, enfim, ser indireta, com o abandono parcial ou total de uma política industrial que visa reforçar, ou mesmo criar, setores estratégicos e/ou de alta tecnologia. Pode também se traduzir por uma introdução massiva de normas do setor privado, transformando por dentro as missões do serviço público.

Neste capítulo exporemos, de início, a defesa das instituições internacionais em favor da redução da intervenção do Estado e da melhoria do funcionamento de suas instituições. O argumento é simples: é melhor um Estado que intervenha pouco, mas de maneira eficaz, que o inverso; da mesma forma, um Estado democrático é melhor que um Estado que não deixa a expressão da palavra livre e limita a responsabilidade de seus cidadãos (*voice and accountability*). Essa segunda proposta é tão sedutora quanto a primeira, mesmo que atrás de uma aparência banal, evidente à primeira vista, ela seja contestável na maneira de definir a problemática. Esse será o objeto da primeira seção.

9. Os controles públicos criam atividades – visando influenciar os próprios controles por meio de *lobbies* e da corrupção – constituindo muitas vezes situações improdutivas de renda (*rent seeking*).
10. A planificação pode ser manipulada por poderosos grupos que agem segundo os próprios interesses e favorece a criação de grupos com direitos adquiridos: por exemplo, burocratas ou industriais que se beneficiam de posições protegidas.
11. Os governos podem ser dominados por grupos de interesse que agem conforme as próprias conveniências e, às vezes, se opõem fortemente a grandes parcelas da população. A planificação pode aumentar o poder desses grupos". Ver N. H. Stern, The Economics of Development, *The Economic Journal*, v. 99, n. 397, p. 616.
4 A literatura sobre essa questão é considerável. Uma apresentação instrutiva é feita pelo economista brasileiro A. L. Nassif (Estratégias de Desenvolvimento em Países de Industrialização Retardatária, *Revista do BNDES*, n. 23), que, comparando as estratégias de desenvolvimento das economias emergentes, questiona as teses favoráveis ou opostas às políticas industriais.

Mostraremos que o retorno do Estado à esfera econômica é, hoje, uma necessidade. Não se trata, evidentemente, de reproduzir o passado de maneira idêntica, pois os contextos nacional e internacional mudaram profundamente. Mas de pensar uma intervenção do Estado menos direta que no passado, centrada em nichos e que mantenha sua presença nos setores estratégicos. A definição de novas políticas em matéria industrial, de redistribuição e de proteção à natureza não pode ser concebida a partir de "especificações" criadas *ex nihilo*. Ela deve ser feita a partir de um inventário que considere as evoluções da globalização e de suas restrições, a fim de oferecer os meios para se alcançar os objetivos desejados.

É importante não confundir o objetivo com o processo (como transformar as instituições existentes para alcançá-lo), visto que a análise das intervenções possíveis do Estado impõe uma reflexão sobre suas particularidades. Essa condição prévia permite determinar os limites de sua intervenção e mostrar que essas particularidades dependem ao mesmo tempo da evolução do tecido econômico, da densidade da formação social, da busca de uma maior legitimidade e das novas modalidades de inserção da economia na estruturada e hierarquizada economia mundial. Esse será o objeto da segunda seção.

CRÍTICA DAS TESES DOMINANTES SOBRE A REDUÇÃO DO PAPEL DO ESTADO

Mais Estado ou Melhores Instituições?

O politicólogo americano Francis Fukuyama distingue os objetivos atribuídos ao Estado da qualidade de suas instituições[5], retomando, assim, uma distinção operada pelo Banco Mundial, que classifica as funções do Estado em três categorias (ver quadro): as funções mínimas (assegurar a ordem, proteger os direitos de propriedade etc.); as funções intermediárias (visando melhorar a educação ou o meio ambiente, por exemplo); e, enfim, as funções chamadas "ativistas" (incluindo a política

5 *Construção de Estados.*

industrial ou a redistribuição das riquezas, claramente substituídas pelo funcionamento do mercado).

> **AS FUNÇÕES DO ESTADO
> SEGUNDO FRANCIS FUKUYAMA**
>
> *Funções mínimas*
> - Assegurar os bens públicos: defesa, lei e ordem; direitos de propriedade, equilíbrios macroeconômicos, saúde pública.
> - Promoção da equidade: proteger os pobres.
>
> *Funções intermediárias*
> - Assunção dos fatores externos: educação, meio ambiente.
> - Regulação dos monopólios.
> - Melhoria da qualidade da educação.
> - Segurança e regulamentações financeiras.
> - Segurança e seguridade social.
>
> *Funções ativistas*
> - Políticas industriais.
> - Redistribuição das riquezas.

Fukuyama relaciona essas funções com a capacidade das instituições de as assegurar[6]: pode-se então facilmente construir

---

[6] "O que se entende por instituição", explica o economista francês Pascal Petit, "é muito vasto, indo dos hábitos e convenções às ordens constitucionais fundamentais, passando pelas leis e regulamentações. [...] A noção de instituição se refere, assim, ao que 'regula' a conduta dos agentes, quer se trate de conter suas margens de ação ou, ao contrário, de ampliar o campo dessas ações (para facilitar a coordenação e a cooperação). Além disso, as regras em questão não são todas de aplicação estrita e os agentes podem dispor de uma margem de apreciação. [...] Os agentes podem ou não considerar legítimo os sistemas de restrições que pesam sobre suas decisões. Opções políticas, culturas e ideologias condicionam, portanto, o funcionamento das instituições. Ao longo do tempo, todas essas diversas formas vão permitir tornar o tecido institucional mais denso. A cada período, um processo de institucionalização, que afeta de maneira diferente as formas estruturais, vai especificar as situações, diferenciar os tratamentos, criar novas oportunidades" (P. Petit, La Difficile émergence de nouveaux régimes de croissance à l'ère de l'information et de la communication, *Revista Eptic*, p. 6). Essa definição é rigorosa, mas apresenta o inconveniente de ser muito ampla, e quando se evoca o papel das instituições para explicar

um indicador sintético que avalie as capacidades das instituições de aplicar os objetivos atribuídos ao Estado, como propõe o gráfico a seguir (exemplo fictício, que não corresponde, portanto, a nenhum país).

Gráfico 1.
Cruzamento das funções do Estado com suas capacidades de execução

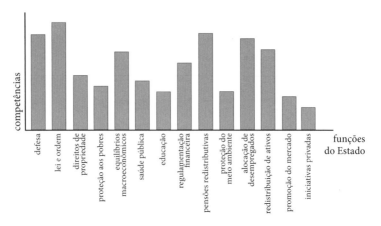

Esse gráfico mostra que a capacidade do Estado de cumprir os objetivos de defesa é elevada, mas esse não é o caso para a proteção aos pobres – o divórcio entre a intenção declarada (reduzir a pobreza) e os resultados é recorrente: os pobres são muitas vezes instrumentalizados para produzir uma legitimidade necessária à continuidade da política que não os ajuda[7]. O gráfico tem uma finalidade essencialmente pedagógica: mostrar que mais vale um Estado com capacidade de declarar suas ambições que o inverso. Uma evidência, sobretudo quando se tomam exemplos

um processo, uma crise, um crescimento, deixa margem à ambiguidade. Não se sabe muito bem a que se refere (as ordens constitucionais fundamentais, o sistema financeiro, o sistema educativo ou os hábitos e as convenções) e qual é a parte do pressuposto na definição das regras. Notemos, enfim, que em outras apresentações no curso da história, as formas tomadas pelas instituições das economias em desenvolvimento dependem da eficácia e da política dos governos – o direito consuetudinário (*common law*) e o direito civil (*civil law*) não têm a mesma influência –, mas também da maneira como se fez a colonização: a serviço de interesses particulares, principalmente quando da fase colonial, sua eficácia é reduzida. Ver Djankov et al., Appropriate Institutions, The New Reform Agenda. Ver, no mesmo volume, os comentários de D. Kaufmann.

7 B. Lautier, Les malheureux sont les puissants de la terre, *Revue Tiers Monde*, n. 142.

extremos oferecidos por numerosos países africanos. Essa maneira de proceder é pertinente? Antes de responder, vamos prosseguir com a exposição da problemática de Fukuyama.

Pode-se elaborar uma tabela composta de quatro quadrantes. O eixo vertical mede a eficácia das instituições segundo sua força, se ela é, de baixo para cima, fraca ou forte. O eixo horizontal, da esquerda para a direita, mede a amplitude das funções do Estado.

Quadrante i	Quadrante ii
Quadrante iii	Quadrante iv

Segundo Fukuyama, parece evidente que o melhor posicionamento seria o quadrante i, que combina funções limitadas do Estado com uma forte capacidade de execução. Mas ele reconhece que não devemos nos limitar apenas aos objetivos econômicos, como o crescimento, assim sendo, um posicionamento sobre o quadrante ii pode ser preferível, no qual combinam-se, ao mesmo tempo, os objetivos de um Estado consequente (cujas funções são consideradas ativistas) com uma capacidade de execução muito elevada. A pior situação seria a dos quadrantes iii e principalmente iv. Os Estados Unidos estariam situados no quadrante i; o Japão e a França, no quadrante ii, mas no limite esquerdo desse quadrante; o Brasil estaria no quadrante iv, bem como a Turquia; e Serra Leoa estaria no quadrante iii.

Pode-se dinamizar essa descrição e mostrar, por exemplo, que, desde os anos de 1980, inúmeros países passaram por um movimento da direita para a esquerda, com a liberalização de suas economias e consequentemente certa retração do Estado na esfera econômica e uma diminuição correlativa de seu "ativismo". Em certos casos, em especial nas economias antes socialistas, esse movimento pôde ainda ser acompanhado de uma queda da força das instituições durante os primeiros anos de transição. Tem-se, assim, ao mesmo tempo, uma diminuição das funções do Estado e uma redução da eficácia das instituições. Esse movimento é observado também em numerosos "países menos avançados", marcados pelo caráter predador das elites no poder. Ao contrário, segundo a corrente liberal, o movimento previsível em muitos países seria uma *possível melhoria da força das instituições, resultando em uma redução dos objetivos do Estado*, isto é, uma orientação que vai do quadrante IV ao quadrante I, desde que se assegure, todavia, que as instituições não sejam desviadas na busca de interesses individuais. O objetivo é, nesse caso, criar e consolidar uma "boa governança"[8].

De fato, esse objetivo tornou-se uma condição imposta pelas instituições multinacionais e pelos Estados democráticos dos países desenvolvidos. Fixar esse objetivo pode permitir o acesso a créditos internacionais, desde que sejam feitos engajamentos para limitar os gastos públicos. Fukuyama não desconhece os possíveis efeitos perversos de tal política, que poderia conduzir à exclusão de países pobres a ajudas que teriam necessidade, já que são incapazes de reformar suas instituições em razão das próprias pobrezas. Exceção feita quando se impõe exogenamente a democracia. Mede-se a dificuldade do problema, que vem, em parte, da maneira de raciocinar e de impor uma abordagem própria das instituições aos países desenvolvidos – retornaremos a esse ponto mais adiante.

Eficácia das Instituições e Democracia

Antes de contrapor a força das instituições com os objetivos dos Estados, pode-se procurar estabelecer relações entre a eficácia dos Estados e o nível de liberdade e de engajamento dos cidadãos (*voice and accountability*), como faz o economista do Banco Mundial Daniel Kaufmann[9], inspirado nos trabalhos de Hirschmann:

- a eficácia dos Estados é avaliada por um indicador sintético, que reúne diferentes indicadores para medir a qualidade dos serviços públicos e da administração, a competência dos funcionários e sua independência em relação a pressões políticas, e a credibilidade dos engajamentos do Estado;
- a noção de *voice and accountability* (liberdade de expressão, falar em público e responsabilidade dos cidadãos) é avaliada por um indicador sintético composto de diferentes

---

[8] J. Cartier-Bresson, La Banque mondiale, la corruption et la gouvernance, *Revue tiers monde*, n. 161.
[9] Banco Mundial, *World Development Report*, 2006.

indicadores que medem as liberdades civis e os direitos políticos que permitem aos cidadãos escolher seu governo.

Kaufmann fez o cruzamento dessas duas variáveis (eficácia do Estado na ordenada e liberdades e engajamentos dos cidadãos na abscissa) com seus níveis, baixos ou elevados, e obteve assim quatro quadrantes (ver quadro a seguir[10]).

I	II
• Poder altamente concentrado/centralizado, suscetível de mudar. • Proteção efetiva dos direitos de propriedade. • Grande capacidade de fornecer serviços de cima para baixo. • Burocracia eficaz baseada no mérito. • Grande responsabilidade em relação ao seu meio; baixo discurso formal e pequena responsabilidade de cima para baixo. • Limitada dependência de ajuda. *Exemplos: Singapura, Malásia...*	• Estruturas e tomadas de decisão descentralizadas; apropriação indevida pelas elites fracas. • Proteção eficaz dos direitos de propriedade. • Combinação de cima para baixo e de baixo para cima dos serviços fornecidos. • Grande responsabilidade de cima para baixo e em relação ao seu meio. *Exemplos: países da OCDE e alguns países em desenvolvimento (Chile, Costa Rica, Ilhas Maurício, Botswana...).*
III	IV
• Nível elevado de apropriação indevida pelas elites ou por agrupamentos. • Direitos de propriedade respeitados de maneira discriminatória segundo indivíduos ou agrupamentos. • Burocracia baseada em clientelismo. • Pequena responsabilidade em relação ao seu meio; pequena responsabilidade de cima para baixo em caso de democracia formal. • Elevada dependência de ajuda e particular. *Exemplos: a maior parte dos países não desenvolvidos.*	• Não agregação eficaz das demandas; fraca capacidade das instituições públicas para estabelecer prioridades, arbitrar e resistir a exigências. • Direitos de propriedade incertos. • Interesses particulares "colonizam" diferentes segmentos do Estado. • Pequena responsabilidade em relação ao seu meio. • Tendência crescente a clientelismo e ameaças hiperinflacionistas. *Exemplos: jovens democracias, regimes populistas. Este quadrante é caracterizado por grande instabilidade e uma elevada probabilidade de os países regressarem ao quadrante III.*

Fonte: Banco Mundial, *World Development Report*, 2006.

No quadrante I, a eficácia do governo é elevada, mas as liberdades políticas e o engajamento dos cidadãos são fracos (esse é o modelo dos regimes autoritários da Ásia). O quadrante II compreende os países (como os da OCDE) nos quais a eficácia

---

10 Traduzimos *horizontal accountability* e *vertical accountability* por responsabilidade em relação ao seu meio e responsabilidade de baixo para cima.

do governo, bem como as liberdades de engajamento dos cidadãos, é elevada. A maior parte dos países em desenvolvimento está situada no quadrante III: pequena eficácia do Estado e pouca liberdade, combinação difícil de escapar. O quadrante IV, caracterizado por liberdades elevadas e uma fraca eficácia do Estado, diz respeito a poucos países: a instabilidade provocada por essa fraca eficácia e pela possibilidade de expressar seu descontentamento muitas vezes conduz a uma regressão ao quadrante III.

O Papel dos Direitos de Propriedade

Nessa abordagem, um dos critérios essenciais de eficácia de um Estado é o respeito aos direitos de propriedade[11]: se tais direitos são pouco respeitados ou se o são apenas de maneira discricionária, a eficácia do Estado será ainda menor. Para o pensamento dominante, as instituições são boas se os direitos de propriedade são respeitados e se o crescimento é, então, possível. Especificamente, sendo todas as coisas iguais (mesmas características de uma população com exceção de suas instituições), por outro lado, a população que obtém o mais elevado crescimento é a que se beneficia das melhores instituições e, portanto, de um respeito real dos direitos de propriedade.

Essa questão é, em verdade, mais complexa que a apresentação em geral dada, mas muitas vezes dá lugar a deslizes de raciocínio. O fato de contestar a relação entre respeito aos direitos de propriedade, boas instituições, eficácia e crescimento não equivale, evidentemente, a defender o não respeito aos direitos de propriedade, deixando-os aos critérios dos indivíduos ou dos

---

11 Por direitos de propriedade entende-se, em geral, o conjunto de direitos, ou mais exatamente, dos atributos ligados à propriedade. Duas características essenciais desses direitos são a exclusividade (que exclui todos os outros agentes do uso do recurso raro possuído) e a transferibilidade (poder de transferir esse direito com total liberdade). Esses direitos devem ser específicos, ou seja, conhecidos de todos e respeitados como tal, o que resulta em "custos de transação". Mas quanto mais os direitos de propriedade são respeitados, mais a eficácia das instituições aumenta e mais os benefícios tirados dessa eficácia ultrapassam os custos de transação. De maneira inversa, se uma dessas características é questionada, o direito de propriedade é atenuado, os custos de transação aumentam e a eficácia das instituições é diminuída (para um inventário de trabalhos sobre essa questão, ver S. Djankov et al., op. cit.).

Estados, tal como se subentende muitas vezes. O caos institucional produzido por uma situação como essa é, obviamente, inimigo da democracia e do crescimento – sabemos com Nobert Elias que nas sociedades ocidentais, "a estabilidade particular dos mecanismos de autorrestrição física [...] está estreitamente relacionada à monopolização da restrição física e à solidez crescente dos órgãos sociais centrais"[12].

Dito de outra forma, não se coloca a escolha entre a ordem e o caos. Como lembra Dani Rodrick, a tentativa de medir os desempenhos das instituições, para avaliar a eficácia do Estado "revela um monte de perguntas sem resposta"[13]. Julgar excessivamente as instituições, segundo os critérios que desejamos *de facto* impor, muitas vezes coloca na hipótese a conclusão procurada, mas o raciocínio torna-se tautológico. Foi assim, por causa da péssima qualidade das instituições, que a Argentina, por exemplo, passou por uma grave crise econômica no fim dos anos de 1990 e no início dos anos 2000. Mas suas instituições teriam melhorado subitamente para permitir o grande crescimento reencontrado logo a seguir? Na Coreia do Sul, o capitalismo funcionava baseado em relações de "compadrio" (*crony capitalism*), que teriam minado a economia a ponto de provocar a crise do final dos anos de 1990; mas como explicar, com esse tipo de leitura, a firme e duradoura retomada que veio após a crise? O *crony capitalism* teria bruscamente desaparecido?

É preciso, portanto, evitar os sofismas, muito frequentes entre os economistas, tal como observa Yingyi Qian:

> Se alguns países não apresentam bons desempenhos em matéria de direitos de propriedade, é preciso orientá-los; se eles têm um sistema financeiro deficiente, é preciso reforçá-lo; péssimas leis devem ser modificadas; um sistema legal corrompido, é preciso eliminar essa corrupção[14].

A resposta a uma situação difícil não pode passar por um simples "somente isso é possível" e assim supor que o problema está resolvido. Pelo contrário: é conveniente analisar as

---

12 *La Dynamique de l'Occident*, p. 188.
13 Getting Institutions Right (*working paper*).
14 Em D. Rodrik (dir.), *In Search of Prosperity*, p. 302.

condições de execução das reformas. Como observa Qian, não se trata de negligenciar as instituições e o papel positivo ou negativo que elas possam exercer, mas é preciso evitar uma visão ingênua: "A perspectiva ingênua confunde, muitas vezes, o objetivo (onde se deve chegar) com o processo (como chegar)". Qian lembra que o historiador britânico (de origem russa) Alexander Gerschenkron ressaltou corretamente que os países *latecomers* tinham necessidade de encontrar "arranjos particulares" para recuperar seus atrasos[15], e observa que "as instituições funcionam positivamente quando elas alcançam ao mesmo tempo dois objetivos: melhorar a eficácia econômica de um lado e tornar as reformas compatíveis de outro"[16].

Analisando mais particularmente o caso da China contemporânea, Qian observa que não foi porque os direitos de propriedade foram respeitados – eles não o foram e não o serão jamais, mesmo que modestas melhorias possam ser verificadas nos direitos de propriedade intelectual – que a China passou por um crescimento grande, durável e relativamente pouco volátil. As instituições chinesas não obedecem aos cânones definidos pelo Banco Mundial e pelos economistas do *mainstream*. Qian considera quatro exemplos: a liberalização dos preços no campo, a situação das empresas até meados dos anos de 1990, o sistema fiscal provincial e nacional e, enfim, os estímulos concedidos na ausência de regras de direito. Neste último caso, a ausência de transparência permitiu proteger essas empresas da tentação predatória dos governos.

A liberalização dos preços no campo também é rica em ensinamentos: as quotas entregues ao governo a preços administrados foram mantidas, ainda que diminuam ao longo do tempo, mas o restante da produção agrícola é vendida nos mercados livres a preços por eles fixados. O mercado, portanto, utiliza instituições herdadas da economia planificada, sem que o estímulo para produzir mais e de maneira mais diversificada seja freado – muito pelo contrário. A propriedade das empresas no campo não é clara: elas nascem como as "comunas populares", mas a origem de suas propriedades não é nem privada nem pública, mas local. Essa particularidade jurídica lhes oferece

---

15 A. Gerschenkron, *Economic Backwardness in Historical Perspective*.
16 Idem, p. 305.

flexibilidade; tornadas subcontratantes, elas serão consideradas, em seguida, objeto de participação de empresas multinacionais. Enfim, suas localizações fora das grandes cidades permitem não apenas utilizar mão de obra camponesa, mas também "fixar" essa mão de obra e assim frear a migração para as cidades.

O princípio subjacente à eficácia dessas "instituições de transição", segundo Qian, permitia que as reformas operadas fossem realizadas sem que aparecessem perdedores. Pode-se, certamente, considerar tal análise muito otimista, pois o crescimento chinês foi acompanhado de desigualdades, de sorte que produziu perdedores relativos (todos ganham, mas alguns ganham mais que outros), mas também cada vez mais produziu perdedores absolutos (muitos perdem, sobretudo no campo), o que, como vimos, mina a coesão social. Mas o princípio de análise é pertinente: o ponto importante é menos o de "criar" instituições, para satisfazer às exigências das instituições internacionais e dos credores ocidentais, que o de reformar as instituições que existem, para obter uma maior eficácia econômica e maior coesão social. Portanto, é inútil lamentar a má qualidade das instituições por elas não respeitarem os direitos de propriedade: melhor admitir que a eficácia econômica não é necessariamente incompatível com o não respeito aos direitos de propriedade, desde que isso não resulte em um caos institucional, mas seja controlado pelo poder.

Em resumo, para compreender as instituições e o que poderia ser seu papel na construção de um crescimento durável das economias em desenvolvimento, é preciso entendê-las em seu meio histórico-social. É nesse aspecto, portanto, que reside a dificuldade. E essa dificuldade será tanto maior quanto mais esse meio sofrer os efeitos de uma inserção dessas economias na estruturada e hierarquizada economia mundial, na qual relações de dominação agem de maneira complexa[17]. Não fazer isso é não compreender as causas do crescimento ou procurar impor esquemas americo--eurocentristas com roupagem de "grande" teoria.

Os exemplos são os numerosos Estados com excesso de burocracia e com pouca eficácia, mas seus valores heurísticos não são suficientes para justificar a unicidade da escolha entre um

---

17 Beaud, *Le Système National-mondial Hierarchies*.

Estado intervindo pouco, mas de maneira eficaz, e um Estado intervindo muito, mas com pouca eficácia. Colocar a questão dessa forma, como um truísmo, é respondê-la por meio de um sofisma – como prova, *a contrário*, o já evocado caso das experiências asiáticas de grande e durável crescimento, apesar da ausência de instituições "eficazes" pelo critério das instituições internacionais. Se houvesse uma escolha, esta deveria ser muito mais a de tornar compatível a redução do déficit de racionalidade, que enfrenta muitas vezes os aparelhos de Estado, e a do déficit de legitimidade dos governos, reforçando assim a democracia e aproximando a cidadania social da cidadania política. Retorna-se, desse modo, à necessidade de pensar, ao mesmo tempo, os fundamentos e as modalidades da legitimação do Estado e os limites de sua intervenção no campo econômico em um contexto de globalização.

AS PARTICULARIDADES DO ESTADO NAS ECONOMIAS EMERGENTES INSERIDAS NA ECONOMIA MUNDIAL

Hoje, na maior parte das economias emergentes e mais particularmente na América Latina, a intervenção do Estado é mais fraca que no passado. Antes, o Estado intervinha sobretudo no setor produtivo, e pouco no setor social. Atualmente, nas economias latino-americanas, o Estado intervém menos no setor produtivo e um pouco mais no social. Mas esta última intervenção toma a forma de uma assistência (plano "bolsa família" no Brasil, "planos chefes" na Argentina, por exemplo), que, comparada às despesas consagradas ao serviço das dívidas públicas interna e externa, fica marginal[18], e pouco ou quase nada relacionada ao trabalho (ver supra, Capítulo 3).

---

18 Em 2004, no Brasil, os fundos públicos destinados à "bolsa família" foram de seis bilhões de reais, enquanto os fundos destinados ao pagamento de aposentadorias dos trabalhadores rurais foram de vinte bilhões de reais, e os destinados a financiar o pagamento dos juros da dívida pública foram de 160 bilhões de reais. Ainda que, em 2004, os fundos do "bolsa família" tenham apresentado efeitos positivos sobre a redução da pobreza, a redistribuição em favor dos pobres, sob essa forma, ficou, portanto, marginal.

O Estado aparece assim como a garantia de manutenção de um regime de crescimento com domínio financeiro, cujas consequências no plano das desigualdades e dos comportamentos rentistas temos analisado em numerosos países da América Latina. Ao mesmo tempo, ele financia uma legitimidade de baixo custo, próxima da caridade, que permite ajudar os mais pobres a sobreviver, sem, contudo, permitir a superação de suas condições através de um esforço com apoio da educação. A grande diferença entre a democracia pelas urnas e a democracia concreta, no dia a dia, não é, portanto, diminuída por essa "redistribuição": a cidadania social fica dissociada da cidadania política, e a questão da democracia continua a mesma, com capacidades momentaneamente suspensas de reduzir essa diferença. Isso implicaria uma verdadeira reforma fiscal, que permitisse financiar a redistribuição dos rendimentos (aposentadorias e pensões), e uma política de educação e de saúde mais consequente.

Ao contrário do que economistas do *mainstream* preconizam, a tendência à estagnação das economias latino-americanas clama por uma ampla intervenção econômica do Estado, repensada em suas formas em razão da evolução de seus aparelhos de produção, atualmente mais sofisticados, da diferenciação dos produtos demandados e dos efeitos da mundialização das trocas comerciais e financeiras. Desta vez, porém, trata-se muito mais de uma reestruturação dos gastos públicos que de uma elevação.

Um Retorno Teórico Necessário

Como bem lembra Jürgen Habermas, "em Marx, a análise teórica da forma valor tem uma dupla tarefa, expor o princípio da regulação da circulação na economia de mercado e a ideologia na base da sociedade burguesa de classe"[19]. Ou mesmo conforme Joaquim Hirsch: "mais a troca entre os produtores se desenvolve, [...] mais o valor de troca está na origem da coesão social, e mais cedo desaparecem as possibilidades e a necessidade de instaurar a coesão através de formas de relações de dependência pessoal e de sujeição direta"[20]. Ou, ainda, segundo

19 *Raison et Légitimité*, p. 44.
20 Éléments pour une théorie matérialiste de l'état contemporain, p. 21.

Ernest Mandel: "À interiorização das relações mercantis corresponde, portanto, uma interiorização da democracia"[21].

A sucessão de citações tem sua importância. A primeira trata da mercadoria e das relações mercantis. Sabe-se que Marx pressupõe a generalização da mercadoria para estudar o valor e suas formas. Hipótese forte, porque significa que toda relação social é por natureza mercantil. Essa hipótese, que se encontra nos teóricos do capital humano, permite analisar a pureza das categorias abstratas como valor, e compreender que a troca cria um fetiche nas relações sociais. Essas categorias permitem, em seguida, analisar como a mercadoria, e com ela as relações capitalistas de produção, tendem a se generalizar e o capitalismo, a emergir dos modos de produção que o precedem, na violência e graças a ela[22]. A igualdade na troca é o que aparece como fundamental, principalmente, e sobretudo, a que governa a troca de uma quantidade de trabalho contra um salário. Enquanto ela for respeitada, não existe roubo, e a troca aparece como legítima. Mas tal igualdade é aparente, pois o que se vende por trás de um contrato, por exemplo, não é a quantidade de trabalho mensal efetuada pelo assalariado em troca de um determinado salário, mas um salário para uma quantidade menor de trabalho efetuado, correspondendo ao valor dos bens necessários à reprodução desse assalariado e de sua família. A diferença entre o que é proposto quando da troca e o que é necessário para a reprodução da força de trabalho é a mais-valia apropriada pelo empresário. O salário parece comprar a quantidade de trabalho efetuada, mas na verdade ele apenas compra o valor da força de trabalho necessário à sua reprodução. A mais-valia é, portanto, um mistério, porque está envolta pela aparência da igualdade da troca.

Tal igualdade está na base da ideologia dominante. É a razão pela qual o Estado, garantindo essa "igualdade" da troca, baseia sua legitimidade. Trata-se de um Estado de classe, porque protege uma relação de produção específica, com fetiche, através

---

21 Classes sociales et crise politique en Amérique Latine, *Critiques de l'Économie Politique*, n. 16-17.
22 A adaptação dessa abordagem (hipóteses fortes, construção de categorias para compreender o aparecimento do capitalismo) às economias semi-industrializadas é problemática. A razão essencial para isso é que o processo de generalização das mercadorias foi profundamente afetado – desde o início em certos casos, um pouco mais tarde em outros – pela colonização.

da troca. Entretanto, a troca não se realiza sempre em condições harmoniosas, longe disso. Também o véu das trocas pode se rasgar quando suas condições são modificadas (desemprego, aumentos de salário inferiores às previsões e, de maneira geral, modificações nas condições de trabalho decididas de forma unilateral), seguindo a evolução irregular da conjuntura econômica ou a militância de sindicalistas e de políticos. A legitimidade do Estado garante a continuidade das trocas, independentemente das modificações enfraquecidas pela crise[23]. Sua incapacidade em restabelecer a harmonia (o pleno emprego e as melhores condições de vida) e sua defesa de interesses particulares, não mais universais, podem conduzir ao que Habermas denomina "déficit de legitimidade". Esse déficit pode aumentar se os aparelhos de Estado são incoerentes em sua projeção quanto ao futuro e aos meios a ser executados para realizar seus objetivos. Existe então um "déficit de racionalidade". *Esses dois déficits existiram sempre*, de maneira que o importante é analisar não apenas suas respectivas amplitudes, mas também suas evoluções.

Não obstante, é essencial distinguir o que diz respeito aos fundamentos e o que concerne à evolução. O principal fundamento da legitimidade do Estado está na troca mercantil, mesmo que não seja apenas isso (o contexto cultural, como veremos, também interfere). A evolução da legitimidade depende de vários fatores de ordem econômica, social e política. Quando as condições de igualdade que regem a troca já não são percebidas como tais e o Estado não consegue dar a impressão de as restabelecer, essa legitimidade é questionada. A história das lutas passadas, a organização dos cidadãos em seus lugares de trabalho e fora deles, os resultados eleitorais, sua característica livre ou não, têm igualmente um peso muito grande (ver quadro a seguir). Isso se explica porque a legitimidade nunca é total.

---

23 Isso está longe de significar que a natureza de classe do Estado, assim revelada, seja o objeto de uma rejeição como tal, contrariamente ao que pensam muitos marxistas. A mais-valia revelada não é naturalmente objeto de rejeição e de estímulos para outros modos de organização da sociedade. Ela significa, na maior parte dos casos, com exceção dos períodos de crise revolucionária, uma demanda de coesão social. Segundo C. Offe (*Contradictions of the Welfare State*) ou ainda J. Habermas (op. cit.), por exemplo, pode-se considerar que a questão da natureza de classe do Estado adquire hoje uma importância menor, sobretudo após a derrocada do socialismo real e do distanciamento das utopias mobilizadoras.

Em casos extremos, pode-se ter uma legitimidade restringida, isso acontece nas ditaduras militares, quando o exército respeita suas próprias regras. Ditaduras civis também podem ter uma legitimidade ética ou regional – nesse caso, o Estado não aparece, necessariamente, como estando acima das classes, universal, mas apropriado por uma casta, uma etnia ou por interesses particulares.

> ### O ESTADO: UMA ABSTRAÇÃO REAL
>
> Em uma pesquisa já antiga, realizada com Gilberto Mathias[24], estabelecemos dois níveis de abstração para analisar o Estado e o governo. O primeiro, mais elevado, se situava no plano das categorias definidas por Marx: mercadoria-valor-dinheiro-capital. Cada uma dessas categorias é deduzida – mais exatamente se "deriva" – da outra. Cada uma é compreendida com a ajuda da categoria que a precede, mas só pode existir se a seguinte for definida. Trata-se de uma dedução lógica, não histórica. Mostramos que para haver uma sequência completa é preciso que a categoria Estado apareça após a categoria capital. Essa abordagem do Estado como "abstração real" o deduz, e à sua natureza, da classe da categoria capital. Tal abordagem foi qualificada como proveniente da escola "derivacionista"[25], segundo a qual o capital e o Estado estão ligados de maneira orgânica: a expansão das relações de produção capitalista se realiza direta e indiretamente graças ao Estado. O mercado não antecede o Estado, mas a intervenção deste não se limita a suprir as falhas de mercado. Da mesma forma, o Estado capitalista não antecede o mercado.
>
> O fundamento material da legitimidade se situa no plano da abstração. O segundo plano de abstração, menos elevado, é o do regime político e sua representação no governo. A forma de existência

---

24 G. Mathias; P. Salama, op. cit.
25 Essa abordagem é distinta da das correntes weberianas, para as quais o Estado é um conjunto de instituições e de relações sociais sobre um dado território. Essas instituições têm como último recurso o controle dos meios de coerção para aplicar suas decisões. É por isso que se considera que o Estado tem o monopólio da violência legal. Muitos autores, entre os quais G. O'Donnell (Acerca del Estado en América Latina Contemporánea, em D. Caputo, *La Democracia en America Latina*, disponível em <www.undp.org>.), levam em conta, entretanto, que nos países considerados subdesenvolvidos, o Estado não tem o monopólio dessa violência. Tal particularidade significa igualmente que a violência do Estado perde sua legitimidade para certos estratos da população, em especial, e sobretudo, para os que são excluídos e os que não se reconhecem no discurso universalista do Estado.

do Estado é o regime político, que goza de uma legitimidade que depende de uma série de fatores (conjuntura, organização, modos de eleição etc.). Não retomamos tal distinção em sua totalidade conceitual, mas preservamos a distinção operada entre os fundamentos da legitimidade, que estão no plano do fetiche das relações sociais, e a análise da evolução dessa legitimidade.

Não retornamos analiticamente aos ensinamentos da escola da derivação por causa dos problemas postos pela falta de correspondência entre a dedução lógica e a dedução histórica nas economias semi-industrializadas. Nelas, o modo particular de surgimento do capital e do assalariado, bem como suas condições de ampliação específicas, tornam a hipótese da generalização da mercadoria menos pertinente, com base na sucessão das categorias. Não são os modos de produção precedentes que permitem o "nascimento" do capital, mas a dominação e a inserção desses países na economia mundial através das economias do centro.

Desde o século XIX, os poderes postos em ação pelos Estados do centro procuraram inserir esses países na divisão internacional do trabalho, entendida segundo seus interesses: eles serão, ao mesmo tempo, canais de difusão das relações mercantis e capitalistas – com formas muito particulares de submissão do trabalho ao capital, as quais são combinações compostas de formas modernas e locais (formas diversas de escravismo, meiagem, servidão, trabalho assalariado livre) – e de lugares onde se constituem as protoburguesias. Essas formas combinam diferentes submissões do trabalho ao capital e explicam, em grande parte, a permanência em níveis muito elevados dos empregos informais. Mais que nos países do centro, o Estado será, nessas economias, a "muleta" de uma jovem protoburguesia, nascida muitas vezes em seu seio, ou seja, nos aparelhos de Estado, graças à falta de clareza entre interesses privados e públicos (Estado patrimonialista). Será preciso condições particulares para que essa protoburguesia se comporte mais como burguesia – que ela invista, portanto – e menos como burguesia parasitária (rentista no sentido de que sua principal atividade está inserida nos circuitos da renda controlada pelo Estado, permitindo, assim, que ela gaste os recursos obtidos como renda, não como capital).

É essa relação de dominação entre o centro e a periferia, e a análise das relações de classes que a subtendem, que permite compreender, quando das fases de crise de longa duração no centro, caso todas essas condições sejam preenchidas, que novas relações podem ser estabelecidas em certos países da periferia. As alterações das relações entre centro e periferia, com suas consequências

> nas relações entre classes e grupos sociais nas economias dominadas, permitem entender o papel específico exercido pelo Estado: importante no nível econômico e insignificante no nível social, quando das fases de substituição de importações, dos anos de 1930 à crise dos anos de 1980.

A segunda citação, de Hirsch, permite deduzir dois pontos importantes da aparente igualdade da troca e do fetiche das relações sociais: a *coesão social* e a ausência de *sujeição direta*. A coesão social é assegurada se um árbitro, neste caso o Estado, assegura a perenidade da igualdade nas trocas e impede, portanto, toda tentativa de enriquecimento pelo roubo (trocas desiguais, leoninas). A violência do Estado torna-se legítima quando tem como objeto a defesa da perenidade dessas trocas. Quando o Estado assume esse papel, o *acesso aos direitos* é percebido como sendo o mesmo para todos, e a coesão social torna-se forte. Mais precisamente, a coesão social não depende do acesso *efetivo* aos direitos, mas de uma *ilusão* que se pode ter da igualdade desse acesso, sem excluir uma relação complexa, não linear, entre a realidade e o que os indivíduos percebem.

Vamos um pouco mais longe: dois países podem ter diferentes "acessos aos direitos", mas o país cujo acesso é mais fraco pode ter uma sociedade mais coesa se, em relação ao outro país, a ilusão desse acesso é mais bem compartilhada pelos indivíduos. O que importa, portanto, é analisar as condições materiais dessa ilusão. Tais condições têm como fundamento a tendência à generalização da mercadoria, isso porque essa mercadoria funda o fetiche das relações de produção, fazendo com que estas se pareçam com relações entre iguais, e oferece ao Estado um papel de árbitro que o legitima. Evidentemente, como a generalização da mercadoria não é total[26] – já vimos que essa generalização não pode ocorrer, pois nem tudo é mercadoria –, tem-se que a coesão social (ver quadro a seguir) não pode se basear apenas nesse fundamento material, já que depende, igualmente, do "contexto cultural", contexto esse que pode ser mais ou menos alterado pela difusão da mercadoria.

---

[26] A despeito das tentativas de certas correntes de tudo "mercantilizar", o conjunto de relações entre os homens como os serviços públicos.

AS CONDIÇÕES DA COESÃO SOCIAL[27]

A coesão social pode ser definida a partir do acesso aos direitos. Se esse acesso torna-se difícil, então a coesão social provavelmente é fraca – e vice-versa. Parece haver um consenso para esse nível de generalidade. No entanto, há um risco de que tal consenso possa induzir a erro. Ademais, trata-se de que direito? Pode-se afirmar que seria suficiente que os direitos econômicos sejam mais bem satisfeitos para que a coesão social alcance um grau elevado? Com isso aparecem imediatamente três questões: a coesão social é um estado ou um processo? Pode-se deliberadamente confundir as condições para chegar a uma melhor coesão social e aos seus componentes? Que lugar o direito econômico ocupa em relação aos outros direitos e como o direito econômico se articula com os direitos social, político e ético? Passemos rapidamente a esses três pontos.

Estado ou processo? No primeiro caso, a coesão social pode ser definida pelo grau de harmonia existente entre os residentes de um país, mensurável com o auxílio de indicadores qualitativos e subjetivos construídos a partir de sondagens ("Você tem confiança no sistema de saúde, na polícia etc.?"; "Você toma cuidado com os vizinhos quando necessário?"; "Você é ligado à sua comunidade?" etc.), ou quantitativos e objetivos (participação nas eleições, em partidos políticos, em associações etc.). Em sentido oposto, a coesão social entendida como processo se prende à evolução das percepções, individuais ou coletivas. O paradigma de uma coesão social correspondente a uma idade de ouro pode continuar a existir, mas o que se torna essencial é saber se a situação melhora ou não, tanto no nível objetivo quanto no subjetivo.

Esses processos podem, entretanto, atuar contraditoriamente. Por exemplo, o rendimento de um indivíduo ou de uma família pode melhorar, mas a satisfação que dele se obtém pode declinar caso o rendimento relativo diminua, pelo fato de haver um agravamento das desigualdades e, com essa deterioração, a coesão social, o cimento entre indivíduos e grupos sociais, pode se enfraquecer. Nesse caso, uma melhoria em termos absolutos é anulada por uma deterioração em termos relativos. Dois processos objetivos se contradizem, o segundo superando subjetivamente o primeiro.

A vida não é um "rio longo e tranquilo"; seus movimentos são muito mais feitos de desequilíbrios múltiplos que de equilíbrios

---

[27] Retomamos aqui alguns elementos de um texto escrito em 2004 para o Conselho da Europa.

consecutivos. Esses são os processos de evolução da coesão social que convém privilegiar. E isso permite evitar os obstáculos de uma definição eurocentrista, transformando os códigos éticos ocidentais em regras universais que se buscam aplicar a um conjunto de países mais ou menos heterogêneos do ponto de vista cultural. A esse respeito, não é inútil observar o número impressionante de definições da cultura recenseada por alguns especialistas: 164, segundo Kroeber e Kluckhohn, entre 1871 e 1951, e 160 pelos antropólogos, sociólogos e psicólogos, segundo Jamieson[28]. Assim, é possível compreender até que ponto é arbitrária uma abordagem da coesão social baseada apenas na definição de regras éticas "universais". Tal constatação evidentemente não exclui o reconhecimento da importância das regras, mas implica que se assuma seu caráter discricionário: pode-se, por exemplo, buscar promover regras democráticas da vida política, ao mesmo tempo que se admite que em certas sociedades, suas não satisfações não implicam necessariamente a ausência de coesão social, pois essa coesão também pode ter como base a satisfação de regras éticas próprias a essas sociedades. Mas, na medida em que suas culturas são cada vez mais impregnadas de culturas externas dominantes, decorrentes da mundialização, pode-se considerar legítima a inclusão discricionária das regras do jogo democrático para definir uma coesão social em movimento.

Insistir no acesso aos direitos sociais permite, em todo caso, privilegiar uma abordagem da coesão social como um processo, não como um estado. Desse modo, a questão de saber se não se está confundindo as condições com os componentes da coesão social torna-se um falso debate: se a coesão social não é um estado, mas um momento produzido por um processo, um momento em movimento, então a distinção entre condições e componentes não é pertinente. Porém, se definimos a coesão social como um estado, não como um momento, ponto de vista frequente na literatura de origem asiática, então são pertinentes apenas os indicadores que buscam estimar a harmonia, em seus aspectos subjetivos e objetivos, no seio da sociedade civil, mas também nas relações entre o Estado e a sociedade. Nessa abordagem, os indicadores econômicos são necessariamente excluídos, porque, sendo condições, não podem ser componentes.

Falta ainda o terceiro ponto, o mais difícil. De que forma a abordagem econômica se articula com as demais disciplinas das Ciên-

---

28 J. Shixue, *Cultural Factors and Economic Performance in East Asia and Latin America*, disponível em: < www.labea.org > (*working paper*).

cias Sociais? Pode-se aceitar o "imperialismo da economia" (ou ao menos de certa abordagem da economia)? Apresentemos alguns exemplos, retirados de uma abundante literatura "acadêmica" de pesquisadores universitários, em geral larga e regularmente solicitados pelas mídias ocidentais: é possível reduzir o casamento, ou alguma outra forma de vida a dois, a uma arbitragem racional (*trade off*) entre o custo ocasionado por uma vida familiar e o custo relacionado à frequência a prostitutas? A violência se explica por uma arbitragem entre o custo que representa a eventualidade de ser preso e a satisfação tirada do produto de roubo ou homicídio? Nessas condições, os pobres estariam *necessariamente* inclinados à violência, porque o risco de ser condenado seria desprezível em relação ao ganho esperado. E a coesão social reforçada (menos crime) não passaria por uma diminuição da pobreza, mas por uma ampla repressão. Pode-se considerar que o comportamento dos homens políticos seja unicamente ditado pelos benefícios materiais retirados de suas eleições e que eles definiriam suas ações com o único objetivo de ser reeleitos?

Colocar essas questões é evidentemente respondê-las, pois se a tendência à "mercantilização" dos seres humanos é uma realidade indiscutível, é tão absurdo quanto preguiçoso concluir daí que a ganância de ganho seria o único motor dos indivíduos, e o dinheiro, a única medida de satisfação. Esses poucos exemplos mostram até que ponto tal abordagem da economia é reducionista e perigosa. A economia não se reduz a essa corrente e muitos economistas aceitam a abordagem multidisciplinar. Mesmo assim, percebe-se que a economia é vista como dominante. Suas regras misteriosas parecem lhe conferir certa legitimidade: os índices da bolsa e as cotações do dólar são apresentados diariamente nas mídias, sem que sua influência sobre a conjuntura e a vida dos cidadãos seja explicitada. No entanto, indicadores como a evolução dos salários ou o número de acidentes de trabalho são completamente ignorados, a ponto de se pensar que apenas o capital é importante e que o trabalho é a única coisa sobre a qual não se precisa falar.

O Estado "Poroso" das Economias Emergentes

Nas economias semi-industrializadas, a difusão das relações mercantis e capitalistas é feita através de trajetórias específicas e em um curto espaço de tempo, tempo esse muito menor que o ocorrido nas economias europeias. Vinda do exterior, essa difusão é na maior parte das vezes brutal e combina formas antigas (locais) e modernas de submissão do trabalho ao capital. Como desenvolveu Gilberto Mathias[29], o salário combina, muito mais que nos países desenvolvidos, as relações de *favor* e de *valor* – a relação de favor mantém nessas economias um importante lugar, que diminui significativamente apenas nas unidades de produção capitalistas de serviços e de produção de grandes dimensões. As trocas mercantis desempenham, portanto, um papel mais fraco na coesão social dessas sociedades que nas do centro, de maneira que o papel do "contexto cultural" torna-se ainda mais importante. Essa combinação de legitimação mercantil e não mercantil explica por que as relações de subordinação direta podem perdurar, ao mesmo tempo que tomam formas novas e originais, tal como as relações de dependência pessoal. O Estado não pode, assim, impor sua suposta universalidade (sobretudo quando, não controlando a integralidade de seu território, poderes de fato, controlados por máfias, substituem o poder *de jure*).

Isso explica por que se pode constatar em numerosos países formas de dominação e de legitimidade do tipo "autoritário paternalista", como já apontou o politicólogo argentino Guillermo O'Donnell. A relação entre repressão e legitimação, de maneira geral, é complexa, e uma não pode ser reduzida ao universo da outra. Se a legitimidade é forte, pode não ser necessário exercer a coerção – exceto se ela faz parte de mecanismos de legitimação, mas é verdade que, mesmo nesse caso, ela é uma a faca "de dois gumes", e pode provocar déficits de legitimação quando não é justificada pelos códigos dominantes de valor. A legitimidade não se confunde com a democracia nas economias emergentes. Mas a complexidade de seu aparelho de produção e a densidade de sua formação social dá mais legitimidade à aplicação das regras do jogo democrático. A legitimidade passa cada vez mais pela democracia, mas não se confunde com ela; a herança de valores culturais (herdados do passado, mas também transformados nesse passado pelas mutações econômicas e pela influência de ideias importadas) pesa de maneira diferenciada nesses países.

---

29 État et Salarisation Restreinte au Brésil, *Revue Tiers Monde*, n. 110.

Mais precisamente, a terceira citação, de Ernest Mandel, permite passar à democracia: a interiorização das relações mercantis corresponderia a uma interiorização da democracia. Tal dedução é lógica. A relação de igualdade parece dominar quando a mercadoria é generalizada. A particularidade das economias semi-industrializadas não decorre apenas do fato de a mercadoria ainda não ser generalizada (ela também não o é nas economias do centro), mas das condições de sua extensão e da monetização que a acompanha. Esses dois aspectos são específicos e distintos dos observados nos países do centro. E essa é a razão pela qual os fatores culturais interferem muito na definição do campo da legitimidade.

O apoio popular recebido por determinado governo não se baseia necessariamente nas formas de eleição e de destituição de tipo democrático clássico, em resposta aos "cânones" ocidentais. Mas mesmo no caso em que as regras do jogo democrático parecem estar aplicadas – como atualmente acontece na maior parte das economias semi-industrializadas latino-americanas –, as relações dos indivíduos com o Estado são diferentes, dependendo do estrato social a que pertencem, reforçando a segmentação econômica da sociedade. As desigualdades sociais são tão grandes que essas sociedades podem ser caracterizadas por um verdadeiro sistema de *apartheid* social.

Compreender a maneira como os diferentes estratos da população, quase isolados uns dos outros, veem o Estado não é simples, e remete às particularidades de regimes políticos profundamente marcados pela história cultural e social, compreendidos na historicidade de cada um desses países. As demandas específicas do Estado, determinadas pelas diferentes camadas da população, se traduzem nas particulares formas de apoio aos regimes políticos. Essas formas podem consolidar os processos de democratização já engajados, mas também podem levar a apoiar localmente os poderes de fato, substitutivos do Estado central, quando este não está mais em condições de assumir o mínimo exigido. *O Estado é então poroso*, pois não controla a totalidade de seu território. As organizações criminais, em busca de certa legitimidade para perenizar seus negócios, preenchem funções próprias do Estado e "fazem sua justiça" pelo exercício da violência em detrimento da democracia.

Sem querer entrar mais uma vez no debate sobre democracia formal (das urnas) *versus* democracia real (das relações de produção), observemos, com o auxílio do antigo ministro argentino dos Negócios Externos, Dante Caputo[30], o importante divórcio entre o progresso da democracia e a continuidade, senão a ampliação, das grandes desigualdades. Vários autores insistem no divórcio entre a cidadania política e a cidadania social. G. O'Donnell[31] desenvolve a ideia de que nos países em desenvolvimento, em especial na América Latina, o Estado não é "universal". Segundo esse autor, três aspectos podem caracterizar o Estado: a eficácia de sua burocracia, a efetividade de seu sistema legal e a sua credibilidade, entendida como realização do bem comum da nação. O Estado pode ser eficaz, e ele o é às vezes, principalmente em períodos de ditadura. Mas como regra geral, essas três características são muito mal preenchidas. A aplicação do direito é de ordem virtual ou de arbitragem e o sistema legal é pouco aplicado, ou mesmo desviado, favorecendo outras formas de ilegalidade. O trabalho informal é, por exemplo, contrário ao direito, mas existe massivamente, o que permite exercer pressões discricionárias sobre certas categorias de trabalhadores informais, como os ambulantes. O direito se aplica segundo o bem querer dos "representantes da autoridade", e isso é porta aberta para uma corrupção de proximidade: pagar ou ser vítima do direito, essa é a espada de Dâmocles suspensa sobre a cabeça de muitos indivíduos, para os quais o direito não possui a universalidade que deveria.

Nesse mesmo sentido, Dante Caputo[32] observa que o índice de democracia, variando de zero a um, melhorou muito na América Latina no último quarto do século XX. Recuperando os cálculos efetuados para o PNUD, Caputo lembra que na época das ditaduras esse índice era próximo de zero (0,28), e que em seguida ele se elevou formalmente até alcançar 0,93. Mas ao longo do mesmo período, o rendimento médio *per capita* aumentou apenas trezentos dólares. A pobreza e a indigência ficaram, portanto, em níveis extremamente elevados, bem como as desigualdades. Assim, a cidadania social está longe

---

30 Una Agenda para la Sustentabilitad de la Democracia, *Foreign Affairs*, out.-dez.
31 Op. cit.
32 Op. cit.

de progredir no mesmo ritmo da cidadania política. Enquanto o indicador de Morley, desenvolvido para estimar a evolução das reformas que visam liberalizar os mercados (liberalização comercial, financeira nacional e internacional, reforma fiscal e desregulamentação do Estado), aponta uma grande elevação (0,52 em 1977 e 0,82 em 2000), o indicador que visa medir, ao mesmo tempo, o direito à vida, a integridade física e os riscos de perseguição por razões políticas, elaborado a partir de dados provenientes da Anistia Internacional e do Departamento de Estado dos Estados Unidos, passou de três para 2,6 em uma escala de um a cinco, em que cinco corresponde ao estado de terror (esse índice é de 1,1 na Europa). A melhoria é sensível para o indicador que mede a liberalização, mas é fraca para a "experiência vivida" pelos indivíduos.

Um Estado Intervindo Diferentemente no Econômico e no Social

Para o pensamento dominante, como já foi visto, a intervenção do Estado na esfera econômica é, na maior parte das vezes, vista de maneira negativa, uma vez que não permitiria a alocação ótima dos recursos raros, reduziria a eficácia das instituições, constituiria um indicador de menor competitividade e, enfim, seria um meio de aumentar a corrupção[33]. A intervenção do

---

33 Até então não mencionamos a corrupção endêmica em muitos países em desenvolvimento. É verdade que os Estados podem ser predadores em benefício de interesses particulares, e que a corrupção passa muitas vezes pela capacidade de desenvolver regulamentações às vezes contraditórias, mas não se pode deduzir daí que toda intervenção do Estado na esfera econômica favoreceria a corrupção. Exceto nos Estados totalmente predadores e em total decomposição, é falso considerar que a regulamentação tenha apenas um objetivo: criar rendas e permitir o avanço da corrupção quando essa regulamentação é excessiva e incoerente. A regulamentação é necessária ao funcionamento dos mercados, pois cria as regras do jogo sem as quais os mercados não podem funcionar. Pode-se acrescentar, ainda, que quando essas regras do jogo tendem a se tornar pouco claras, principalmente quando o Estado se retira do setor econômico com as privatizações massivas, a corrupção passa por uma expansão impressionante, tal como se pôde observar na Argentina dos anos de 1990 ou em algumas economias do centro (ver o escândalo Enron nos Estados Unidos, a Itália etc.). Mas mesmo nos casos em que a regulamentação é contraditória, senão incoerente, e em que o direito não pode ter aplicação universal, é errôneo reduzir os efeitos da corrupção ao seu único aspecto

Estado só é justificada quando o mercado enfrenta "falhas"[34]. Nosso objetivo aqui não é retomar a discussão teórica sobre as vantagens e os inconvenientes da intervenção do Estado, tal como leva a crer a corrente liberal. É preciso lembrar que a intervenção do Estado foi historicamente muito mais regra que exceção, portanto, atualmente, ela deve tomar novas formas.

Mostramos que a inserção passiva na economia mundial não propicia o crescimento. Os exemplos fornecidos pelo México, mas também por Hong Kong, mostram que, no primeiro caso, o aumento da taxa de abertura não fornece um impulso ao crescimento[35], e que, no segundo caso, o crescimento se explica pela escolha, por parte da "cidade-Estado", do desenvolvimento de seu mercado financeiro[36]. Não houve políticas industriais afirmativas em cada um desses países. A taxa de integração dos segmentos realocados fora de suas fronteirasso pelos países do centro é baixa. Não obstante, esse não foi o caso para a maior parte das economias asiáticas. O economista (de origem indiana) Sanjaya Lall descreveu a diversidade de políticas industriais de Taiwan, Singapura e Coreia do Sul (ver tabela 1), observando que se trata de políticas industriais seletivas, as quais não têm por objetivo unicamente corrigir as "falhas" do mercado. Suas ambições são bem maiores e é por isso que elas são criticadas pela corrente liberal[37].

Quaisquer que sejam as formas tomadas por essas políticas, todas elas têm o objetivo de condicionar a adaptabilidade do tecido industrial em favor de produtos cuja elasticidade da demanda mundial em relação à renda é elevada. O conjunto dessas políticas busca favorecer a passagem de uma especialização centrada na utilização intensiva de uma mão de obra pouco remunerada para uma especialização centrada em produtos tecnologicamente mais sofisticados. A primeira forma consiste em uma especialização focada em um espectro relativamente restrito

---

predador. A comparação da experiência de diferentes países em matéria de corrupção permite entender seus aspectos paradoxais: a corrupção não é apenas predadora, ela também pode ser eficaz do ponto de vista do crescimento quando permite ultrapassar as regulamentações contraditórias que o freiam.

34 N. H. Stern, op. cit.
35 G. Palma, *Flying-Geese and Lame-Ducks* (mimeo).
36 S. Lall, Reinventing Industrial Strategy, *G-24 Discussion Paper Series*.
37 A. Nassif, op. cit.

de produtos[38], aspecto esse que, por sua vez, é caracterizado por uma elevada elasticidade da demanda em relação ao preço; já a segunda forma requer uma mão de obra mais qualificada, mais bem remunerada, e cuja formação é assegurada por um grande esforço do Estado em educação e pesquisa. Nesse último caso, trata-se de bens caracterizados por uma elevada elasticidade da demanda em relação à renda. O objetivo final dessa política é fazer com que a competitividade não se baseie apenas nos preços, mas também na qualidade. Qualificamos esse processo de dupla acumulação primitiva: a primeira, clássica, servindo de trampolim para a segunda (ver supra, Capítulo 3).

Tal processo só pode se desenrolar com uma grande intervenção do Estado na economia. Essa intervenção foi analisada por Laal para os três "tigres", tanto do ponto de vista do aprofundamento da estrutura industrial, do aumento do conteúdo local, do esforço tecnológico e da promoção das empresas locais, como da atitude em relação às empresas multinacionais. Tudo isso foi feito de várias formas: alguns desses Estados se opuseram durante muito tempo à chegada das multinacionais, temendo que elas pudessem entravar o desenvolvimento das empresas nacionais, ou então forçaram as multinacionais a desenvolver tecnologias localmente e a utilizar técnicas sofisticadas; outros Estados preferiram dirigir seus esforços para o desenvolvimento de empresas médias, ou para a formação de conglomerados; outros, por fim, procuraram desenvolver um conteúdo local, impondo às empresas estrangeiras que os insumos fossem pouco a pouco produzidos localmente, assegurando ainda a qualidade desses produtos e às vezes exigindo a concessão de patentes.

A intervenção do Estado nesses países é, em geral, consequente e eficaz. Apesar de não ser necessariamente direta, nem por isso se limita a fornecer infraestruturas diversas e um esforço educativo para adaptar a formação dos trabalhadores aos níveis de qualificação requisitados: ela é igualmente estimuladora (proteção temporária e seletiva, taxa de juros, subvenção). Sem tomar a forma de uma intervenção direta, presente em outros lugares (empresas públicas, guichês de banco recebendo

---

38 Com efeito, poucos produtos podem ser produzidos com uma série relativamente grande de técnicas – intensivas em trabalho ou em capital – e ser competitivos.

Tabela 1.
As Diferenciadas Formas da Política Industrial
entre os "Tigres" do Sudeste da Ásia

	Hong Kong	Singapura	Taiwan	Coreia do Sul
Aprofundamento da estrutura industrial	Não	Orientação muito forte para produtos de alta tecnologia, sem proteção	Forte orientação para produtos *capital intensivo* com técnica elevada	Forte orientação para produtos *capital intensivo*, entre eles os bens intermediários e de capital
Aumento do conteúdo local	Não	Não, mas realizando uma política favorecendo subcontratados do tipo PME*	Sim, fortes pressões para aumentar o conteúdo local	Sim, política seletiva visando ajudar e proteger as empresas subcontratadas
Estratégia em relação às empresas multinacionais	Política passiva de abertura	Política agressiva de objetivos favorecendo as especializações com alto conteúdo tecnológico	Política visando selecionar as empresas e a desencorajá-las onde empresas locais são poderosas. Difusão local de tecnologias	Fechamento aos IDE* exceto se necessita de tecnologia e de acesso aos mercados de exportação. "*Joint ventures*" são encorajadas
Esforço tecnológico	Não, exceto para as PME	Não para as empresas locais, mas as FM* têm obrigação de desenvolver localmente seus esforços em P&D	Forte ajuda para P&D* local e estímulo à tecnicidade crescente dos produtos para as PME	Política de P&D ambiciosa nas indústrias avançadas. Pesados investimentos em tecnologia e infraestrutura
Promoção das empresas locais	Não	Não, exceto para algumas empresas do setor público com objetivos a ser alcançados	Esporádica, sobretudo nos setores pesados para as empresas do Estado	Política sustentada para criar "gigantes" no setor privado, internalizar os mercados pela constituição de conglomerados e criar polos de exportação

Fonte: S. Lall, Reinventing Industrial Strategy, *G-24 Discussion Paper Series*, p. 15.

* PME: Pequenas e Médias Empresas; IDE: Investimento Direto Estrangeiro; FM: Firmas Multinacionais; P&D: Pesquisa e Desenvolvimento. (N. da E.)

ordens de financiar a taxas de juros baixas, empresas que aceitem os apelos de oferta do Estado), tal intervenção pode ser diretiva, promulgando um direito a ser aplicado. E ao fazer isso, ela impõe novas restrições às empresas que desejam exportar seus produtos e às que procuram em primeiro lugar abastecer seus mercados internos. Isso foi visto ao analisar a expansão do comércio da China.

A intervenção do Estado depende de muitas variáveis, nacionais e internacionais. No plano nacional, o aparelho industrial e financeiro desses países não corresponde mais ao de algumas décadas passadas. O tecido industrial tornou-se mais complexo e os mercados financeiros, em geral ainda muito estreitos, existem. Os argumentos desenvolvidos no passado para justificar uma intervenção do Estado, em vez de uma classe de empresários insuficientemente numerosos e poderosos[39], não são pertinentes hoje. Além disso, com a expansão das camadas médias, as demandas passam por um crescente processo de diferenciação. Com efeito, sabe-se que a partir de certo nível de poder de compra, alcançado pelas camadas médias desses países, a demanda se modifica e os produtos diferenciados tendem a superar os padronizados. O confronto entre a oferta e a demanda se desloca a jusante e, portanto, fica mais difícil para o Estado programar a evolução dessas demandas. Exceto em alguns grandes setores, a intervenção do Estado torna-se mais eficaz quando é indireta[40]. Uma política industrial que utiliza diferentes instrumentos de política econômica pode então

---

39 É ainda conveniente lembrar que não era a pertinência desses argumentos, naquela época, que explicava, na maior parte das vezes de maneira direta, a forte intervenção do Estado no setor econômico. O "existe somente essa possibilidade..." não é razão suficiente para conduzir o Estado a fazer o que uma jovem burguesia nascente não poderia ou não queria fazer, preferindo muitas vezes o comércio à indústria, a renda ao investimento. Foi preciso uma conjunção de fatores permitindo alianças de classes que, para defender seus interesses, executaram políticas que produziram esforços inesperados na origem, tal como a consolidação de uma classe de empresários. Esse foi o caso quando da grande crise dos anos de 1930 em alguns países da América Latina, quando a primeira fase de substituição de importações foi posta em prática sem ser pensada, a fim de defender o poder de compra dos exportadores. Nós analisamos longamente esses processos em G. Mathias; P. Salama, op. cit.

40 A. Barros de Castro; J. de Paula Costa Ávila, Por uma Política Industrial e Tecnológica Voltada para a Especificidade do Caso Brasileiro, *Forum Nacional* (mimeo).

favorecer a criação de nichos e estimular uma integração mais completa, a montante e a jusante, dos segmentos de linha de produção realocados pelos países do centro fora de suas fronteiras. Entretanto, essa política não pode mais ser sistemática como foi no passado. Ela não deve ter por objetivo limitar a especialização em produtos manufaturados pouco sofisticados, mas abrir possibilidades de modificar a especialização internacional para a produção de bens com potencial mais elevado.

De maneira análoga, as restrições internacionais não são mais as mesmas do passado. Até os anos de 1960, era difícil se afastar da divisão internacional do trabalho imposta pelas economias desenvolvidas. Foi preciso que a intensidade das relações de dominação fosse afetada pelas crises e guerras para que "espaços de liberdade" se abrissem, de maneira a permitir a industrialização de algumas economias da periferia. Atualmente, as relações Norte-Sul não são mais caracterizadas por esse tipo de relação. E as multinacionais têm oportunidade de valorizar seus capitais na periferia, não apenas com a expansão das importações das economias do centro, mas também com o aumento da dimensão dos mercados internos.

Decerto, os Estados do centro ficam em geral relutantes, embora bem menos que no passado, com a possibilidade de que Estados da periferia possam se tornar autônomos e satisfazer as próprias necessidades ao produzir o que antes importavam, ou mesmo exportar produtos "realocados". Por razões geoestratégicas (modificação das relações de forças) e sociais (expansão do desemprego de trabalhadores pouco qualificados), eles podem ser levados a procurar impor as regras do jogo, em geral de inspiração liberal, com o objetivo não revelado de frear o crescimento de alguns desses países e, assim, preservar suas dominações e seus empregos. Mas se suas formas se modificam, o *kicking away the ladder*[41], aconselhado pela Inglaterra quando dominava os outros países europeus no final do século xix, e denunciado por Friedrich List, continua muito atual. Melhor ainda: esses Estados centrais continuam a

---

41 "Retirem a escada": expressão utilizada para sublinhar a dubiedade dos países que, apesar de terem utilizado a escada (o protecionismo) para pular o muro (se industrializar), demandavam aos outros retirar a escada (praticar o livre--comércio) e subir o muro (se industrializar).

praticar diferentes formas de protecionismo, indiretas na maior parte das vezes (grandes subvenções, controle de qualidade), e em setores como agricultura, mas, ao mesmo tempo, exigem da parte dos países em desenvolvimento o desmantelamento de suas proteções. Suas reticências, entretanto, não têm mais o caráter absoluto que tiveram no passado. A Organização Mundial do Comércio sofre inflexões na definição de suas políticas, desde que economias emergentes fazem bloco contra os desejos das economias desenvolvidas e agem sobre suas contradições. O peso dos *lobbies*, principalmente o representado pelas empresas multinacionais, cujos interesses não correspondem aos dos Estados, tem, enfim, uma influência mais ou menos importante, dependendo da conjuntura e do que está em jogo (geoestratégia ou interesses comerciais).

A experiência asiática mostra muito bem que existe uma relação entre o crescimento forte e durável, a expansão das exportações incorporando tecnologias cada vez mais sofisticadas e a intervenção indireta do Estado. Quanto menor essa intervenção, menor e menos durável será também o crescimento, bem como, em geral, esse crescimento será mais volátil. Quanto mais a intervenção é consequente, mais também seus efeitos positivos se farão sentir. No entanto, a solução não está no "todo Estado". A partir das instituições existentes, é possível aumentar a eficácia sem passar pelo jugo das recomendações das instituições internacionais, permitindo assim diminuir o fosso entre a cidadania social e a cidadania política. Isso não requer muito mais Estado, mas um Estado intervindo de maneira diferente e gastando muito mais em favor dos 95% da população que dos 5% mais ricos, ou seja, um Estado mais preocupado com a coesão social, diferentemente do que acontece na maior parte dos países latino-americanos.

5. Um Crescimento Puxado pelo Mercado Interno como Resposta à Crise na América Latina: Uma Utopia Mobilizadora?

Após décadas de forte crescimento, a crise dos anos de 1980 abalou profundamente a América Latina. O nível do PIB de 1980 foi alcançado apenas catorze anos depois, e o aumento da taxa de pobreza na década de 1980 foi tal que somente 25 anos mais tarde esse continente reencontrou seu nível de 1980[1]. Continente marcado por fortes desigualdades, com raras exceções, por uma ação fiscal regressiva, por modestas transferências sociais, comparadas àquelas em vigor na Europa, e por uma abertura comercial ainda modesta (com exceção do México e de alguns países da América Central), a crise internacional de 2008 interrompeu uma fase de crescimento relativamente elevado desde 2003-2004.

Diferentemente da crise dos anos de 1980, a crise de 2008 é muito menos o produto de dificuldades internas que do contágio de uma crise cuja origem se situa nos países desenvolvidos. Nesse sentido, ela se aproxima da crise dos anos de 1930. Outa diferença da crise dos anos de 1980 e da crise da década de 1930, é que, ainda que profunda, a crise de 2008 parece ser, até o momento, de duração relativamente curta, pois a retomada

---

1 J. P. Jiménez, *Crisis, Recuperación y Espacios de Política* (working paper).

está presente desde o final de 2009. Entretanto, é oportuno ser prudente e não confundir um momento do ciclo com sua tendência, sobretudo em se tratando de uma crise de estrutura. No estado atual da crise internacional, somente se pode ser cético quanto à durabilidade da retomada, pelo menos enquanto a arquitetura internacional ainda não estiver redefinida. Retomada frágil, é certo, porém semelhante à crise dos anos oitenta e, sobretudo à dos anos trinta, a "vivência" da crise se manifesta por uma mutação das estruturas produtivas, ainda difícil de ser lida no presente momento, de sorte a modificar a maneira e os modos de governança.

O objeto deste capítulo é interrogar se, após anos de progressiva abertura, um novo regime de crescimento, centrado em uma repartição mais equitativa dos rendimentos e em uma expansão do mercado interno, tem grandes chances de contribuir para uma retomada durável do crescimento. A aposta no mercado interno, sucedendo àquela do mercado externo com o Consenso de Washington dos anos de 1990, tem um caráter aparentemente utópico, considerando as profundas desigualdades e poderosos conflitos de interesse que se opõem a uma reforma fiscal e a uma política redistributiva cara às altas camadas sociais. Mas não se pode deixar de constar que em certos países, como o Brasil e, em menor grau, a Argentina, essa "utopia" parece apresentar um início de realização. As políticas contracíclicas, decididas logo após a explosão da crise internacional, são diferentes daquelas dos anos anteriores, que foram inspiradas no Consenso de Washington e caracterizadas por uma redução dos gastos sociais quando da chegada da crise de câmbio, precipitando uma recessão. As novas políticas, inspiradas em um "keynesianismo pragmático", procuram favorecer uma sustentação da demanda e conduzem a uma diminuição dos excedentes primários. Essas medidas atenuam o custo social da crise em lugar de acentuá-lo, pelo menos até o início de 2010.

Em um aspecto e em certa medida, essas políticas contracíclicas se inscrevem em uma continuidade que se pode observar em alguns países após o início dos anos de 2000: fraca diminuição das desigualdades, política social mais sustentada e retomada do crescimento. Pode-se então considerar que a crise internacional produz, de maneira subterrânea, a aceleração de um processo já iniciado, ou então, de maneira mais pessimista, pode-se pensar que se trata somente de articulação hesitante; no entanto, uma vez que a ilusão da retomada seja confirmada, o modelo excludente anterior, ainda que um pouco modificado, pode voltar com força: o retorno do mercado interno, utopia mobilizadora, ou o retorno do modelo precedente, mais aberto, menos vulnerável, mas também mais frágil[2]. Em uma primeira parte lembraremos quais foram os efeitos da crise dos anos de 1930 sobre o tecido industrial das principais economias latino-americanas e, em uma segunda parte, tentaremos avaliar as chances de sucesso da "aposta no mercado interno", privilegiando dois fatores: a amplitude da abertura e a importância das desigualdades de rendimentos.

DE UMA CRISE À OUTRA...

*As Consequências Inesperadas da Crise de 1930:
Um Modo Original de Industrialização na Argentina,
no Brasil e no México*

Delimitada por uma divisão internacional do trabalho, baseada na exploração de produtos primários pelas potências dominantes, a industrialização constitui uma ameaça aos empregos das empresas dos países dominantes e gera uma complexidade em suas formações sociais, porta aberta a contestação de suas dominações. É isso que explica a hostilidade manifesta à industrialização dos demais países e a fraca dimensão consecutiva dos mercados internos desses países. Essa relação de dominação é fortemente alterada, de início pela guerra de 1914-1918; em seguida pela grande crise dos anos de 1930. Enfim, a mudança de hegemonia: os Estados Unidos tentando tomar o lugar de uma Grã-Bretanha enfraquecida e declinante, cria um contexto mais favorável à industrialização desses países.

---

2   P. Salama, Argentine, Brésil, Mexique face à la crise, *Revue Tiers Monde* n. 197; idem, Forces et faiblesses de l'Argentine, du Brésil, du Mexique, em P. Hugon; P. Salama, *Les Suds dans la crise*.

A crise de 1930 foi grande. Suas repercussões sobre as economias em desenvolvimento foram, em geral, consideráveis. Com a deterioração dos termos de intercâmbio e a queda pronunciada do volume das exportações de produtos primários, a capacidade de importação desses países foi muito afetada. A duração da crise, não prevista pelos políticos, teve consequências diferentes em cada país. Alguns não conheceram modificações profundas e continuaram a se inscrever de maneira "tradicional" na divisão internacional do trabalho; outros, menos numerosos, conheceram, após uma fase de crise mais ou menos longa, uma "industrialização não pensada", segundo a feliz expressão da Cepal. Essa industrialização não pensada foi produto de um conjunto de condições: a. a existência de um tecido industrial mínimo produzido pela atividade exportadora (oficinas de reparação para máquinas a vapor utilizadas na atividade de transporte de matérias-primas; economias de aglomeração provenientes da edificação de portos e cidades); b. uma demanda mais ou menos importante proveniente da difusão dos suportes mercantis, e mesmo salariais, segundo a natureza das exportações; e c. enfim, uma sustentação dos rendimentos dos exportadores através da compra com moeda local de uma parte de suas produções. Respeitadas essas condições, o prolongamento não previsto das restrições externas conduz a um modo original de industrialização: um círculo virtuoso de substituição de importações de bens leves (fraca intensidade capitalista) permite a retomada de um forte crescimento num contexto internacional em crise e, com isso, cria um mercado interno consequente.

A dimensão do mercado interno aumenta à medida que o processo de substituição de importações é posto. O investimento é altamente criador de empregos, isso porque a intensidade capitalista dos bens produzidos é baixa. Os trabalhadores são provenientes em grande parte da migração internacional, e, uma parte cada vez mais importante, de uma migração interna do campo em direção às cidades. O emprego dessas pessoas se traduz por um processo de monetização, na medida em que elas eram pouco monetizadas. Esse processo está na origem de uma demanda cada vez mais importante de bens considerados como "bens-trabalho". A crescente monetização permitiu a retomada da demanda dos exportadores e a amplificou, valorizando a produção para o mercado interno que se constituía. Nesse sentido, o círculo é virtuoso. A dinâmica do crescimento vem, portanto, do aumento da demanda, mas, diferentemente de um processo keynesiano clássico, esse aumento é muito mais produto da monetização de uma força de trabalho que de um aumento dos salários. Esse aspecto essencial do processo de substituição das importações leves nos anos de 1930-1940 é muitas vezes ignorado pelos economistas.

A crise estrutural dos anos trinta permitiu o nascimento de um novo regime de crescimento, "puxado do interior", segundo a expressão da Cepal. Nesse sentido, a crise abre um processo de reestruturação e de ultrapassagem em que o velho que não quer morrer (a economia de exportação) cede lugar ao novo que tenta nascer (a industrialização por substituição de importações).

Na origem de uma "industrialização não pensada" em certos países da periferia, a crise dos anos trinta conduz ao aparecimento de regimes específicos. A expansão da indústria modifica a formação social e novos conflitos de interesse aparecem pouco a pouco entre as classes sociais e no interior delas. Esses conflitos são exacerbados quando a substituição de importações leves se esgota. De uma parte, a capacidade de importação não aumenta ou aumenta pouco e a crise internacional perdura; de outra parte, a estrutura dessas importações torna-se cada vez mais rígida. Produzir bens de capital e produtos intermediários, que não se pode importar em quantidade suficiente, torna-se cada vez mais difícil por duas razões. Por um lado, os bens a serem produzidos são mais intensivos em capital e o investimento é mais consequente, e de outro, não existem bolsas suscetíveis de centralizar os capitais que pequenos empresários individuais não podem reunir sozinhos. Resta o Estado como agente capaz de investir nesses setores. Porém não é porque o Estado deve (objetivamente) intervir que ele o faz. Tudo depende da configuração dos conflitos sociais e da maneira de os ultrapassar e dar sentido a eles. Na Argentina, no Brasil e no México, o aparecimento de regimes políticos cesaristas (Perón, Vargas, Cardenas) vai permitir passar de um crescimento puxado pela substituição de importações leves a um crescimento impulsionado pela substituição de importações pesadas, graças a uma intervenção direta do Estado como investidor nesses setores. O Estado substitui, de alguma forma, o empresário inadimplente, na ausência, ou mesmo inexistência, de um mercado financeiro de tamanho suficiente[3].

A indústria pesada, bem como os setores energéticos e de infraestrutura, vão se desenvolver. Se, no entanto, as condições políticas estiverem reunidas, isso permite ultrapassar, por algum tempo, os obstáculos tornados quase intransponíveis pelo modelo de crescimento precedente.

A crise dos anos trinta teve, portanto, efeitos muito importantes na Argentina, no Brasil e no México, tanto de um ponto de vista econômico quanto de um ponto de vista político. A crise de 2008 é de natureza a provocar efeitos de uma amplitude similar?

A Crise de 2008

A crise que se inicia em 2008 é diferente daquela dos anos de 1930. Ela é diferente em suas causas, na medida em que aparece a responsabilidade da financeirização na frente das outras causas. As consequências da financeirização sobre a inércia dos rendimentos do trabalho e o endividamento das famílias, em certos países desenvolvidos, são hoje conhecidas. Não se pode classificar a crise de 2008 como crise de realização, com o pretexto de que, em um período longo, os salários aumentam pouco nos países desenvolvidos, pois o endividamento dinamizou uma demanda que, sem ele essa demanda teria sido inexpressiva. Ela também não pode ser classificada como crise de superacumulação, pois a taxa de investimento fica medíocre no conjunto dos países desenvolvidos, acompanhada das fracas capacidades ociosas de produção.

A crise de 2008 é a crise dos efeitos das globalizações comercial e financeira sobre os salários e o investimento produtivo. A globalização comercial e a restrição externa, proveniente dos países asiáticos com baixos salários, incitam a interrupção

---

3   G. Mathias; P. Salama, *L'Etat sur développé*.

da evolução dos salários e da produtividade não apenas nos países desenvolvidos, mas também nas economias emergentes latino-americanas. A globalização financeira conduz a uma nova organização das empresas, a fim de elevar a rentabilidade imediata. A divisão entre o lucro e o salário se faz em detrimento desse último, exceção feita aos salários dos dirigentes em forte alta, e, no interior dos lucros, a parte dos lucros financeiros (ou encargos) aumenta. Portanto, um duplo efeito sobre os salários: restrição externa e restrição financeira na divisão do valor agregado e um efeito virtuoso provisório, graças à "construção" de novos produtos financeiros securitizados que ficaram muito atrativos.

Se essa crise é de ordem estrutural, como pensamos, não é uma retomada conjuntural que irá permitir a superação das causas que a produziram. Apenas uma reforma profunda da arquitetura financeira internacional e a imposição de novas regras para reger o comércio internacional – levando em conta as condições éticas e o ambiente da produção – podem nos permitir vencer a crise de 2008. À luz do que se passou quando da grande crise dos anos trinta, com o aparecimento de um novo modelo de industrialização e a retomada do crescimento nos grandes países da América Latina; pode-se considerar que a crise de 2008 permite novas possibilidades de crescimento nos países emergentes latino-americanos, sendo cauteloso, quanto à duração da retomada dessas economias, sobre sua significação. Trata-se de uma fase de alta de um ciclo inscrito em uma tendência à baixa? Ou ainda, trata-se do começo de uma dissociação durável: a continuidade de uma crise estrutural nos países industrializados, o início de um crescimento durável, premissa de um novo regime de crescimento nas economias emergentes latino-americanas? É difícil responder a essas interrogações, pois isso depende, como nos anos de 1930, das respostas políticas dadas aos conflitos de interesse e, mais particularmente, aos conflitos distributivos que se manifestam.

A abertura mais ou menos pronunciada das economias latino-americanas às trocas comerciais e aos fluxos financeiros proporcionou "canais de transmissão" que favoreceram os efeitos de contágio entre países desenvolvidos, e entre estes últimos e os países em vias de desenvolvimento[4]. A crise de 2008 foi severa (de cinco a dez pontos a menos de crescimento, segundo as economias emergentes latino-americanas)[5] e muito rapidamente seguida de uma retomada. A dinâmica reencontrada por esses países repousa, no essencial, na expansão de seus mercados internos e em uma oferta sustentada de exportações para as economias asiáticas (China, e em menor medida Índia). Entretanto, se surgisse novamente uma crise nos países desenvolvidos, ameaçando as dívidas soberanas de alguns países europeus, a retomada das economias latino-americanas poderia se tornar problemática. Seus efeitos poderiam ser mais ou menos devastadores sobre as economias emergentes, segundo os graus de abertura comercial, o tipo de bens exportados, a intensidade da globalização financeira e a estrutura dos estoques/fluxos de capitais estrangeiros (bônus, ações, investimentos diretos)[6] e a amplitude de suas reservas líquidas reais[7]. Isso ocorreria, não apenas porque haveria uma queda da demanda externa, um enxugamento da liquidez e uma rarefação dos créditos internacionais para a exportação, mas também porque a consolidação possível da dinâmica do mercado interno em

---

4   Lembremos que nas economias emergentes de maneira geral, os bancos tinham poucos ativos de altos riscos. Se houve uma diminuição da liquidez no início da crise, fonte de *credit crunch*, foi porque os capitais "fugiram" desses países, a fim de alimentar a liquidez das empresas mães e bancos multinacionais, além dos investimentos internacionais; daí a queda de cotação de suas respectivas moedas em relação ao dólar. O retorno dos capitais, atraídos pela alta rentabilidade nas bolsas emergentes, não conduziu, entretanto, a uma expansão significativa dos empréstimos, com os bancos públicos substituindo os bancos privados em falência. Cf. OCDE, *Regional Economic Outlook, Western Hemisphere*; OMC-OCDE, *Globalisation and Emerging Economics*; FMI, *World Economic Outlook: Crisis and Recovery*.
5   P. Salama, Argentine, Brésil, Mexique face à la crise, *Revue Tiers Monde*, n. 197.
6   O contágio é mais ou menos consequente segundo os países e a amplitude de suas respectivas globalizações. Indicadores sintéticos podem permitir avaliar esse contágio. É isso que tentam fazer as instituições internacionais. Cf. FMI, *World Economic Outlook : Crisis and Recovery*, p. 42. O México teria que sofrer a crise pelo menos de maneira igual aos outros países, mas está longe de ser o caso...
7   Trata-se de um ponto importante e pouco analisado. As reservas são constituídas de excedentes da balança comercial e/ou de excedentes da balança de capitais. Somente as primeiras correspondem às reservas reais, as segundas são muito sensíveis à conjuntura e podem ser amputadas por um retorno parcial dos capitais, como foi o caso no final de 2008. Sobre esse ponto, ver Bradesco, Em que Medida o Elevado Déficit Externo Brasileiro em 2010 Será Capaz de Conter a Apreciação do Real?, *Destaque Depec*, n. 104.

algumas economias emergentes depende do lapso de tempo que separa duas crises. Quanto mais esse lapso de tempo for grande, maiores serão as possibilidades de resistir a uma crise.

Nesse quadro, não podemos levar em conta essa eventualidade que, em um futuro próximo, poderia parecer menos provável. A hipótese que fazemos é que os países desenvolvidos continuarão a experimentar um fraco crescimento, enquanto as reformas estruturais não forem empreendidas. Nesse contexto, de fraca retomada dos países industrializados e de potenciais turbulências financeiras, é que analisamos o aparecimento possível, nas grandes economias latino-americanas, de novos regimes de crescimento centrados em uma dinamização de seus mercados internos.

A HISTÓRIA PODE SE REPETIR?

Nos anos de 1920, a parte das exportações das grandes economias latino-americanas nas exportações mundiais era mais elevada que aquela alcançada hoje depois de anos de abertura contínua. Além disso, é comum caracterizar o período dos anos vinte como o da liberalização dos mercados e concluir que as economias eram muito mais globalizadas que hoje. No entanto, isso significa esquecer que o mundo dessa época era diferente do de hoje em um ponto essencial: o grau de monetização. Nas economias desenvolvidas, o autoconsumo do campo, onde residia a maior parte da população, era muito grande. Nas economias da América Latina, esse autoconsumo era ainda mais considerável. A relação das exportações no PIB tem, portanto, um significado reduzido, pois ela se faz sobre grandezas monetizadas e uma parte importante da reprodução dos indivíduos passava por circuitos não monetizados, logo, não contabilizados no PIB. Hoje a monetização é quase completa e essa relação é mais pertinente que nos anos vinte. O mercado interno existe, ele não está mais por ser construído. A única maneira de aumentar esse mercado é elevando o rendimento do trabalho e as transferências sociais, fato esse que, em um contexto de globalização comercial, somente pode ser efetuado se paralelamente a competitividade relativa do país se manter. Na ausência da manutenção dessa competitividade, as importações substituem a produção interna. Diferentemente dos anos de 1930, um crescimento centrado em uma expansão do mercado interno passa por um respeito às restrições de competitividade, a menos que se suponha um retorno significativo a medidas protecionistas. Medidas essas que podem ser "legitimadas" por considerações relativas ao cumprimento das condições éticas e ambientais de produção, talvez com estímulos a comprar apenas o "nacional", como já se pode observar. É considerando esse duplo contexto de globalização e de monetização quase completa, ausente nos anos trinta, que a aposta no mercado interno deve ser analisada, a partir de duas variáveis: a contribuição do comércio exterior ao crescimento e a amplitude das desigualdades.

Uma Contribuição Mais Forte, mas Ainda Relativamente Fraca, do Comércio Exterior ao Crescimento

Quando se analisa a contribuição do comércio exterior ao crescimento, pode-se fazer a partir de dois pontos de vista: um estritamente contábil e outro que coloca em relevo os mecanismos econômicos e inclui os efeitos de encadeamento.

De um ponto de vista contábil, a avaliação da contribuição do comércio exterior ao crescimento do PIB está baseada no crescimento das exportações e importações, isto é, as exportações líquidas das importações. As primeiras participam positivamente da taxa de crescimento, as segundas, negativamente. O comércio exterior pode então não contribuir positivamente para o crescimento de um país, mesmo se ele é aberto à economia mundial, quando a balança comercial é negativa, e vice-versa. O caso dos países asiáticos, e mais particularmente da China, é interessante, pois muitas vezes ele é dado como exemplo, quando se trata de sublinhar os efeitos benéficos sobre o crescimento da expansão das exportações. Quando se considera o período 2000-2008, a contribuição média das exportações líquidas se eleva a 10,2% da taxa de crescimento na China; isso significa que para uma taxa de crescimento médio do PIB de 10,2%, essa contribuição é apenas de 1,1 pontos, enquanto a do investimento é de 5 pontos e do consumo total de 4,1 pontos. É verdade que essa contribuição cresce no curso desse período com o aumento dos excedentes comerciais da China: a contribuição das exportações líquidas passou assim de 5%, entre 2001 e 2004, a mais de 20%, entre 2005 e 2007, segundo Goldstein e Xie[8].

Contribuição contábil e contribuição econômica não são idênticas. Mesmo quando a contribuição contábil das exportações líquidas ao crescimento é fraca, ou mesmo negativa, a contribuição econômica pode ser importante. As exportações podem exercer um papel consequente sobre o crescimento. Inversamente, elas podem não ter nenhuma influência sobre o crescimento, mesmo se a taxa de abertura é elevada. Tomemos dois exemplos de economias fortemente abertas: o do México e o da Coreia. No primeiro caso, o crescimento não é puxado do exterior, no segundo é.

No México, o saldo da balança comercial nesses últimos anos mantém-se deficitário, contrariamente ao Brasil e à Argentina. Na pauta de exportações mexicana, o petróleo (cuja cotação é volátil) responde por uma parcela de 10 a 15%, o restante se divide, mais ou menos meio a meio, entre produtos destinados ao mercado interno e produtos destinados especificamente ao mercado externo (quase exclusivamente os Estados Unidos). O forte aumento da taxa de abertura nesses últimos trinta anos se explica pela expansão das exportações de produtos manufaturado (montados), produzidos nas "maquiladoras". O valor agregado é muito fraco, existe muito pouco efeito *cluster*[9]. A contribuição econômica ao crescimento é reduzida. O crescimento do PIB fica lento, enquanto o das exportações é forte. O efeito multiplicador é baixo[10].

---

8 M. Goldstein; D. Xie, *The Impact of the Financial Crisis on Emerging Asia* (*working paper*). A título de exemplos, a contribuição líquida da Coreia do Sul sobre o conjunto do período é mais elevada (28,6%), a de Cingapura igualmente (27,3%), a da Alemanha foi de 64% (balança comercial fortemente excedentária) e a dos Estados Unidos de -4,3% (balança comercial deficitária).

9 Cf. J. G. Palma, The Seven Main Stylised Facts of the Mexican Economy since Trade Liberalization and Nafta, *Industrial and Corporate Change*, v. 14, n. 6.

10 Cf. C. Ibarra, El Paradoja del Crecimiento Lento de México, *Revista de la Cepal*, n. 95.

No caso da Coreia, o crescimento é puxado pela expansão das exportações, mas a relação é mais complexa do que geralmente se pensa. Na sequência dos trabalhos de Dani Rodrik[11], e contrariamente a evidência liberal, não foi a expansão das exportações e a abertura acentuada da economia que permitiram a aceleração do crescimento nos anos de 1960. As importações de bens de capital crescem mais rapidamente que as exportações. As importações são compostas sobretudo de produtos intermediários e de bens de capital sofisticados. O forte aumento dessas importações reflete o aumento dos investimentos. São, portanto, os investimentos que puxam o crescimento. Esses investimentos, em grande parte, se destinam à produção de bens para exportação, fonte de divisas. A relação é, portanto: aumento da taxa de investimento, crescimento das importações, crescimento das exportações e somente na sequência o saldo da balança comercial torna-se positivo. Analisada de um ponto de vista econômico, a contribuição positiva das exportações ao crescimento, mas também das importações de bens de capital sofisticados – na origem de uma grande eficácia dos investimentos –, se explica pela política industrial escolhida pelo governo, que favoreceu a produção local de insumos necessários à fabricação de produtos exportados. É essa política, visando muito mais o valor agregado produzido localmente, que explica ao mesmo tempo a alta dos investimentos e das importações de bens de capital. Estamos, portanto, em um cenário radicalmente diferente do caso mexicano. A contribuição das exportações ao crescimento vem de uma maior densidade do tecido industrial, que o acompanha por meio de uma alta direta dos investimentos no setor produtor de bens destinados à exportação e uma alta indireta nos setores produtores dos insumos para esses produtos. De um ponto de vista keynesiano, o efeito multiplicador da alta de investimento é maior que o efeito negativo das importações e se soma àquele das exportações. Isso que se acaba de analisar para o caso coreano se aplica igualmente para numerosas economias asiáticas. Dinamizar o mercado interno graças a uma redistribuição dos rendimentos não implica negligenciar

---

11 Growth Policy, Getting Interventions Right, em *Economic Policy*.

o papel exercido pelo mercado externo. Não se trata de "um jogo de soma zero".

A relação "mercado externo – mercado interno" é, portanto, mais complexa do que parece em uma primeira abordagem. Para falar como os filósofos, estamos na presença de dois danos "separados, mas dependentes". Esse é um ponto muitas vezes negligenciado pelos economistas.

Dito isso, a abertura comercial foi moderada e o papel das exportações na contribuição ao crescimento foi fraco na América Latina nesses últimos vinte anos. Contrariamente ao que se poderia imaginar, as economias emergentes latino-americanas não conheceram um processo excepcional de abertura comercial. Com exceção do México e de alguns pequenos países da América Central, o Brasil, a Argentina e numerosos outros países mantiveram globalmente suas participações nas exportações mundiais[12]. Como essas exportações cresceram em média duas vezes mais rápido que o PIB mundial durante esse período, a globalização certamente aumentou, mas a um ritmo mais ou menos equivalente ao da média mundial. Assim, apesar da alta substancial do grau de abertura do Brasil entre 1990 (11,7%) e 2004 (26,9%), seu peso no comércio internacional continua em um nível marginal e relativamente estável entre 1975 (1,1%) e 2005 (1,1%)[13], mesmo se ele continua a crescer levemente em decorrência da importante alta da cotação das matérias-primas. De maneira inversa, o crescimento das exportações da China é muito mais rápido que a média mundial. Sua parte no comércio internacional, mais ou menos equivalente à do Brasil em 1975 (0,9%), se elevou fortemente: 1,9% em 1990, 3,9%

12 Atentar para N. Birdstall e A. Hamoudi, Commodity Dependance, Trade and Growth: When "Openness" is not Enough, com suas críticas ao trabalho de D. Dollar e A. Kraay, Growth is Good for the Poor, Banco Mundial, quando dizem que esse indicador está longe de ser perfeito para as economias cujas exportações são constituídas, em grande parte, talvez exclusiva, de produtos primários, como é o caso nos países menos avançados (PMA). Com efeito, a volatilidade dos mercados de matérias-primas é particularmente pronunciada. O numerador dessa relação é muito fortemente afetado pela evolução da cotação das matérias-primas e, dessa forma, o próprio indicador fica também afetado. Definir as economias como *globalizers*, ou não, segundo a evolução dessa relação e procurar estabelecer uma relação com a taxa de crescimento do PIB é pouco pertinente de um ponto de vista científico.
13 Cf. P. Kliass; P. Salama, La Globalisation au Brésil: responsable ou bouc émissaire?, *Lusotopie*.

em 2000, para alcançar 7,4% em 2005 e subir a 8,9% (Instituto Econômico para o Desenvolvimento Industrial e OMC-OCDE). A globalização comercial para esse país é então mais rápida e mais importante que para o Brasil. O Brasil e a Argentina se abriram à economia mundial, porém elas ainda não são economias abertas, como às vezes se fala.

No entanto, dessa vez ao inverso do que se pôde observar nos países asiáticos, a globalização financeira foi e é muito importante na América Latina. Ela é mais elevada que nos países asiáticos como bem mostra o gráfico abaixo[14].

Figura 1
Abertura Financeira

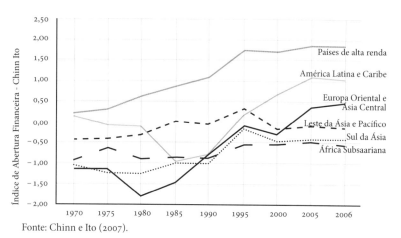
Fonte: Chinn e Ito (2007).

A abertura financeira, entretanto, não foi acompanhada, ou foi muito pouco, de um desenvolvimento de produtos financeiros securitizados de alto risco nos orçamentos dos bancos, se bem que eles tenham sofrido enxugamentos de liquidez, devido aos repatriamentos dos capitais no início da crise, mais do que tenham tido uma necessidade de "limpar" seus balanços. No entanto, e apesar de seus balanços terem sido pouco afetados pelos produtos financeiros de alto risco, o comportamento dos

---

14 Ver A. Galindo; A. Izquierdo; L. Rojas-Suarea, Financial Integration and Foreign Banks in Latin America, *IDB Working Papers*, n. 116, p.12. A literatura hoje é abundante sobre esse tema. Citemos apenas o artigo de D. Titelman; E. Perez--Caldentey; Pineda R, Como Algo tan Pequeno Termino Siendo tan Grande? *Revista de la Cepal*, n. 98.

bancos privados se adaptou ao observado nos países desenvolvidos: os créditos para economia caíram. O financiamento dos investimentos e das exportações se tornou mais difícil. Os créditos para a economia, porém, não entraram em colapso, pois os governos procuraram facilitar seu acesso, e começaram a impor baixas taxas de juros (pluralidade de taxas subvencionadas para a compra de automóveis e habitações, para exportação etc.), por meio de seus bancos públicos. Essa política foi facilitada pela existência de grandes bancos públicos, como o BNDES no Brasil, e torna-se mais difícil na ausência desses bancos ou quando o peso deles é pequeno.

Fortes Desigualdades, Obstáculos a uma Retomada do Crescimento pelo Mercado Interno

As desigualdades entre os rendimentos são particularmente elevadas na grande maioria dos países latino-americanos[15]. Elas diminuíram levemente em numerosos países entre 2002 e 2008[16], com exceção de três.

Essa evolução é importante. As causas são múltiplas: funcionamento diferenciado do mercado de trabalho, transferências sociais importantes, política fiscal menos regressiva, diminuição demográfica e aumento da taxa de emprego das mulheres. No que concerne aos dois últimos fatores, suas contribuições à redução das desigualdades são relativamente modestas segundo Lopez-Calva e Lustig[17]. O número de adultos por família, com efeito, contribui em 6,6% para a diminuição das desigualdades de 2000 a 2006 no Brasil, em 8% na Argentina e em 10,3% no México. O essencial da diminuição das desigualdades vem, de fato, de uma melhoria nas condições de trabalho (emprego e salário) e relativamente pouco de um

---

15   Cf. P. Salama, *Le Défi des inégalités, une comparaison économique Amérique Latine/Asie*.
16   Cf. Cepal, *Balance Preliminar de las Economias de America Latina y el Caribe*; L. F. Lopez-Calva; N. Lustig, The Recent Decline of Inequality in Latin America: Argentina, Brazil, Mexico and Peru, *Working Paper Series*, n. 140; C. Salvadori Dedecca, *As Desigualdades na Sociedade Brasileira* (mimeo).
17   The Recent Decline of Inequality in Latin America, *Working Paper Series*, n. 140, p. 40 e s.

aumento dos rendimentos não provenientes do trabalho[18] (26% na Argentina e 15,1% no México), exceto o Brasil (45,2%). Mais precisamente, se observa no Brasil que a melhoria dos rendimentos do trabalho é mais importante para os baixos rendimentos que para os elevados. A relação dos rendimentos do trabalho dos 5% mais ricos da população sobre os 50% mais modestos passou de 14,3 em 1993 à 13,5 em 2008 e, por fim, a relação entre os 5% mais ricos e os 25% mais pobres evoluiu de 23,6 a 18,6[19]. Esses dados podem surpreender[20]. Eles se explicam, em parte, pelo forte aumento do salário mínimo e, com isso, aumentou o montante das aposentadorias pagas pelo setor público[21], em parte também pelo crescimento do emprego e pela evolução da estrutura dos empregos[22]. Mas o essencial a ser retido é que, contrariamente a evidência neoliberal, as transferências sociais influenciam pouco na evolução das desigualdades. É isso que será visto mais de perto.

Os trabalhos da OCDE, *Perspectives économiques de l'Amérique Latine 2009* e os de Goni, Humberto-Lopez e Serven[23], de onde é extraído o gráfico da página 158, mostram claramente a pequena influência das transferências sobre o nível de concentração dos rendimentos, medida pelo coeficiente

---

18 Essa categoria é muito heterogênea, nela se encontram também as transferências sociais, os aluguéis e os rendimentos do capital.
19 C. Salvadori Dedecca, op. cit., p. 16.
20 Duas observações: os rendimentos dos 0,01%, dos 0,1%, talvez de 1% crescem muito mais rapidamente, como no conjunto dos países ocidentais; os rendimentos do capital (juros e dividendos) são muito pouco registrados.
21 Observa-se, em inúmeros países, uma relação entre o montante das aposentadorias pagas e o salário mínimo. A alta relativa desse último eleva o montante das aposentadorias. De uma maneira mais geral, as políticas sociais, no sentido definido pelos latino-americanos (educação e transferências sociais e de proteção social, principalmente as aposentadorias e a saúde) são relativamente fracas, ainda que em forte elevação em países como o Brasil. Segundo os trabalhos de Afonso e Dain, *Dos Decadas de la Descentralización del Gasto Social en Americal Latina*, apenas em três países (Argentina, Chile e Costa Rica) no período de 1985-1990 os gastos sociais ultrapassaram os 13% do PIB, contavam-se 9, no período de 2006-2007, dentre eles o Brasil (24,4% do PIB) e o Chile. No México os gastos sociais eram inferiores a 9% do PIB no primeiro período, mas aumentaram para 11,2% no segundo período.
22 P. Salama, Pauvreté, le bout du tunnel?, *Problèmes d'Amérique Latine*, n. 66/67.
23 Fiscal Redistribution and Income Inequality in Latin America, em *Policy Research Working Paper*, n. 4487.

de Gini. Quando se considera a diferença entre o rendimento bruto (incluindo as transferências sociais) e o rendimento mercantil (market income), na América Latina e na Europa, observa-se que o impacto dessas transferências sobre a concentração dos rendimentos é elevado na Europa, mas muito fraco na América Latina. Se considerarmos o rendimento disponível (com transferências e impostos diretos) e o rendimento bruto (com transferências), observa-se que o impacto dos impostos sobre a diminuição das desigualdades é muito mais importante na Europa que na América Latina[24]. É por essa razão que, segundo a OCDE[25], a diferença entre o Gini dos rendimentos mercantis e os rendimentos líquidos das transferências e dos impostos diretos em 2006 é da ordem de dois pontos na América Latina contra vinte pontos na Europa. A conclusão é simples: os níveis de concentração dos rendimentos, antes das transferências e impostos, têm no máximo quatro ou cinco pontos de diferença entre os países da América Latina e os países europeus e essas diferenças são muito mais importantes, uma vez que se leve em conta as transferências líquidas de impostos (da ordem e 20-25 pontos). Em média o Gini na América Latina passa de 51,6 a 49,6 enquanto na Europa ele passa de 47,6 a 28,2.

A partir desses dados, compreendem-se por que muitos economistas, na sequência dos trabalhos de Celso Furtado, tenham visto nesses níveis de desigualdade e na fraqueza dos gastos sociais a origem da tendência à estagnação econômica[26]. E, de maneira contrária, tenham visto que a leve diminuição das desigualdades e o aumento dos gastos sociais tenham permitido dinamizar o crescimento nos anos 2000 e dar um pouco mais de impulso ao mercado interno.

---

[24] Essa diferença é provavelmente acentuada se esses trabalhos pudessem levar em conta os impostos indiretos, mais elevados na América Latina que na Europa. Cf. Cepal, *Balance Preliminar de las Economias de America Latina y el Caribe*; J. Gómez Sabían; D. Rossignolo, Analisis de la Situación Tributaria en Argentina y Propuestas de Reformas Impositivas Destinadas a Mejorar la Distribución del Ingreso (*working paper*). Os impostos indiretos são, com efeito, e em geral, mais regressivos que os impostos diretos, pois o conjunto dos indivíduos os pagam, ao inverso da taxação direta.
[25] *Perspectives économiques de l'Amérique Latine 2009*, p. 130 e s.
[26] Cf. supra, Capítulo I.

Figura 2
O Papel das Taxas e Transferências na América Latina e Europa

Diferença entre os coeficientes de Gini da renda total e da renda de mercado.

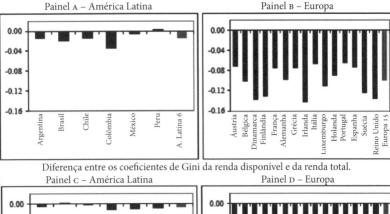

Diferença entre os coeficientes de Gini da renda disponível e da renda total.

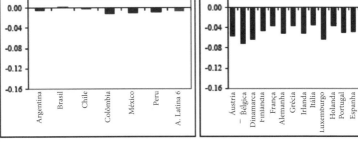

CONCLUSÃO

É difícil imaginar o possível futuro dos países latino-americanos, sem distinguir as diferentes trajetórias que eles tiveram nesses últimos dez ou quinze anos. O Brasil, a Argentina e o México têm características comuns: uma forte desigualdade dos rendimentos, mais elevada no Brasil que na Argentina; uma leve diminuição dessas desigualdades; uma abertura ainda modesta ao comércio internacional, com exceção do México; uma parte das exportações primárias, que se tornou importante nas exportações totais na Argentina e no Brasil; uma dificuldade para exportar produtos industriais sofisticados, menor no Brasil que no México ou na Argentina; e, enfim, uma tendência à apreciação da taxa de câmbio real, com exceção da Argentina, nos anos de 2000. Essas trajetórias têm também características diferentes. O Brasil e o México conheceram uma taxa modesta de crescimento médio de seus PIBs nos anos 2000. No Brasil, a taxa de crescimento aumentou em 2004 e a Argentina retornou com uma taxa de crescimento de tipo asiático. Na Argentina, a queda do PIB foi muito elevada em 2009, mas menos significativa que a do México e mais importante que a do Brasil. As desigualdades diminuíram mais fortemente no Brasil nos anos de 2000 em relação ao México e à Argentina, e os gastos sociais aumentaram, proporcionalmente ao PIB, no Brasil e na Argentina, enquanto ficaram estagnados no México[27].

Essas evoluções, bem como a aceleração do crescimento a partir de 2003-2004, permitem interrogar se as premissas de um novo regime de crescimento no Brasil, e mais timidamente na Argentina, já não se encontram presentes, antes mesmo da explosão da crise de 2008. Crescimento esse levado por uma expansão da demanda interna e por uma expansão das exportações de produtos primários, mas também pela alta das cotações de seus câmbios, que de certa forma esconde esse crescimento.

Esses países estão em um cruzamento de caminhos. A retomada econômica e as políticas contra cíclicas[28], decididas logo após a explosão da crise internacional, poderiam servir de trampolim para a definição de um novo regime de crescimento. Fazendo isso, esses países, acentuando o que apareceu timidamente nos anos 2000, "aproveitaram" da crise internacional para diminuir bastante as desigualdades de rendimentos e favorecer a contribuição do mercado interno à retomada do crescimento, um pouco parecido ao que aconteceu desde os anos de 1933-1934 com a grande crise dos anos de 1930.

O retorno maciço dos capitais aos mercados financeiros emergentes na América Latina, a retomada do crescimento do PIB e as dificuldades para sustentar a demanda, na medida em que ela poderia aumentar os custos do trabalho, reforçam

---

27 Cf. J. R. Afonso; S. Dain, op. cit.
28 Políticas contra cíclicas caracterizadas, principalmente, por políticas de sustentação da demanda interna, tanto de origem fiscal (redução de certos impostos) como monetária (taxa de juros artificialmente baixa para compra ou venda de certos produtos). Até mesmo orçamentária (efeitos provenientes do aumento do salário mínimo, de aposentadorias e de transferências sociais) e relativamente pouco das políticas de grandes trabalhos públicos, sobre as infraestruturas como na China. Cf. S. Khatiwada, Stimulus Packages to Counter Global Economic Crisis, *Discussion Paper*; J. P. Jimenez, op. cit.

o peso político daqueles que desejam "fechar o parêntese da crise" e retornar ao regime de crescimento excludente dos anos 2000. Essa tentação é tão elevada que o retorno dos capitais se traduz por uma nova tendência à apreciação das moedas nacionais, após as fortes quedas em 2008-2009. Quedas essas que foram favoráveis aos investidores estrangeiros, porém desfavoráveis aos exportadores de produtos industriais (baixa de suas competitividades em decorrência da alta do custo salarial, expresso dólar, que nem sempre compensa a baixa do valor de suas importações de produtos intermediários e de bens de capital). Pode-se pensar que o México será provavelmente o país mais tentado por essa via, com seu comércio exterior estando dirigido quase que exclusivamente para os Estados Unidos e o Canadá e sendo os interesses estrangeiros em seu sistema bancário muito poderosos. De maneira contrária, uma retomada da crise internacional poderia beneficiar a continuidade de uma política anticíclica favorável à demanda e estimular a busca de outros parceiros comerciais, permitindo uma nova depreciação do peso, de maneira a compensar as altas do custo do trabalho.

O prosseguimento da política de sustentação da demanda interna tem mais chance de ser realizado no Brasil e na Argentina. Contudo ele sofre numerosas desvantagens. Como já foi visto, a diminuição das desigualdades é fraca e elas continuam em um nível extremamente elevado. A dimensão absoluta da população do Brasil (maior que a da Argentina) e a existência do Mercosul lhes permitem ter um mercado interno suficientemente amplo do ponto de vista da valorização do capital, para toda uma série de produtos. Mas essa valoração parece insuficiente para provocar um crescimento durável puxado pelo mercado interno, de maneira que o peso das finanças e seus efeitos sobre a distribuição dos rendimentos não sejam contidos. O aumento nominal dos baixos salários não é suficiente, por mais desejável que seja tendo em vista a amplitude da miséria. O obstáculo da política fiscal regressiva deve ser afastado, porém isso não acontecerá sem que os grandes conflitos de interesse fiquem mais agudos, o que já vem ocorrendo há alguns anos.

Ontem, nos anos de 1930, o mercado foi criado pela monetização "a marcha forçada", produzida pela industrialização, que o impulsionou. Hoje, o mercado interno só pode contribuir de forma durável para o crescimento se implementarmos um verdadeiro *Welfare State*, único capaz de compensar a lentidão da demanda externa de produtos industriais. Não optar por essa via, é aceitar o retorno a uma especialização internacional baseada em produtos primários, com o pretexto de que a demanda internacional é dinâmica; é escolher a via da facilidade, mas também da fragilidade amanhã; é optar por um retorno anterior aos anos trinta... Estranho retorno da História.

6. Uma Crise Financeira Estrutural

A crise atual é a mais profunda desde os anos de 1930. Latente há alguns anos, a crise financeira se desenvolveu com força no segundo semestre de 2008. O efeito de contágio foi particularmente poderoso e afetou o conjunto das economias mundiais, bem como seus sistemas financeiros e, em seguida, muito rapidamente, ela atingiu também seus tecidos industriais. Os PIBs apresentaram taxas negativas de crescimento ou fortes desacelerações e o desemprego aumentou consideravelmente em toda parte. No entanto, a ilusão de que seria possível retornar o crescimento sustentado se desenvolve no início do segundo semestre de 2009, sem que fosse preciso se considerar uma nova arquitetura financeira. Essas ilusões foram trazidas por um novo surto das bolsas[1], pelo retorno dos lucros das instituições bancárias e financeiras e pela vontade de escapar dos controles do Estado, por meio da redução de seus endividamentos junto a ele. Elas foram, ainda, mais uma vez trazidas pelo

---

1 O índice da Bovespa (Brasil) passou, assim, de 73.920, em maio de 2008, a trinta mil, em outubro de 2008, para voltar a subir em seguida para 58.633 no final de agosto de 2009; enquanto o índice Hang Seng (Hong Kong) passou de 32 mil, em outubro de 2007, a 11 mil, em outubro de 2008, tendo em seguida subido a 21 mil no início de agosto de 2009.

pagamento de bônus astronômicos aos operadores, e, enfim, também por um leve tremor econômico presente em muitos países e, apesar de tudo, por um crescimento elevado na China. Segundo inúmeros prognósticos, o retorno a um crescimento durável deveria acontecer desde o último trimestre de 2009, ou mesmo no início de 2010. Ao contrário, outros economistas, mais lúcidos, lembrando que a crise dos anos de 1930 durou quase uma década, insistem sobre o perfil da crise que, em lugar de ter uma velocidade de deslocamento em v ou em l, passou por uma evolução em ww ou mesmo em vl*.

Além dessas interrogações sobre a duração da crise e seu ciclo, a principal questão é saber se a crise tem uma origem financeira *stricto sensu* ou se as globalizações, comercial e financeira, conduziram ou não a modificações radicais – diferentes segundo os países – das condições de valorização do capital.

A hipótese que levantamos aqui é que a crise não decorre das falhas dos mercados financeiros internacionais nos países industrializados. Esses mercados estão longe de serem inofensivos, como bem prova a expansão dos produtos financeiros, cada vez mais complexos nesses últimos dez ou quinze anos, os quais contribuíram sensivelmente[2] para o crescimento da crise. Mas essas falhas, ainda que consideráveis, não explicam a crise e sua gravidade. Elas apenas a precipitaram e a ampliaram.

---

* O movimento da atividade econômica toma a forma das letras. Em v ou em w: em v significa que o nível da atividade econômica diminuiu e depois se elevou, enquanto em w o nível da atividade econômica diminuiu, aumentou, tornou a diminuir e a aumentar. Em ww ou em vl: em ww o nível da atividade econômica flutuou diminuindo, aumentando, diminuindo e aumentando, enquanto em vl o nível da atividade econômica diminuiu, aumentou tornou a diminuir e se manteve na baixa (N. da T.).

2 Não entra em nossos propósitos aqui analisar os novos produtos financeiros e as teorias segundo as quais a complexificação crescente desses produtos diminuiria o risco de utilizá-los. Sobre esse ponto, ver a desmontagem teórica da "astúcia da teoria" operada por H. Bourguinat e E. Briys, em *L'Arrogance de la finance, aux sources du krach: errements des marchés, myopie de la théorie et carences de la régulation*, capítulos 3, 4 e 5. Esses autores observaram que "essa teoria, fascinante em muitos aspectos, esteve singularmente ausente dos comentários que acompanharam a catástrofe de 2007-2008 [...] foi essa artilharia financeira que deu o sentimento, aos profissionais das finanças, de haver domado o risco e a segurança de poder fazer seu comércio"

UMA CRISE FINANCEIRA ESTRUTURAL

Se essa abordagem da crise é pertinente, então uma simples modificação da arquitetura financeira (produtos menos arriscados, maior transparência, legislação que vise limitar e controlar a atividades das instituições financeiras, reintrodução nos orçamentos dos bancos de atividades inscritas fora desses mesmos orçamentos etc.) não será suficiente para deter, de maneira permanente, a crise financeira, tornada hoje uma crise econômica generalizada. A desregulamentação financeira e as globalizações, financeira e comercial, marcaram profundamente os regimes de crescimento. Esses regimes é que estão hoje em crise. A superação da crise requer então a capacidade de se estabelecer novos regimes de crescimento.

Para entender a crise financeira e seus efeitos sobre a atividade econômica do conjunto das economias industrializadas, emergentes ou menos desenvolvidas, é preciso centrar a análise na globalização comercial e financeira.

As diferenças de custos salariais entre países asiáticos (China, Índia, Vietnã), países industrializados, entre os quais as economias emergentes da América Latina (Brasil, Argentina, México), e os "tigres" asiáticos (Coreia do Sul, Taiwan), são substanciais. Essas diferenças são da ordem de 1 para 40 para o salário-hora, no setor manufatureiro entre a China e os países industrializados; da ordem de 1 para 5 entre a China e os países emergentes latino-americanos. Como os diferenciais dos níveis de produtividade tendem a diminuir entre os países asiáticos de uma parte e os demais países de outra, os custos unitários do trabalho – combinação dos salários e da produtividade – tornam-se cada vez mais favoráveis para as economias emergentes asiáticas. A simplificação do sistema alfandegário, isto é, globalização comercial, impõe restrições muito fortes na maior parte das empresas industriais dos países industrializados e parcialmente em alguns países semi-industrializados. Os deslocamentos se multiplicam dos países industrializados, mas também dos "tigres", para os países de baixos salários, a fim de se beneficiar dessa vantagem competitiva. Com exceção da Alemanha, o conjunto das economias industrializadas e das economias semi-industrializadas latino-americanas passa por uma desindustrialização relativa e perde maciçamente os empregos industriais. As vantagens competitivas reveladas tornam-se negativas[3] em benefício da China que se torna "a fábrica do mundo".

Figura 1
Localização da indústria e dos serviços em 2006

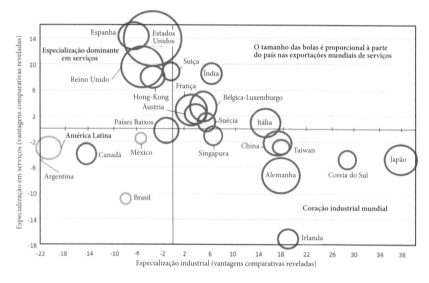

Fonte: Miotti, 2009.

Nesse contexto de globalização comercial[4], o deslocamento é uma consequência desses diferenciais de custos. Mas isso não é tudo. A restrição de custos muito elevados tem como efeito uma forte pressão sobre os salários. Para resistir a essa restrição, existem três possibilidades: procurar aumentos de produtividades graças a um esforço particularmente pronunciado na pesquisa, frear a elevação dos salários reais, ou mesmo operar uma combinação das duas possibilidades anteriores. Essa última opção é a que domina nas economias industrializadas e em parte das economias emergentes da América Latina. Diferentemente do período chamado de "Trinta Gloriosos", salários reais e produtividade do trabalho não evoluem mais de maneira

---

3 Cf. Centre d´Etudes Prospectives et d´Informations Internationalles, *Panorama de l'économie mondiale*; L. Miotti, *L'Amérique Latine entre deux crises* (*working paper*).
4 Cf. G. Hufbauer; S. Stephenson, Trade Policy in a Time of Crisis: Suggestions for Developing Countries, *Policy Insight*.

paralela e o fosso entre o crescimento e suas taxas não para de aumentar. Apesar dos acréscimos de produtividade, os salários aumentarão pouco no longo prazo.

A consequência desse enfraquecimento dos salários é importante em termos macroeconômicos. De um lado, ele não é suficiente para contrapor a perda relativa de competitividade a ponto de conquistar os mercados exteriores, com exceção dos setores em que o diferencial de produtividade é suficientemente elevado para compensar a superioridade relativa dos custos salariais. Por outro lado, essa falta de vitalidade limita as demandas dos produtos no mercado interno. Poderíamos deduzir desses dois efeitos uma tendência à estagnação econômica no longo prazo; mesmo porque vários países europeus (França, Alemanha...), bem como os países latino-americanos, parecem confirmar esse diagnóstico. Seria, portanto, um erro se limitar a esses dois efeitos para deduzir a desaceleração do crescimento nesses vinte ou trinta últimos anos em muitos países industrializados e semi-industrializados da América Latina. Não basta, para deduzir essa evolução, explicar uma redução relativa da dimensão tanto dos mercados internos como externos, por duas razões: uma de pura lógica e outra de fundo. A primeira diz respeito à dimensão dos mercados. O que importa é considerar não apenas as evoluções das demandas que acontecem no mercado interno, mas também suas dimensões absolutas, confrontadas às dimensões de capacidades ótimas das ofertas na indústria, diferentes segundo os setores[5]. A segunda razão diz respeito às restrições financeiras. Com a desregulamentação financeira, as exigências dos acionistas em termos de taxa de rentabilidade e de pagamento de dividendos se tornaram muito maiores do que foi no passado. Também, as evoluções pouco favoráveis das demandas internas e externas não levam a uma diminuição da valorização

---

5   A dimensão absoluta de uma demanda, quando sua evolução não está sendo favorável, não é então o mais importante, mas sim sua relação com as economias de escala que a empresa pode obter. Os grandes países como a China, a Índia, o Brasil têm, desse ponto de vista, uma nítida vantagem em relação aos pequenos países como a Argentina e o Chile. Quanto aos mercados externos, a desindustrialização relativa, deduzida das vantagens comparativas reveladas e tornadas negativas para a indústria, não significa necessariamente uma desindustrialização absoluta, porém traduz simplesmente o fato de que o peso relativo das exportações sobre as exportações mundiais diminui.

do capital, de maneira que resultasse uma desaceleração econômica. Mas, ao contrário, resultaria em uma taxa de rentabilidade insuficiente em relação às exigências da valorização do capital financeiro, o que é diferente. Deve-se então introduzir, imediatamente, ao lado dos efeitos da globalização comercial, as consequências da desregulamentação financeira e de sua globalização em termos de rentabilidade para compreender a desaceleração econômica. Essa dupla globalização produz um círculo vicioso: a desaceleração da elevação dos salários e o aumento da restrição de rentabilidade geram uma desaceleração da atividade, reproduzindo e agravando os fatores que a produziram. É lógico então que os efeitos sejam diferentes nos países com baixos salários, como a China. A restrição dos custos salariais não é da mesma natureza, pois são esses custos que servem de referência aos outros países e, na medida em que as suas produtividades do trabalho aumentam sensivelmente, a manutenção de custos unitários competitivos é comparável à alta dos salários, com o aumento dos lucros financeiros. Os salários aumentem sensivelmente, mas de maneira desigual, segundo os níveis de qualificação.

A diminuição da demanda, dada pela fraca progressão dos salários reais, pode ser contraposta por um aumento sensível do endividamento. O endividamento excessivo das famílias é, de alguma forma, a maneira de resolver a "quadratura do círculo" e de escapar da desaceleração econômica, preenchendo as exigências de rentabilidade das finanças. Novos e complexos produtos financeiros, cada vez mais sofisticados, facilitam o endividamento das famílias. Graças a esse endividamento, aos seus efeitos secundários sobre a valorização dos títulos e o aumento consecutivo do patrimônio fictício das famílias[6], suas demandas reencontram então o dinamismo que tinham perdido[7]. O

---

6 Damos um exemplo simples: uma família se endivida para comprar uma casa. Essa compra constitui um ativo. Sua hipoteca abre a via para novos empréstimos etc., a demanda é estimulada, mas a família, no longo prazo, muitas vezes, não pode mais pagar o serviço de sua dívida, e isso será ainda pior se os empréstimos são feitos a taxas de juros progressivas, no início baixas, em seguida elevadas.

7 Tal como apontou Aglietta-Berrebi e outros economistas que não pertencem ao *mainstream* (na França: regulacionistas pós-keynesianos como Boyer, marxistas como Johshua, o conselho científico do ATTAC, os estudos publicados sob a direção de François Chesnais). Cf. F. Chesnais; D. Plihon, *Les Pièges de la finance mondiale*; F. Chesnais, *La Finance mondialisée, racines sociales et politiques, configura-tions, conséquences*.

endividamento excessivo e o crescimento dos patrimônios fictícios aumentam a propensão ao consumo das famílias proporcionando, assim, um campo suplementar para a valorização do capital produtivo, com isso, eles alimentam a redução dos salários. É o que se passa nos Estados Unidos, na Grã-Bretanha, na Espanha etc., e é nesses países que pudemos observar por muito tempo uma taxa de crescimento mais elevada que na França ou mesmo na Alemanha[8]. Não é isso que se observa na América Latina, onde as relações do crédito sobre o PIB ficam muito baixas, apesar do aumento recente[9].

É, portanto, nesse entrelaçamento de efeitos das globalizações comercial e financeira que é preciso encontrar as raízes da fragilidade particular dos regimes de crescimento. Mais exatamente, é a abordagem da globalização, deixando apenas aos mercados o cuidado de decidir e recusando ao Estado toda possibilidade de conduzir uma política industrial, a responsável pela redução dos salários, pela perda de competitividade das empresas industriais e pela desindustrialização relativa das economias dos países industrializados com suas tendências à

---

[8] Se colocarmos na abscissa os rendimentos das finanças relativamente ao rendimento total e, na ordenada, a taxa de crescimento da renda, pode-se traçar uma curva conhecida como a "curva sigmoide". Essa curva expressa, em um primeiro momento, uma taxa de crescimento da renda superior à relação dos rendimentos das finanças sobre os rendimentos totais, depois, em um segundo momento, uma taxa de crescimento inferior. Essa segunda fase corresponde à fragilidade financeira de Minsky ou ainda à noção de risco crescente de Kalecki. Pode-se considerar que o aparecimento de novos produtos financeiros sofisticados permitiu, em um primeiro momento, deslocar o ponto de inflexão dessa curva para a direita até que apareça o efeito Ponzi.

[9] A profundidade do sistema financeiro latino-americano (Argentina, Brasil, Bolívia, Chile, Colômbia, Costa Rica, Equador, El Salvador, Guatemala, Honduras, México, Panamá, Peru, Uruguai, Venezuela) é de 133%, em porcentagem do PIB. Ela é, nos Estados Unidos, de 405%, nas economias emergentes asiáticas (Coreia do Sul, Filipinas, Indonésia, Malásia, Tailândia), de 208%. O que particulariza os mercados financeiros latino-americanos é sua composição: os títulos da dívida pública representam 42% do PIB, ou seja, um terço do conjunto dos produtos financeiros, as ações, 46%, os títulos da dívida privada, 13%, o restante representa os depósitos bancários. Nas economias emergentes asiáticas, os títulos da dívida pública representam 30% do PIB, ou seja, um pouco menos de 15% do conjunto, as ações, 78%, os títulos da dívida privada, 46%, e 75% para os depósitos bancários. Na Argentina, no Brasil e no México, mais da metade do conjunto dos empréstimos bancários foi destinada ao setor público entre 2001 e 2003 (10% na China, Malásia, Tailândia, 1,5% no Chile, mas 26% na Colômbia). Fonte: *The McKinsey Quaterly* (*Julho de 2007*): Desarrollo del Potencial de los Sistemas Financieros de America Latina.

estagnação de seus PIBS. É essa abordagem que explica que suas salvaguardas – em termos de valorização do capital e de crescimento – possam provisoriamente vir de um desenvolvimento incontrolado dos produtos financeiros complexos e de um endividamento das famílias além de suas capacidades de reembolso. Nos países em que esse endividamento excessivo não aconteceu, a tendência à desaceleração das taxas de crescimento se confirmou. Mas, paralelamente, seus sistemas financeiros se intoxicaram pela compra desses produtos financeiros lucrativos e frágeis graças à globalização financeira.

A globalização comercial, a desregulamentação financeira e sua internacionalização geraram novos regimes de crescimento, diferentes segundo os países, em que uma das particularidades é ser frágil. Elas não são a causa da crise, porém a causa de seu início e de seu contágio.

A expansão das atividades financeiras não é, por natureza, parasitária. De maneira geral, as empresas agem em um ambiente macroeconômico no qual elas têm em geral pouco controle, além de se encontrar em um contexto de informação incompleta. Atualmente, a complexidade da produção aumenta a incerteza quanto à rentabilidade dos projetos. A cobertura desses riscos novos leva ao desenvolvimento de produtos financeiros igualmente complexos. Assim a complexidade do mercado financeiro, quanto a seus produtos e seu jogo, é, em certa medida, a consequência do aumento da complexidade da produção. Essa complexidade financeira levanta voo com a liberalização financeira (abertura, desintermediação e desregulamentação). Ela tem certamente um custo[10], no entanto permite um lucro superior a esse custo. O desenvolvimento das finanças e a expansão de produtos financeiros sofisticados permitem, então, *in abstracto*, o desenvolvimento do capital, pois o ciclo do capital somente se desenrola se as atividades financeiras permitem ao capital produtivo ser valorizado. A expansão do setor industrial necessita de um desenvolvimento mais que proporcional do setor financeiro. Essa expansão não implica necessariamente optar por uma desregulamentação financeira, como foi aconselhado, senão imposto, a várias economias

---

10 Cf. G. Argitis, *Finance, Instability and Economic Crisis: The Marx, Keynes and Minsky. Problems in Contemporary Capitalism.*

emergentes. Contrariamente ao que se pode ler, a mobilidade do capital favorecida por essa desregulamentação não mobiliza a poupança, não diversifica, ou diversifica pouco, o risco e não leva a uma alocação ótima dos recursos, como lembra Edward Nell e Willi Semmler[11].

Mas as finanças, tal como Janus, tem duas faces. Uma "virtuosa", que acabamos de mencionar, outra "viciosa", que ganhou uma amplitude incontrolada com a globalização financeira. Existe uma mudança de rumo em direção à "financeirização", quando o desenvolvimento dessas atividades obedece muito mais à atração dos novos produtos financeiros em si mesmos, que a um objetivo de diminuição dos riscos assumidos no financiamento do produtivo. A financeirização é o limite a partir do qual o financeiro, mais lucrativo que o produtivo, se desenvolve em detrimento desse último. O setor financeiro parece então criar uma autonomia do setor produtivo. A financeirização se diferencia segundo os países e o nível de desenvolvimento alcançado por seus setores financeiros. Nos países industrializados, ela afeta o ativo e o passivo das empresas. Nas economias emergentes, os produtos financeiros sofisticados são ainda pouco numerosos, apenas as grandes empresas (especulando com as expectativas das taxas de câmbio), e às vezes os bancos, utilizaram nesses últimos anos, ainda que de maneira relativamente fraca. Desse modo, pode-se pensar que nesses países a financeirização diz respeito essencialmente aos passivos (pagamentos dos juros sobre os capitais emprestados, muitas vezes elevados, como no Brasil, e distribuição de dividendos). Essas são as restrições impostas pelo sistema financeiro às empresas (taxa de lucro elevada, forte redistribuição aos acionistas, remuneração elevada sobre os capitais tomados de empréstimo) que caracterizam a financeirização.

A partir daí, pode-se distinguir dois tipos de crises financeiras: aquelas recorrentes nos anos de 1990 na América Latina, que são de responsabilidade de seus regimes de crescimento, e aquelas diretamente ligadas à internacionalização das finanças, tomando uma amplitude considerável graças aos canais de difusão que ela estabeleceu.

---

11 Cf. *After Hubris, Smoke and Mirrors, the Downward Spiral*.

As primeiras foram analisadas por inúmeros economistas, e por nós mesmos. Lembremos sucintamente sua lógica. Antes da crise de 1982 (suspensão do pagamento do México e início da "década perdida" na América Latina), os empréstimos se realizavam na forma de créditos sindicados*. Com exceção dos créditos "involuntários", o serviço da dívida foi financiado nos anos de 1980 por recursos próprios. Com a liberalização de seus mercados nos anos de 1990, os países latino-americanos tiveram novamente acesso aos mercados financeiros internacionais: o serviço de suas dívidas foi financiado essencialmente por entradas de capitais. Mas, precisamente, essas entradas de capitais "voluntárias" financiaram, em uma primeira fase, o saldo negativo da balança comercial e os juros da dívida externa. A amortização do principal da dívida externa foi, em grande parte, financiada por empréstimos "involuntários" dos bancos internacionais e por financiamentos diretos, diminuindo a entrada líquida de bônus. As economias latino-americanas funcionavam então com uma lógica "de economia de cassino": a taxa de juro é a variável chave do balanço de pagamentos. Os capitais externos foram atraídos por essas taxas e pela garantia de poderem sair, se eles tardam a vir ou se ameaçam partir em massa, as taxas de juros se elevam: caso isso aconteça será em detrimento do crescimento. Os anos de 1990 foram pontuados por esse tipo de crise financeira (México, Argentina com o efeito Tequila, Brasil, Argentina no final dos anos de 1990). Em uma terceira fase, o saldo negativo da balança comercial diminui e depois se torna positivo, os regimes de crescimento são menos sensíveis à lógica da economia de cassino, mas tornam-se mais sensíveis à lógica das finanças internacionalizadas.

O desenvolvimento de bolhas especulativas e suas explosões foram facilitados por:

1. adoção de regras contábeis, valorizando os ativos a partir de seus preços de mercado (*mark to market*);

---

* Um crédito sindicado é um crédito acordado entre uma empresa e vários bancos. A empresa escolhe um banco que vai exercer o papel de organizador da transação e, em seguida, esse banco, juntamente com a empresa, escolhe outros bancos que comporão o sindicato bancário. Uma vez montada e formalizada a estrutura, o fundo de crédito é posto à disposição da empresa (N. da T.).

2. possibilidade para os bancos de vender de maneira muito lucrativa os riscos assumidos, graças à concepção e emissão de produtos financeiros securitizados cada vez mais sofisticados e de removê-los assim de seus orçamentos;
3. teorias "cientificamente malandras"[12], subestimando sistematicamente os riscos incorridos pela compra de produtos securitizados cada vez mais complexos.

Assim concebida, a engenharia financeira adquire uma lógica própria de exaltação: "o crédito não tem mais por fundamento as perspectivas de renda dos empresadores, mas a expectativa no valor de suas riquezas", observa M. Aglietta[13]. A relação da dívida sobre o rendimento aumenta, mesmo que diminua em relação ao valor de mercado. Para retomar uma expressão de Mynski, chega-se rapidamente a um financiamento do tipo Ponzi e a instabilidade se alinha e se impõe brutalmente. O sistema implode: a explosão da bolha leva a uma desvalorização brutal dos ativos e aquilo que antes a favorecia (a "equidade do valor", isto é, a diferença positiva entre o valor de mercado e o crédito concedido) se transforma, se dissemina e se torna sobreavaliado; as empresas não financeiras, com a desvalorização de sua capitalização, veem toda uma série de relações "no vermelho" e são confrontadas a uma falta crescente de liquidez. Os bancos cessam os empréstimos entre eles e, *a fortiori*, freiam brutalmente seus empréstimos às empresas. O *credit crunch* transforma a crise financeira em uma crise econômica. A crise torna-se sistêmica, ela afeta inclusive as empresas que tiveram uma gestão prudente, longe da expeculação, antes lucrativa, dos produtos securitizados. Ela se propaga com força para além das fronteiras, pelos canais forjados pela globalização financeira[14]. Em busca de liquidez, os bancos e as empresas multinacionais repatriam uma grande parte de seus lucros, cessam de comprar bônus e tornam muito mais difícil o financiamento das exportações das economias emergentes.

12 Cf. H. Bourguinat; E. Briys, *L'Arrogance de la finance, aux sources du krach*.
13 Cf. Les Crises financières, *Revue d'Économie Financière*.
14 FMI, *World Economic Outlook*; Banco Mundial, *Global Economic Prospects*; Idem, *Global Development Finance*; J. Boorman, *Global Meeting of the Emerging Markets Forum 2009*; J. Boorman et al., Emerging Markets Economies and the Global Financial Crisis, *Emerging Markets Forum*.

Soma-se a essas grandes dificuldades, uma rarefação de mercados nos países industrializados, em razão da crise da economia real que se desenvolve. Falta de liquidez, saída de capitais, rarefação de mercados externos são fatores que transformam a crise financeira nas economias emergentes, em crise da economia real e abrem o caminho para políticas contracíclicas por parte dos governos desses países, visando fornecer liquidez suplementar para contrapor o *credit crunch* e visando, também, substituir a ausência de dinamismo dos mercados externos por uma dinamização dos mercados internos. Essas políticas alcançam mais ou menos sucesso, a depender do tamanho dos mercados internos e das desigualdades de rendimentos. Elas freiam a queda absoluta do PIB nas economias latino-americanas, mas não a eliminam e conseguem manter uma taxa de crescimento ainda grande, mesmo que fortemente diminuída na China. Esses canais de transmissão vão a fundo, em razão do nível elevado alcançado pela globalização financeira e pela globalização comercial.

Tabela 1
Fluxos financeiros: países emergentes e em desenvolvimento
(em bilhões de dólares)

	2001	2006	2007	2008	2009*	2010*
Fluxos privados	80,3	234	656	152,7	-142,1	3,3
Investimentos diretos	170,3	232,2	373,2	456,9	311,6	301,8
Investimentos em portifólio	-55,6	-112,2	32,9	-148,9	-139,4	-133,5

Fonte: FMI. * Projeções.

As bolsas latino-americanas e asiáticas sofreram quedas importantes e brutais (-59,1 % para o Bovespa no Brasil, -52,6 % para o Merval na Argentina, - 4,8% para o Mexbol no México entre final de agosto de 2008 e novembro de 2008) e suas volatilidades aumentaram fortemente, antes mesmo que as bolsas dos países desenvolvidos mergulhassem em queda. Alguns analistas financeiros consideram que essas mudanças importantes de tendência constituem um sinal de prenúncio das dificuldades que chegavam para as bolsas dos países desenvolvidos. A sequência, portanto, é a seguinte: quedas pronunciadas

das bolsas, anterior às dos países desenvolvidos; depois, de maneira defasada, forte depreciação das moedas face ao dólar, principalmente quando a crise financeira explode. A originalidade da crise financeira vem, ao mesmo tempo, de seu caráter anunciador para os países desenvolvidos e de sua aceleração após sua explosão.

Após ter alcançado seu mais baixo ponto em março de 2009, as bolsas dos países industrializados novamente progrediram fortemente: em 24 de julho de 2009 Wall Street assistia o curso de seu índice aumentar de +35 % em relação ao mês de março, Paris de +33 %, Frankfurt de +41 %, Londres de +59 % e Hong Kong de +76 %. Entretanto, elas ainda se encontravam longe dos picos alcançados dois anos antes. As bolsas das economias emergentes também progrediram, tanto na Ásia quanto na América Latina[15]. Suas quedas foram mais acentuadas que aquelas dos países industrializados, suas expansões foram também mais importantes, confirmando assim aquilo que muitos economistas tinham observado, a saber, uma volatilidade mais importante, uma amplitude maior e uma frequência superior[16]. Seria essa retomada das bolsas anunciadora do fim da crise, confirmando a análise que defende a ideia de que não é necessário reformar a arquitetura financeira, nem acreditar nas disfunções das globalizações geradas por uma desregulamentação extrema?

É verdade que algumas agitações da atividade econômica, principalmente nos Estados Unidos, e a manutenção de uma taxa elevada, ainda que muito reduzida, de crescimento na China, puderam contribuir para essa expansão das bolsas. Mas a retomada do movimento das bolsas aconteceu antes mesmo das expectativas mais positivas sobre o retorno do crescimento. Assim, é conveniente sondar aquilo que poderia parecer mais como uma miragem do que como um milagre. Sem entrar no detalhe das explicações possíveis dessa retomada, observemos

15 Com essa retomada dos preços das ações, as taxas de câmbio tenderam a se apreciar novamente nas economias latino-americanas, como o Brasil, com manutenção dos investimentos estrangeiros diretos em nível elevado e retomada dos preços das matérias-primas. Esse não foi o caso da Argentina, onde a perda de legitimidade política do governo contribuiu para alimentar as saídas maciças de capitais (45 bilhões de dólares entre junho de 2007 e junho de 2009).
16 Cf. FMI, op. cit.

que a injeção extremamente massiva de liquidez no sistema financeiro, em sentido largo, não serviu para a retomada dos créditos à indústria e ao comércio, apesar das fortes demandas desses setores. As instituições financeiras inicialmente e os bancos em seguida utilizaram essa liquidez para investir nos mercados financeiros. Isso resultou em uma alta das cotações, permitindo, em alguns casos, que os bancos se endividassem junto ao Estado, graças aos sobrevalores realizados. Parece que os sistemas financeiros, em busca de ganhos imediatos, perderam a memória, tendo tirado lições do passado apenas aqueles que não se deixaram "matar" (*too big to fail*), e estavam prontos para recomeçar a aventura, persuadidos de que o Estado será, de novo, como em 2008, seu "emprestador em última instância", caso consigam voar sem consequências.

Boom financeiro e crise econômica deixam três possibilidades abertas: nada a fazer, como se a crise financeira apenas fosse um acidente de percurso; mudar as arquiteturas financeiras, limitando algumas de suas operações e exigindo mais transparência dos produtos financeiros; ou paralisar a desregulamentação financeira e comercial. Se nossa análise é exata, somente a terceira possibilidade poderia permitir a ultrapassar de forma estável essa crise. Os regimes de crescimento que emergiriam dessa crise seriam profundamente diferentes, mais respeitosos para com os homens e com o meio ambiente e menos adoradores do bezerro de ouro. Compreende-se, então, que a solução não pode ser técnica, mas política.

7. Forças e Fragilidades da Argentina, do Brasil e do México

Há pouco tempo, a maior parte dos economistas considerava que as economias latino-americanas tinham entrado em uma nova fase: mais crescimento que no passado, menos volatilidade, uma diminuição das desigualdades, uma subida muito forte das bolsas qualificadas de emergentes e, enfim, menos vulnerabilidade aos choques externos. Quando a crise financeira chegou, com a brutalidade que se sabe nos países desenvolvidos, esses mesmos economistas pensaram que essas economias seriam apenas um pouco afetadas, que suas conjunturas estariam "desassociadas" daquelas dos países industrializados e, para alguns – os mais audaciosos em matéria de otimismo cego –, que essas conjunturas poderiam facilitar a retomada das economias industrializadas graças ao seu crescimento sustentado. Então, no último trimestre de 2008 e ao longo dos três primeiros meses de 2009, foi preciso perder essa ilusão. A queda das bolsas de valores emergentes foi severa em 2008, pois o crescimento das cotações entrou em colapso, o crescimento da indústria tornou-se francamente negativo e as moedas se depreciaram em grandes proporções em relação ao dólar. Assim, sempre os mesmos economistas declararam que ninguém tinha previsto essa crise e explicaram, com a crise já em curso, que ela era lógica e inevitável, sendo provocada pelas relações mais estreitas que essas economias mantêm com as demais economias, em razão do rápido processo de globalização financeira e comercial, seguindo, desse modo, as últimas publicações – aliás muito instrutivas –, do FMI[1]. Logo depois, alguns dos economistas viam o fim do túnel, quando essas economias teriam sido puxadas, com força, para a recuperação das bolsas de valores, para o crescimento, a retomada dos preços das matérias-primas e a geração de saldos positivos na balança comercial, como no Brasil e na Argentina.

Desde o início dos anos 2000, nos três principais países latino-americanos, Brasil, México e Argentina, a situação econômica melhorou. Em certa medida, essas economias têm funcionado menos como "economia de cassino" que durante os anos de 1990, quando então dependiam menos do fechamento de suas contas externas pela manipulação de suas taxas de juros graças a uma melhora, às vezes sensível, exceto no México, de suas posições externas, como mostraremos. Porém essa melhora é superficial, não chega ao essencial. De fato, com a abertura acentuada na economia do mundo, as fragilidades dessas economias apareceram de maneira mais nítida e seus efeitos são sentidos de maneira mais dura com a propagação internacional da crise. Essas economias estão, no início desse milênio, em uma situação preocupante, principalmente se as comparamos com as dos países asiáticos. Não se trata apenas de uma questão de taxa de crescimento, ainda mais elevada na Ásia que na América Latina – com exceção notável da Argentina[2] –, mas

---

1 World Economic Outlook, Washington D.C.
2 Crescimento realizado sobre as ruínas provocadas pelo plano de conversão, tão elogiado na época pelos economistas ortodoxos e pelas instituições internacionais, e graças à definição de uma política econômica original em muitos outros aspectos (manutenção de uma taxa de câmbio depreciada, recusa de passar pelo jugo do FMI, no que concerne à questão do pagamento do serviço da dívida externa, taxação das exportações de matérias-primas), mas pouco audaciosa em outros (manutenção de uma distribuição de renda profundamente desigual, legada pelo período liberal, timidez de uma política industrial, muito limitada pela ausência de um verdadeiro banco nacional de desenvolvimento). Essa política econômica não preparou suficientemente a Argentina para enfrentar essa crise. Apesar da forte retomada da economia e da expansão de suas exportações, inclusive as exportações industriais, ela ficou profundamente restrita.

da qualidade do crescimento. As economias latino-americanas estão atrasadas tanto na indústria como nos serviços.

A História – com H maiúsculo – se faz em outro lugar: na Ásia. É o que mostraremos na primeira parte. Na segunda parte, analisaremos os efeitos da globalização financeira sobre os regimes de crescimento e suas fragilidades em termos de volatilidade e de sensibilidade exacerbada aos movimentos de capitais. Na terceira parte, analisaremos a eficácia das medidas contracíclicas decididas pelos governos, bem como a grandeza dos déficits de racionalidade e de legitimidade segundo o país.

VULNERABILIDADE COMERCIAL: A AMÉRICA LATINA MARGINALIZADA

Os países latino-americanos se abriram muito para a economia mundial. As taxas de crescimento das exportações foram aumentadas, de maneira impressionante, em alguns anos. No entanto, a participação desses países no comércio mundial não cresceu sensivelmente, com uma exceção notável: o México, onde as exportações aumentaram mais rapidamente que na média dos países latino-americanos, graças à expansão das indústrias de montagem. Essa abertura é relativa, talvez modesta, principalmente se a comparamos àquela dos países asiáticos. A participação das exportações de bens e serviços do Brasil, por exemplo, no comércio mundial, era, em 1988, de 1%, ou seja, um pouco menos que a da China (1,5%) e de 1,2% em 2008 contra um grande voo de 8,9% da China[3]. A diferença é importante: as duas economias passaram por um processo de abertura crescente, mas em ritmos muito diferentes. A abertura do Brasil à economia mundial se faz no mesmo ritmo das exportações mundiais, ou seja, aproximadamente o dobro do crescimento do PIB mundial[4]. Enquanto a da China é muito mais rápida.

---

3   omc/ocde, *Globalisation and Emerging Economies*.
4   Segundo a base de dados do fmi, a porcentagem das exportações e importações globais em relação ao pib mundial, que era de 27% em 1986, passou a 36% em 1996, passou depois a 50% em 2006. Essa forte progressão das exportações não é, entretanto, regular: em 2000 o crescimento das exportações mundiais foi de mais de 10% e, em 2001, esse crescimento foi levemente negativo, em 2007 foi de 6%, em 2008 de 2% e em 2009, segundo as previsões da omc, ele foi de -9%.

Paralelamente, e com a notável exceção do México, os saldos da balança comercial do Brasil e da Argentina tornaram-se positivos. Isso é aparentemente um sucesso, mesmo se esse sucesso é relativo comparado àquele dos países asiáticos. De fato, para fazer um julgamento objetivo é preciso considerar a natureza das exportações. De uma maneira geral, a expansão das exportações de produtos de alta e média tecnologia é bem mais rápida nos países em desenvolvimento que nos países desenvolvidos: 16,5% nos primeiros e 7,3% nos segundos entre 1980 e 2000[5]. Essas exportações acontecem em alguns países, quase exclusivamente asiáticos, mas também aparentemente no México. A grande expansão das exportações brasileiras desde 2000 é, principalmente, de bens manufaturados, que incorporam um nível tecnológico baixo ou "médio-baixo" e de bens não industriais (*agrobusiness*), com baixo valor agregado e com nível tecnológico muitas vezes também baixo. Pode-se fazer, mais ou menos, a mesma observação para a Argentina, ainda que o saldo positivo de sua balança comercial não se explique apenas pela alta das cotações das matérias-primas, mas também pela expansão de suas exportações de produtos industriais[6].

ARGENTINA: ECONOMIA PRIMARIZADA?

País essencialmente urbano, a Argentina possui um tecido industrial relativamente complexo. Contrariamente ao que muitas vezes se afirma, a economia argentina não está completamente "primarizada" e suas exportações industriais são consideráveis. O saldo positivo de sua balança comercial não se explica somente pelo vigor de suas exportações de produtos primários e de produtos manufaturados de origem agrícola, mesmo que esses produtos tenham contribuído muito.

A estrutura e a evolução de suas exportações é testemunha. Em 1997, na véspera do início da grande crise (1998-2002) que levou ao abandono do plano de convertibilidade (final de 2001) e, portanto, no fim da paridade dólar-peso, as exportações de produtos manufaturados

---

5 S. Lall, Reinventing Industrial Strategy: The Role of Government Policy in Building Competitiveness, *G-24 Discussion Paper Series*.
6 P. Salama, Argentina: El Alza de las Materias Primas Agricolas, una Oportunidad?, *Comercio Exterior*, n. 12; P. Kliass; P. Salama, La Globalisation ao Brésil, responsable ou bouc émissaire?, *Lusotopie*, n. 14.

de origem industrial correspondiam a 31% do total das exportações, as de produtos primários, fora os combustíveis, correspondiam a 24%, e aquelas de produtos manufaturados de origem agrícola, a 34-35%. O restante é composto pelos combustíveis. Dez anos mais tarde, as exportações totais, tendo ligeiramente mais do que dobrado em valor, passando de 26,4 bilhões de pesos em 1997 a 55,7 em 2007. Sua composição ficou relativamente estável: 31% para os produtos manufaturados de origem industrial, 22% para os produtos primários exceto combustíveis, e 34 a 35% para os produtos manufaturados de origem agrícola. Isso ocorreu apesar da forte alta do preço das matérias-primas de origem agrícola. De maneira geral, no período 2002-2007, observa-se que 40% do aumento das exportações decorrem de um efeito preço, aproximadamente 40% advêm de um efeito quantidade e 20% vêm da combinação desses dois efeitos. Entretanto, o efeito preço está concentrado principalmente nos produtos primários (+21%) e nos produtos manufaturados de origem agrícola (+24%) e menos nos produtos manufaturados de origem industrial (+3% de 2006 a 2007, por exemplo)[7]. Com base nessas estatísticas, pode-se então concluir que a participação, em volume, dos produtos manufaturados de origem industrial teria aumentado e a das demais exportações teria diminuído. Essa progressão relativa corresponde igualmente a um forte crescimento em termos absolutos, pois as exportações totais aumentaram bastante, tal como já indicamos.

É muito simplista caracterizar a Argentina de hoje como possuindo uma economia primarizada. Uma tendência a primarização foi iniciada desde 1976 com o advento da ditadura e a implantação de uma política liberal, a qual prosseguiu até os anos de 1990, com os governos de Menem, em um ambiente em que o tecido industrial foi muito afetado pelos anos de hiperinflação e crise crônica. A economia argentina foi freada, ou mesmo interrompida, após o abandono do plano de convertibilidade em 2002, como acaba de ser visto. O tecido industrial enfraquecido se consolidou mais uma vez, graças à forte desvalorização da moeda, com relativa manutenção de uma moeda depreciada e com o investimento em forte crescimento. É isso que explica o grande aumento do número de empregos. Entretanto, com a continuidade da alta dos preços das matérias-primas, o peso dos produtos primários e dos bens manufaturados de origem agrícola no total das exportações deveria aumentar e levar a uma acentuação da primarização da economia. O tecido industrial relativamente importante pode frear essa tendência e sua consolidação poderia permitir

---

7 J. Scharzer, Cuentas y Cuentos Sobre el Negocio de la Soja, *Cespa*.

> a diminuição da vulnerabilidade externa da Argentina, fazendo com que ela dependa menos das cotações das matérias-primas e de suas fortes volatilidades. No entanto, esse tecido industrial é frágil e vulnerável, face à competitividade de seus concorrentes asiáticos. As vantagens comparativas da Argentina manifestadas sobre os produtos manufaturados são menores que a unidade, isso quer dizer que a parte de suas exportações industriais nas exportações totais cresce menos rapidamente que a parte das exportações manufaturadas mundiais nas exportações mundiais. Esse não é o caso das indústrias agroalimentares e, evidentemente, de suas matérias-primas agrícolas. Mesmo se pudesse concluir que a economia Argentina é primarizada, sua força repousa nas exportações e, como veremos, suas fragilidades também.

No conjunto, a América Latina está ficando atrasada em relação a outros países, principalmente aos asiáticos. A impressão de conjunto que se tira, da inserção das diferentes economias latino-americanas na economia mundial, é a de uma vulnerabilidade muito grande. Com efeito, pode-se afirmar que em alguns setores esses países não souberam se adaptar às grandes transformações que aconteceram na economia mundial nesses últimos 25 anos (inovações tecnológicas de grande porte em informática e em telecomunicações, grandes inovações financeiras). Inversamente, os países asiáticos souberam se adaptar às inovações tecnológicas e foram os beneficiários de muitos deslocamentos da produção industrial, em que desenvolveram grandes esforços em pesquisa e desenvolvimento, impondo, no mais das vezes, reconstruções de cadeias produtivas (os *backward linkage effects* [efeitos em cadeia para trás] caros a Hirschman e Perroux). Esses países puderam integrar suas produções e, ao mesmo tempo, se tornaram mais abertos ao exterior, flexibilizando seus sistemas industriais para a produção de produtos com tecnologia mais elevada e com valor agregado mais acentuado, com forte elasticidade da demanda em relação à renda. Esse não foi o caso dos principais países latino-americanos. O esforço em pesquisa, bem como suas políticas industriais[8], não estavam à altura dos desafios.

---

8 Em torno de 0,6% do PIB, enquanto a Coreia do Sul encontra-se muito acima de 3% e a China aumenta rapitamente esse percentual que ela desenvolveu por meio de seus investimentos estrangeiros diretos, via compra de empresas e aquisição de tecnologias.

Além do aumento de suas receitas de exportação, provenientes da elevação das cotações das matérias-primas e do crescimento dos volumes desses produtos, o aparecimento de saldos positivos da balança comercial decorre de uma maior competitividade dos produtos de média e baixa tecnologia, com exceção de alguns setores como a aeronáutica para o Brasil[9]. Isso quer dizer que, contrariamente aos países asiáticos, e principalmente aos tigres de hoje e da China de amanhã, a competitividade se baseia muito mais na elasticidade preço que na elasticidade renda. O potencial desses países é, portanto, mais limitado do que se eles se concentrassem em produtos sofisticados tecnologica e fortemente procurados no plano mundial.

Tabela 1
Taxa de Crescimento Médio das Exportações

	1975-1984	1985-1994	1995-2005
México	28,5	8,4	12,4
Argentina	9,3	8,1	8,9
Brasil	13,7	5,6	8,8
China	14,9	16,8	17,9

Fonte: World Development Indicators, 2007.

Tabela 2
Estrutura das Exportações Brasileiras em 2007

	Crescimento 2000-2007	Part. em %
Base	48,8	37,1
Semimanufaturados	27,0	13,7
Manufaturados	13,2	46,6
Outros	66,3	2,6

Fonte: Sinopse n. 10 BNDES, setembro de 2008.

Os produtos de baixa tecnologia, exceto matérias-primas e produtos que se utilizam de recursos naturais e mão de obra, correspondiam a 3% do conjunto das exportações em 2007, os produtos de média tecnologia a 18% (mesmo percentual de 1996), aqueles de alta tecnologia correspondiam a 12% (contra 10% em 1996).

Fonte: Unctad e Semex (MDIC).

9 Em 2004, o percentual de produtos de alta tecnologia exportados em relação ao conjunto de exportações de produtos industrializados foi de 12,85%, contra 30,60% na China em 2005, segundo R. Lattimore e P. Kowalski, em *Globalization and Emerging Market*, p. 235.

Tabela 3
Taxa de Crescimento do PIB

	91-00	01	02	03	04	05	06	07	08	09
Brasil	2,5	1,3	2,7	1,1	5,7	3,2	4	5,7	5,1	-1,3
México	3,5	-0,2	0,8	1,7	4	3,2	5,1	3,3	1,3	-7,3
Argentina	4,2	-4,4	-10,9	8,8	9	9,2	8,5	8,7	7,7	-1,5

Fonte: World Economic Outlook, Crisis and Recovery, abril 2009a (para o México, a projeção é aquela feita em julho de 2009 pelo FMI, em abril ela era de -3,7 %, para o Brasil, a projeção não mudou em julho).

De um ponto de vista global, a América Latina acumula duas desvantagens: sua especialização industrial e sua especialização nos serviços não são boas[10]. As vantagens comparativas apontadas são, com efeito, nesses dois casos, inferiores a 1 em 2006. Isso não significa dizer que as exportações de produtos industriais diminuem, muito pelo contrário, mas que elas aumentam menos rapidamente que a média mundial relativamente ao conjunto das exportações. Existe, portanto, uma perda da participação de mercado das economias latino-americanas em favor das economias asiáticas associada a um aumento em termos absolutos de suas exportações de produtos industriais. Os países asiáticos se beneficiaram do deslocamento mundial da indústria e mesmo se, com exceção da Índia, eles enfrentam uma desvantagem em matéria de serviços, suas vantagens comparativas indicadas na indústria são muito grandes. Seus aparelhos industriais, mais flexíveis que os da América Latina, lhes permitem desenvolver especializações em produtos de média e alta tecnologia, normalmente a partir de uma competitividade garantida na fabricação de produtos que utilizam mão de obra mal remunerada e com tecnologia pouco sofisticada. É essa especialização de origem que serve de trampolim para a produção de bens mais intensos em tecnologia e em trabalho qualificado, graças a políticas industriais adaptadas a cada caso. Muito embora os países da América Latina não estejam em situações equivalentes: a especialização

---

10 Sobre essa questão, nos beneficiamos da consulta a M. Fourquin e C. Herzog *Panorama de l'économie mondiale*; ver igualmente nossa contribuição Capítulo 6, supra.

do Brasil é melhor que a da Argentina e do México[11]. Esses dados são globais, porém para alguns produtos industriais as desvantagens comparativas apontadas não são muito grandes ou mesmo não existem[12]. No entanto é verdade que a inserção internacional desses países os coloca globalmente em uma situação de vulnerabilidade muito elevada, vulnerabilidade essa que ainda está longe de melhorar, isso porque essa situação parece ter se deteriorado nos últimos anos, entre 2000 e 2006, segundo cálculos das vantagens comparativas apontadas, realizados por Miotti (2009).

A interpretação dessa vulnerabilidade sobre a qualidade dos produtos exportados não é fácil de ser feita: a Alemanha, por exemplo, tem vantagens comparativas elevadas na indústria e o saldo de sua balança comercial é um dos mais elevados do mundo graças à exportação de bens de capital sofisticados. Dessa forma, ela é muito sensível à conjuntura de crise. Com efeito, a crise mundial revela uma queda pronunciada da taxa de investimento, maior que a do PIB, logo aponta uma queda muito forte das exportações da Alemanha, queda que muito se repercute em seu nível de atividade, considerando que sua economia é aberta. Assim, se a exportação de produtos sofisticados diminui a vulnerabilidade, pode exprimir também uma forte sensibilidade à conjuntura.

Esse não é, ou é pouco, o caso dos países latino-americanos. Eles são vulneráveis porque não exportam suficientemente bens sofisticados e são mais sensíveis à conjuntura internacional

---

11 As vantagens comparativas apontadas são aparentemente boas para o México, mas, de fato, isso acontece porque a metade de suas exportações industriais é proveniente da indústria de montagem com baixo valor agregado. É para evitar esse tipo de ilusão estatística que novos indicadores foram construídos. Ver, por exemplo, S. Lall et al., The Sophistication of Exports: A New Measure of Product Characteristics, em QEH: Working Paper, n. 123 e Li Cui, Is China Changing its Stripes? The Shifting Structure of China's External Trade and its Implications (working paper). Para uma análise mais profunda dos níveis de produtividade e suas evoluções respectivas na indústria de montagem e na indústria sem "maquilla", ver J. G. Palma, The Seven Main "Stylised Facts" of the Mexican Economy since Trade Liberalization and Nafta, Industrial and Corporate Change, n. 14.
12 Segundo Lattimore e Kowalski, op. cit., o setor de bens de capital (equipamentos e máquinas) teria diminuído sua desvantagem entre 2000 e 2006. Passando de 0,6 a 0,7, a desvantagem teria se tornado em leve vantagem para a indústria de veículos a motor e de reboques cujos números passaram de 0,94 a 1,12. Para o conjunto de ramos, ver o quadro na página 234 da obra de Lattimore e Kowalski.

porque estão em desvantagem aberta. Em uma sondagem realizada em abril de 2009, pela Confederação Nacional da Indústria (CNI) do Brasil, junto a 1.307 empresas exportadoras, 73% dentre elas consideraram que são afetadas pela queda da demanda externa. O principal canal de contágio da crise mundial é a rarefação dos mercados externos para 84% das empresas exportadoras, o segundo seriam as dificuldades em obter créditos domésticos e as restrições ao financiamento externo. Os principais setores afetados são a indústria automobilística, a de máquinas e a de madeira. Quando nos colocamos em um nível macroeconômico e analisamos as principais linhas do balanço de pagamentos brasileiro, observamos uma forte queda do superávit comercial entre 2007 e 2008, da ordem de 38%. As exportações aumentaram 23%, mas as importações aumentaram ainda mais (43,6%). Aparentemente isso poderia ser positivo, contudo, quando se analisa em detalhe as exportações, observa-se que, em volume, as exportações de produtos manufaturados e semimanufaturados diminuíram levemente para os segundos (-0,9%) e mais intensamente para os primeiros (-5,0%). Portanto, o aumento do valor das exportações é principalmente o resultado de um efeito preço que alcança as matérias-primas e os produtos industriais; as primeiras mais que os segundos[13]. A diminuição das exportações ficou mais acentuada com a crise mundial do final de 2008. As previsões para 2009 apontam uma redução de mais de 20% em valor, e indicam, igualmente, uma queda das importações mais ou menos equivalente e, no total, uma redução do superávit comercial, que passa de 24,75 bilhões de dólares em 2008 a 18,75 bilhões (fonte: Bacen, elaboração Bradesco, 29 de maio de 2009). Com a retomada das cotações das matérias-primas[14],

---

13 Para o conjunto desses dados, ver Iedi, A Crise Internacional e a Economia Brasileira: O Efeito Contagio sobre as Contas Externas e o Mercado de Crédito em 2008. <www.iedi.org.br. Acessado em: 2009.

14 Se nos limitamos às cotações da soja, observamos que a cotação de Chicago para a tonelada de farelo de soja estava em seu pico em 11 de julho de 2008, quando foi avaliado em US$ 453 e alcançou o fundo do poço em 14 de outubro, quando foi avaliado em US$ 252; em 28 de maio seu preço era de US$ 388 a tonelada. Quanto aos grãos de soja, ainda em Chicago, o pico foi em 3 de julho de 2008, com um valor de US$ 1,66 o bushel; o fundo do poço foi em 5 de dezembro, com um valor de US$ 0,79; em 2 de março seu valor era de US$ 0,85 e em 27 de maio houve uma estabilização em US$ 1,18 o bushel.

entretanto, as contas externas melhoraram novamente em abril de 2009, quando pela primeira vez, após dezoito meses, apareceu um saldo levemente positivo da balança de contas correntes (146 milhões de dólares). Esse saldo se explica por uma recuperação do saldo da balança comercial (3,7 bilhões de dólares contra 1,7 bilhões em abril de 2008) e, ao mesmo tempo, por uma redução relativa das saídas de capitais, a título de dividendos e de repatriamento de lucros (-1,7 contra -3,7 em abril de 2008). As reservas internacionais reencontram seu nível de antes da crise (205,4 bilhões em abril contra 205,1 em agosto de 2008), graças à entrada de capitais (os investimentos em ações se multiplicaram por quatro em maio) e à melhora da balança de contas correntes. Observa-se então uma forte volatilidade dos saldos das contas correntes: queda com a crise e retomada após o início de 2009, movimento que acompanha as bolsas, graças em parte ao retorno dos capitais estrangeiros, como veremos.

Sem entrar em detalhes, pode-se constatar evoluções semelhantes na Argentina e no México. Na Argentina, as exportações diminuíram no quarto trimestre de 2008 (elas passaram de 21,5 bilhões de dólares no terceiro trimestre a 15,5 bilhões no quarto trimestre), na sequência da queda das cotações das matérias-primas e da redução dos volumes de bens manufaturados exportados. Mais precisamente, as exportações diminuíram em um ritmo anual de 30,4%, voltando ao nível do primeiro bimestre de 2009, em razão de uma queda dos preços (-14%) e, ao mesmo tempo, dos volumes exportados (-19%, principalmente as matérias-primas [-35%] e os bens manufaturados de origem industrial [-21%], os produtos de origem agrícola resistiram mais [-11%])[15], mas como as importações diminuíram por causa da redução do nível da atividade, o saldo comercial permaneceu relativamente estável, o que não foi o caso do México[16].

---

15 BCRA, *Informe de Inflacion*, Quinta seção: setor externo. O retorno das cotações das matérias-primas, observado no fim do primeiro trimestre de 2009, deveria ter um efeito positivo sobre o valor dos bens exportados (ver nota precedente).
16 Ver C. E. Mayer Serra, The Mexican Economy in the Context of the World Economic Crisis, *xxI Forum Nacional: Na Crise Global, o Novo Papel Mundial dos Brics, Estudos e Pesquisas*, n. 284.

As exportações do México começaram a diminuir em agosto de 2008. Em abril de 2009, elas chegaram a 17,823 bilhões de dólares, contra 25,184 bilhões em agosto de 2008. As importações também diminuíram com a queda pronunciada do nível de atividade, passando a 18,05 bilhões contra 26,2 bilhões entre as mesmas datas acima (fonte: Inegi). Não houve recuperação nas exportações de produtos manufaturados, pois seu nível depende fundamentalmente da conjuntura norte-americana e pouco da conjuntura dos países da Ásia, já que 80% das exportações são feitas para os Estados Unidos e Canadá. A retomada do preço do petróleo não foi suficiente para compensar a queda das exportações manufatureiras, pois o peso das exportações petrolíferas é relativamente baixo no total das exportações. Dado o conjunto dessas razões, o México continua, portanto, o país mais vulnerável e mais frágil dentre os três países analisados[17].

VULNERABILIDADE FINANCEIRA: A AMÉRICA LATINA VOLÁTIL

A aplicação das "recomendações" do Consenso de Washington permitiu impedir a alta vertiginosa dos preços ocorrida nos anos de 1980 e uma retomada, por vezes modesta de crescimento (Brasil, México) e por vezes forte (Argentina), dependendo do país; melhorou o nível de vida das categorias mais pobres da população, sem haver uma franca distribuição das rendas em favor dessas pessoas. Isso foi aparentemente um sucesso, mas não foi a única via para sair da "década perdida", nem a mais eficaz do ponto de vista econômico, nem a mais ética do ponto de vista social; as medidas de liberalização foram postas em ação sem um programa social de acompanhamento.

---

17 Pode-se acrescentar que, no que concerne às contas externas, o México é pouco dependente de suas exportações de petróleo; no entanto, ele o é muito mais em suas receitas fiscais. Uma queda do preço do petróleo diminui suas margens de manobra quanto à possibilidade de conduzir uma política contracíclica no plano de seus gastos públicos. Nesse sentido, sua economia continua petrolizada.

A aplicação desses mandamentos provocou, ao mesmo tempo, uma volatilidade muito forte da taxa de crescimento e de suas taxas de câmbio nos diferentes países. Com as crises financeiras, as taxas de câmbio se depreciam fortemente e logo em seguida elas se valorizam também com intensidade. As crises financeiras ao longo dos anos de 1990 e no início dos anos 2000 são o resultado de regimes de crescimento "financeirizados", próximos daquilo que Keynes chamava em seu tempo de "economias de cassino". A valorização das taxas de câmbio tem um triplo efeito: ela tende a reduzir a valorização do capital, a frear o crescimento[18], e a limitar o valor agregado, ao favorecer as importações que substituem segmentos de linha de produção. Ela freia as inovações e torna difícil um reposicionamento dos produtos de alta tecnologia[19]. A vulnerabilidade das exportações dos países latino-americanos é, portanto, o resultado da valorização das taxas de câmbio em período de calmaria financeira, mas também uma retração relativa do econômico por parte do Estado, favorecendo a ausência ou a quase ausência de uma política industrial semelhante à que se fez nas economias asiáticas.

A taxa de crescimento do PIB tem sido, em média, baixa nesses últimos 25 anos: pouco mais de 2%. Essa taxa é volátil, o que explica, em parte, o baixo crescimento. J. Zettelmeyer, em seu artigo "Growth and Reforms in Latin America: A Survey of Facts and Arguments", mostra que os períodos em que o crescimento per capita ultrapassa 2% ao ano são mais frequentes na Ásia e na América Latina e, sobretudo, mais longos desde 1950. Segundo seus trabalhos, enumeram-se, desde 1950, dez períodos de crescimento com taxas maiores que 2% per capita na América Latina, contra onze na Ásia. A duração média desse crescimento é, no primeiro caso, de 13,9 meses, enquanto ela alcança 26,1 meses no segundo. Enfim, na América Latina em 30% dos casos, essas fases de expansão ultrapassam 15 anos, contra 73% na Ásia. Solimano e Soto, no artigo "Economic Growth in Latin America in the Late of 20th Century", observam ainda que a percentagem de anos de crise (taxa de crescimento negativa) no período 1960-2002

18 Ver C. Ibarra, La Paradoja del Crecimiento Lento de México.
19 L. C. Bresser-Pereira, *Mondialisation et compétition*.

é de 42% na Argentina, 29% no Brasil, porém apenas de 7% na Coreia do Sul e de 5% na Tailândia. Em suma, a Comissão Econômica para a América Latina da ONU, em seu relatório de 2008, mostra que o desvio padrão da taxa de crescimento entre 1991 e 2006 é particularmente elevado na Argentina (6,29) e mais baixa no Brasil (2,02), no México (3,05) e em outros lugares.

A globalização financeira, as finanças internacionais e as finanças locais são, em parte, responsáveis pela forte volatilidade do PIB. Analisaremos isso em dois tempos: o primeiro dedicado à responsabilidade dos fatores internos e o segundo à dos fatores externos.

As Crises Financeiras Explicadas Principalmente pelos Fatores Internos

O Consenso de Washington foi aplicado a economias profundamente marcadas pela crise longa e inflacionista dos anos de 1980. Suas recomendações tinham um triplo objetivo: romper com a forte inflação e reencontrar o crescimento. Esses dois objetivos deveriam conduzir ao alívio da pobreza e afastar, ao fazer isso, o risco de implosão social que as políticas anteriores de gestão da dívida externa tinham tornado provável. O terceiro objetivo era o de continuar a pagar a dívida externa. O meio utilizado: a liberalização rápida e simultânea de praticamente todos os mercados. Não retornaremos às discussões que deram lugar a essas recomendações[20], desejamos sublinhar apenas um ponto: a aplicação das dez recomendações favoreceu o estabelecimento de uma "economia de cassino". Sem ajuda do Estado (redução massiva dos subsídios às exportações e das taxas sobre as importações, quase ausência de política industrial), o estado de degradação do tecido

---

20 Ver duas obras surgidas recentemente em francês tratando desse problema: D. Rodrik, *Nations et mondialisation*; L. C. Bresser-Pereira, op. cit. Não retornaremos mais a essas diferentes modalidades de aplicação do Consenso de Washington, a mais liberal – e a mais aplaudida pelo FMI – foi aquela da Argentina com o estabelecimento de uma "*currency board*" (abandono da soberania monetária, o dólar e o peso tornados equivalentes, criação monetária segundo as entradas líquidas de dólar).

industrial não permitia mais alcançar um saldo da balança comercial suscetível de financiar o serviço da dívida externa. A única maneira de financiar esse serviço passava então pela capacidade de atrair capitais do estrangeiro, e isso somente poderia ser realizado graças a uma liberalização do mercado de capitais e uma política de taxas de juros elevadas. A garantia de poder repatriar seus capitais e a remuneração elevada obtida provocaria um triplo efeito: uma entrada em massa de capitais especulativos que, ao saber que poderiam repartir, permaneceram; um serviço da dívida financiado por essas entradas, tanto no nível do pagamento dos juros como do reembolso do capital; uma revalorização da moeda nacional com o aumento das reservas internacionais, uma vez que o conjunto dos saldos negativos foi financiado por essas entradas (saldo negativo da balança de contas correntes: comercial, juros e dividendos, amortização do principal da dívida externa). No sistema bancário, isso é chamado [em francês] de cavalaria, e trata-se, em verdade, de uma pirâmide (pagam-se os primeiros com as entradas dos últimos), e, mais cientificamente, de efeito Ponzi. No plano dos Estados, durante muitos anos isso foi chamado de uma boa gestão da situação externa e de uma modernização da economia pelos economistas do *mainstream*.

INDICADORES DE VULNERABILIDADE E INDICADORES DE FRAGILIDADE

Os indicadores de vulnerabilidade externa levam em conta diferentes linhas do balanço de pagamentos. Três indicadores são, em geral, privilegiados: o primeiro é um indicador de fluxo que busca medir as necessidades de financiamento externo, o segundo coloca em relação às reservas com os fluxos e o terceiro estabelece uma relação entre o passivo externo com seus componentes e o PIB. Eles melhoraram nos anos 2000. É essa melhora que explica o otimismo para a maior parte dos economistas à véspera da crise financeira internacional. É essa melhora, também, que explica em parte suas cegueiras. É preciso, com efeito, completar esses indicadores com outros indicadores de fragilidade que, ao mesmo tempo, exprimam a forte sensibilidade dessas economias à conjuntura internacional e à financeirização de suas economias[21].

Os indicadores de fragilidade traduzem a sensibilidade dos novos regimes de crescimento adotados com a implementação – com mais ou menos intensidade segundo os países – das "recomendações" do Consenso de Washington (ver quadro p. 56) nos anos de 1990, visando liberalizar os mercados;

- uma abertura às trocas comerciais e aos grandes fluxos financeiros internacionais, facilitando os efeitos de contágio;
- com a liberalização, a taxa de juro torna-se uma "variável chave" e o regime de crescimento instituído com a liberalização tende a funcionar como uma economia de cassino (para retomar uma expressão de Keynes) na origem de uma volatilidade muito grande do PIB e de uma incapacidade de reduzir a pobreza.
- uma tendência à valorização da taxa de câmbio interrompida pelas crises financeiras. Muitos estudos mostram os efeitos negativos sobre a rentabilidade do capital e o crescimento de uma valorização da taxa de câmbio. A tese central é a seguinte: a valorização da taxa de câmbio torna mais difíceis as exportações, exceto aquelas de matérias-primas, e somente uma maior competitividade pode compensar essa desvantagem. Duas consequências: uma redução do valor agregado das exportações, em benefício das principais importações em segmentos de produção antes produzidos localmente. As linhas de produção são menos integradas, sem que isso modifique significativamente a natureza das exportações; a valorização da moeda nacional torna mais difícil produzir bens de alta tecnologia. Ora, essas exportações são do tipo que permitem uma inserção sólida na economia mundial e diminuem a vulnerabilidade externa dos países que as podem desenvolver[22].

21 Para um aprofundamento ver o artigo, de minha autoria, "Argentine, Brésil, Mexique face à la crise". Para uma análise aprofundada, ver "Balança Comercial e Déficits em Transações Correntes: De Volta a Vunerabilidade Externa?", de F. J. Ribeito e R. Markwald. Ver também "Regime Cambial, Taxa de Câmbio e Estabilidade Macroeconômica do Brasil", de L. F. de Paula, M. C. de Castro Pires e T. R. Meyer; R. Gonçalves, "Crise Econômica: Radiografia e Soluções para o Brasil"; idem, "A Crise Internacional e a América Latina, com Referência ao Caso do Brasil"; A. Moreira, K. Rocha e R. Siqueira, "O Papel dos Fundamentos Domésticos da Vulnerabilidade Econômica dos Emergentes", para uma análise comparativa de algumas economias latino-americanas com outras economias emergentes asiáticas e europeias.

22 Com uma exceção, entretanto, como revela a franca queda das exportações de produtos industriais da Alemanha. As exportações de bens de capital sofisticados dependem da evolução das taxas de investimentos. Quanto mais

Quando o saldo da balança comercial torna-se muito negativo, como foi o caso do México em meados de 1990 (crise conhecida como "efeito tequila"), quando a fragilidade dessas economias (Brasil) as expõe incomensuravelmente às crises (na Ásia e na Rússia) do fim do milênio, quando a insuficiente capitalização dos bancos (Argentina) não permite resistir aos efeitos de contágio da crise mexicana, quando, enfim, a manutenção do plano de convertibilidade (*currency board*) torna-se insustentável (Argentina no final dos anos de 1990 e no início dos anos 2000), os capitais que entraram saem em massa. Para prevenir, senão frear as fugas, os governos elevam substancialmente as taxas de juros (no Brasil elas alcançaram até 50%) e garantem (como no México) o risco do câmbio.

Afinal, a taxa de juro serve de variável chave em momentos de calmaria, ficando relativamente elevada para atrair capitais – decorre daí a apreciação da moeda nacional com as consequências já vistas sobre a qualidade das exportações –, e de instrumento privilegiado para lutar contra a fuga de capitais. A manipulação das taxas de juros é, entretanto, insuficiente para bloquear as saídas de capitais. As taxas de juros quando são muito elevadas provocam a crise e a forte volatilidade das economias, além de agravar as condições de vida das pessoas mais vulneráveis. O México e a Argentina inauguraram uma trajetória de tipo "montanha russa". Em um ano, a diminuição da taxa de crescimento do PIB será da ordem de onze pontos seguindo o efeito Tequila, a crise será de menor amplitude no Brasil no final dos anos de 1980 e, novamente, no início dos anos 2000, com a posse de Lula na presidência da república. Ela será muito forte e longa na Argentina quando da implosão do plano de convertibilidade (o PIB diminuirá de 16% em um ano e um pouco mais de 10% sobre o ano calendário). Seu custo social será muito grande com um retorno muito rápido da pobreza.

esses investimentos são afetados pela crise, mais reduzidas são as importações desses bens e mais fracas serão as exportações dos países que os produzem. Como a taxa de investimentos em relação ao crescimento do PIB, a queda das exportações de bens de capital é mais pronunciada.

A Crise Econômica Explicada Principalmente pelos Fatores Externos: A Responsabilidade do Contágio da Crise Financeira "Vinda do Norte"

As políticas econômicas liberais, no entanto, provocaram uma relativa modernização do aparelho econômico em cada uma dessas economias. É essa modernização que explica, em parte, a volta de saldos positivos nas balanças comerciais da Argentina e do Brasil e, de maneira inversa, sua insuficiência está na origem da manutenção de saldos negativos no México.

As taxas de investimento e as capacidades de produção foram fortemente aumentadas na Argentina e, com elas, a produtividade do trabalho. Partindo de um nível muito baixo, o investimento aumentou 273% entre setembro de 2002 e setembro de 2008. O crescimento do investimento foi bem mais modesto no Brasil. Porém, é verdade que o aparelho de produção sofreu menos nos anos de 1980, não experimentara uma crise, comparavelmente tão violenta, nos fins dos anos de 1990 e, principalmente, não tinha sido objeto de uma política tão liberal durante a mesma década quanto na Argentina. Essa modernização se explica também pelo aumento dos investimentos estrangeiros diretos. Os movimentos de capitais mudaram de natureza: menos capitais especulativos de curto prazo, mais investimentos estrangeiros diretos, e, nos dois últimos anos antes da crise financeira internacional, uma grande entrada de investimentos em carteiras (ações), as bolsas emergentes se tornam particularmente lucrativas[23]. Firmas brasileiras, mexicanas e argentinas começam a investir maciçamente no estrangeiro. Em 2006, entre as dez primeiras empresas transnacionais das economias emergentes – medidas pela grandeza de seus ativos – uma é brasileira, as demais são asiáticas, mas medidas por suas vendas ao estrangeiro, duas são brasileiras, uma mexicana e as outras são asiáticas[24]. Essas economias parecem, portanto, muito menos frágeis que no passado.

---

23 A expansão das bolsas emergentes é analisada por J. A. Kregel, no artigo "The Global Crisis and the Implications for Emerging Counties: Is the Brics Justified?". A cotação das ações de 2001 a 2007 aumenta no Brasil 369%, os dados são bastante semelhantes nos outros países, incluindo na Argentina, país "suspeito" de política heterodoxa.

24 Cf. L. Acioly; M. Alves; R. Leão, *A Internacionalização das Empresas Chinesas*.

É nesse contexto de retomada do crescimento que surge a crise financeira internacional. A maior parte dos fundamentos era melhor na véspera dessa crise. Os indicadores de vulnerabilidade eram igualmente bem melhores, quais sejam, as necessidades de financiamento externo em relação ao PIB, as reservas devido à queda das importações e o passivo externo em relação ao PIB; assim como os economistas governamentais estavam no mínimo otimistas[25]. Duas sombras nesse quadro um pouco idílico: a proporção crescente dos investimentos em carteiras, mais voláteis por natureza, e os investimentos estrangeiros diretos; sendo o aumento dos dividendos pagos pelas firmas multinacionais explicado pela internacionalização crescente dessas economias e pelo novo poder dos acionistas. São esses dois fatores que vão jogar com força com a crise financeira internacional: volatilidade e repatriamento.

A explosão da bolha financeira conduz a uma desvalorização brutal dos ativos, aquilo que ontem favorecia a bolha (o *equity value*, isto é, a diferença positiva entre o valor de mercado e o crédito concedido), se transforma em seu contrário (o valor de mercado mergulha e se situa, assim, abaixo do valor dos créditos a serem reembolsados). O retorno do ciclo provoca um ressecamento brutal da liquidez: as empresas financeiras ficam em busca de liquidez para financiar um risco que, antes transferido e disseminado, torna-se muito reavaliado; o mesmo para as empresas não financeiras que, com a desvalorização de suas capitalizações, veem toda uma série de relações "entrar no vermelho" e são confrontadas a uma falta crescente de liquidez. Os bancos param de emprestar entre eles e, *a fortiori*, freiam brutalmente seus empréstimos às empresas. O *credit crunch* transforma a crise financeira em uma crise econômica nos países desenvolvidos e tem como consequência imediata uma forte queda do comércio internacional. A crise torna-se sistêmica, ela afeta inclusive as empresas que têm uma gestão prudente, longe da manipulação, antes lucrativa, dos produtos financeiros securitizados.

[25] A ponto de mascarar as fragilidades: taxa de câmbio valorizada com suas consequências sobre o crescimento e sobre a estrutura das exportações; aumento das desigualdades de renda e resultante insuficiência da dimensão do mercado interno em certos segmentos da demanda (variável segundo o país). Analisamos em detalhe esses indicadores de vulnerabilidade e de fragilidade no artigo "Argentine, Brésil, México face à la crise".

A crise financeira se propaga com força para além das fronteiras pelos canais forjados pela globalização comercial e financeira. A contração dos mercados externos é fonte de crise nas economias emergentes, como já vimos. O ressecamento de liquidez das matrizes das empresas transnacionais as conduz a procurar liquidez nas filiais: as saídas de capitais se multiplicaram, as bolsas afundaram e as moedas ficaram fortemente depreciadas em relação ao dólar, no curso do último trimestre de 2008. Na Argentina, segundo o Banco Central, as saídas de capitais alcançaram 23 bilhões de dólares em 2008, 5,6 bilhões no primeiro trimestre de 2009, 2,5 bilhões no segundo trimestre. Diante da perspectiva de continuidade da depreciação, os depósitos em dólar aumentaram nos bancos (1,5 bilhões no primeiro trimestre). As saídas de capitais no Brasil se explicam da mesma maneira, entretanto com uma nuança de tamanho: algumas empresas tinham especulado sobre a continuidade da valorização do real e sua forte depreciação lhes custou caro, um total de mais de 5 bilhões de dólares para as três mais importantes (2,1 bilhões para Sadia e Aracruz e 1 bilhão para Votorantim)[26]. Os investimentos líquidos em carteiras e os créditos do exterior diminuem 7,5 bilhões de dólares em 2008, tendo baixado 21,5 bilhões no último trimestre de 2008 para aumentar novamente em 2009; os dividendos pagos e as remessas de lucros aumentaram consideravelmente e alcançaram mais de 25 bilhões de dólares em 2008, segundo o Ministério da Fazenda. Os investimentos estrangeiros diretos ficaram estáveis em um nível elevado. Após ter sido ligeiramente positivo, o saldo da balança de contas correntes tornou-se negativo desde o início de 2008, tendo alcançado -1,41% do PIB depois de um pico de -1,79% em dezembro de 2008, no momento mais forte da crise, segundo a mesma fonte. O contágio financeiro retira os canais dos investimentos em carteiras, dos créditos, dos dividendos e das remessas de lucro, o que é muito lógico pois ele exprime uma forte busca de liquidez, para atenuar os efeitos do *credit crunch* nos países desenvolvidos. Isso exerce efeitos sobre a economia real.

---

26 FMI, *Regional Economic Outlook, Western Hemisphere*, p. 21.

A queda da produção industrial é impressionante, ela foi mais elevada que a prevista pela maior parte dos economistas. No Brasil, de janeiro a abril de 2009, a produção industrial diminuiu 14,7%[27], a de bens de capital 22,6%, segundo o IBGE; a queda do PIB foi de -0,7%, segundo o Bradesco e de -1,5%, segundo o FMI. Na Argentina, a atividade industrial de janeiro de 2008 a janeiro de 2009 diminuiu 9,7%; os setores mais tocados foram o de automóveis (-58%), o siderúrgico e o de metais (-36,6%), segundo o IPI-Uade, e o PIB baixou fortemente (passando de mais de 7% a -3%). No México, a produção industrial caiu mais de 13% entre fevereiro de 2008 e fevereiro de 2009.

Seria um erro atribuir a responsabilidade da crise na economia real a esse único contágio financeiro. Certamente ele provoca uma rarefação do crédito, mas os bancos não foram tão tocados quanto os dos países industrializados, na medida em que seus tamanhos não os permitiram desenvolver, com tanta intensidade, operações com os produtos securitizados altamente especulativos. Eles sofreram, no entanto, o contragolpe dessa crise financeira, em razão da amplitude tomada pela globalização financeira nesses últimos anos; contragolpe que resulta em uma contração dos créditos concedidos e em dificuldades para investir. Entretanto, a responsabilidade maior da amplitude da crise parece vir muito mais da contração dos mercados externos e da queda das exportações de produtos industriais. Isso é muito mais forte do que as políticas econômicas passadas, de valorização da moeda e de manutenção relativa das elevadas desigualdades, conseguiram ao tornar essas economias frágeis. Com a queda dos mercados industriais externos e restrições de crédito, a crise financeira precipita a crise nas economias latino-americanas ao retirar canais específicos.

---

27 O Iedi (Instituto de Estudos para o Desenvolvimento Industrial) fez um estudo sobre as contrações da produção industrial segundo o grau de intensidade tecnológica: os setores de alta tecnologia passaram por uma diminuição de apenas 4,7% entre o primeiro trimestre de 2008 e o primeiro trimestre de 2009, os setores de média e alta tecnologia e média e baixa tecnologia passaram por baixas de 25,4% et 15,9% respectivamente. Ver Iedi (2009b).

QUE PENSAR DAS POLÍTICAS CONTRACÍCLICAS E DAS COALIZÕES E CONFLITOS DE INTERESSE?

Das Políticas Contracíclicas aos Efeitos Incertos

Essa crise não foi prevista nem pelos governos, nem pela maior parte dos economistas do *mainstream*. Quando ela surgiu, foi inicialmente negada, depois subestimada. Essa subestimação é produto de certa cegueira (como aceitar que nos enganamos a esse ponto?) e, ao mesmo tempo, de um "jogo" político (não amedrontar os agentes econômicos e tentar evitar assim que a crise se agrave, procurar ou manter uma legitimidade política, anunciando que será capaz de evitar a crise, enfim, "ganhar tempo" para procurar novas alianças). A amplitude da crise foi em seguida reconhecida, mas apenas para sublinhar a eficácia das primeiras medidas tomadas e anunciar o fim próximo da crise.

Em seu conjunto, as políticas contracíclicas implementadas contêm uma série de medidas. Essas medidas são de diversas ordens: existem aquelas de caráter geral e aquelas de caráter particular. As medidas de caráter geral dizem respeito à redução das taxas de juros, redução das reservas obrigatórias dos bancos, um estímulo mais forte para financiar grandes projetos, principalmente aqueles de desenvolvimento de infraestrutura em colaboração com parceiros privados, e aumentar o salário mínimo ou mesmo o emprego público[28]. As taxas de juros ficaram, apesar dessas reduções, em níveis elevados, até mesmo muito elevados no Brasil, principalmente se as comparamos àquelas em vigor nos países industriais. As reservas obrigatórias ainda excluem a liquidez dos bancos privados, porém, a fim de estimular os créditos, pacotes de crédito e de garantias de empréstimos foram concedidos aos bancos públicos para que emprestem às empresas e às famílias.

As medidas de caráter particular são muitas:

---

[28] É o caso do Brasil em que o emprego na administração pública, na defesa, na seguridade social, nos serviços sociais, na saúde e na educação aumentou 4,4% de maio de 2008 a maio de 2009, enquanto na indústria extrativa, na de transformação, na eletricidade, no gás e na água, ele diminuiu 6% entre as mesmas datas. Fonte: IBGE/PME.

- a generalização de medidas de exceção sobre as taxas de juros: taxas baixas para a compra de automóveis, de apartamentos etc. a fim de estimular as famílias a tomar empréstimos e a consumir mais que o permitido por seus níveis de renda[29], com isso, objetivando-se dinamizar um mercado interno relativamente inexpressivo em razão das desigualdades de rendimentos; taxas reduzidas à indústria para facilitar os investimentos em toda uma série de projetos industriais;
- garantias específicas dos bancos públicos aos bancos privados para que concedam créditos ao comércio exterior e facilitem, assim, o financiamento das exportações, que se tornaram árduas após as dificuldades para encontrar um financiamento internacional;
- medidas protecionistas para favorecer a produção interna;
- redução de impostos para toda uma série de produtos e, às vezes, do imposto de renda;
- subsídios diversos com o objetivo de relançar o mercado interno;
- enfim, medidas protecionistas pontuais (aumento das tarifas alfandegárias, reintrodução de licenças de importação e medidas similares aos contigenciamentos de certos produtos considerados sensíveis, redução das taxas de exportação quando elas existem)[30].

No conjunto, essas medidas têm duas características maiores: elas são antes de tudo pragmáticas, o que não significa dizer que sejam ineficazes, e sua amplitude é fraca. Pragmáticas porque elas não obedecem, ou obedecem pouco, a uma lógica liberal. Está longe o tempo em que os governos procuravam unificar as medidas, limitando a elevação das taxas de juros, diminuindo as subvenções etc. Com a crise, o que domina é a exceção. Existem tantas que se torna muito difícil identificá-las sem recorrer a *experts* que sabem destrinçar o emaranhado de

---

29 É uma ironia da história observar que aquilo que precipitou a crise nos países industrializados como os Estados Unidos, a Grã-Bretanha e a Espanha, se tornou um meio para tentar ultrapassá-la na América Latina.
30 Sobre esse último ponto, ver G. Hufbauer; S. Stephenson, Trade Policy in a Time of Crisis, CEPR, *Policy Insight*.

medidas decididas em caráter de urgência. O conjunto dessas medidas de exceção traduz, de fato, uma política de "preenchimento de lacunas", ele é o reflexo de uma política pouco pensada, cuja eficácia não é comprovada até agora. A crise, ontem negada, hoje se impõe.

Seria um equívoco pensar que eles poderiam evitar que a crise internacional os afetasse. Não importa o que os governos façam, é preciso reconhecer que eles não poderiam evitar os efeitos de contágio. No entanto, políticas de relance mais "pensadas" e mais coerentes, poderiam diminuir as consequências da crise internacional e principalmente preparar as saídas da crise "pelo alto", como veremos. Nem todos os governos reagiram com a mesma celeridade e alguns aplicaram políticas menos "desordenadas" que outros. Esse é o caso do Brasil, por exemplo. As medidas tomadas, apesar de seus aspectos desordenados e suas eficácias relativas, servem às vezes para legitimar a ação dos governos, quando estes conseguem compartilhar a ideia de que, sem essas medidas, a situação teria sido pior e que, graças a elas, os efeitos de uma crise – os quais eles não teriam a responsabilidade, pois ela veio de outros lugares – foram atenuados e permitiram vislumbrar uma saída próxima da crise[31].

Uma política econômica "não pensada" gera, entretanto, dinâmicas insuspeitáveis, bem como futuras coalizões e conflitos de interesse, desde já em gestação mais ainda pouco perceptíveis. Basta lembrarmos dos anos de 1930: a crise internacional suscitou uma industrialização "não pensada" (segundo as palavras da Cepal) ao longo da década e gerou alianças de classes que permitiram o nascimento de regimes "bonapartistas" nesses países (varguismo no Brasil, cardenismo no México, peronismo na Argentina), eles mesmos na origem de uma industrialização mais pensada e orientada para a indústria pesada. Isso mostra o quanto a crise de hoje é suscetível de criar "surpresas" e o quanto convém desconfiar das análises deterministas.

---

31 Como escreve J. Habermas: "O problema da legitimação do Estado não consiste hoje em se perguntar em que medida é possível esconder [...] as relações funcionais que sustentam o Estado e a economia capitalista. O problema consiste muito mais em apresentar as performances da economia capitalista como sendo, na perspectiva de uma comparação de sistemas, a melhor maneira possível de satisfazer interesses universalizáveis". Ver *Après Marx*, p. 275.

Além disso, a gestão da crise pelos diferentes governos é um dos primeiros sinais desse futuro em marcha, como veremos. Uma amplitude fraca? Comparadas às medidas tomadas pelos países industrializados, as dos países emergentes são menos importantes[32]. Enquanto os déficits orçamentários alcançam picos na maior parte dos países industrializados, no Brasil, na Argentina e no México permanecem em níveis moderados apenas aumentando levemente, e os governos se limitam a reduzir em um ou dois pontos seu superávit primário (saldo orçamentário antes do pagamento dos juros dos títulos da dívida pública interna)[33]. Ao se tomar o caso do Brasil, nos encontraremos diante dos seguintes paradoxos: as taxas reais de juros são ainda muito elevadas enquanto a taxa de inflação é baixa, o superávit primário do orçamento é considerável e o déficit orçamentário é fraco. Entretanto, é verdade que, com respeito a outros países da América Latina, os bancos brasileiros foram muito pouco afetados pelos produtos financeiros tóxicos e as grandes empresas o foram, sobretudo pelos produtos derivados ligados às taxas de câmbio. A sofisticação financeira alcançada nesses últimos anos não as tocou de modo profundo

---

32 É difícil avaliar seus pesos exatos: algumas medidas têm caráter plurianual e não podem, portanto, ser imputadas a um único ano. Outras dizem respeito às facilidades de crédito. Em se tratando de reduções da taxa de juro ou de exoneração parcial de impostos, elas podem ser avaliadas em porcentagem do PIB, mas em se tratando de facilidades concedidas graças a garantias ou a uma diminuição das reservas obrigatórias dos bancos, elas são impossíveis de ser avaliadas. No sentido oposto, em se tratando de facilidades de créditos provenientes de um pacote de créditos dos bancos públicos (como o BNDES no Brasil) e, como é, sobretudo, o caso do Brasil, pode-se imputá-los mais facilmente. Além dessas dificuldades de medida, o Instituto de Estudos do Trabalho avalia o plano de sustentação da atividade em 3,5% do PIB no Brasil, um pouco menos no México e na Argentina. As avaliações relatadas por Loser são mais fracas: 1% do PIB de 2008 para o Brasil, ou seja, menos que o Chile (2,2%), mas em um nível comparável ao da Argentina (1,2%) e do México (1%). Ver C. Loser, Mexico: A Safe Vessel or a Riski Wreck in Turbulent Waters? *Emerging Markets Fórum, Entennila Group Latin-America*; Cepal, La Reacción de los Gobiernos de America Latina y el Caribe Frente a la Crisis Internacional, *Boletim Brasil*, v. 6, n. 1 e L. Coutinho, A Crise Financeira Internacional, os Impactos sobre a Economia Brasileira e o Papel do BNDES, *Documento BNDES*.

33 O déficit orçamentário era, segundo a OCDE, de -2,2% do PIB em 2007, depois de -1,5% em 2008 e, em 2009, aumentou levemente e situando-se em -2,4%. Isso aponta o quanto ele é fraco se o comparamos àquele dos países industrializados em 2009.

em razão, principalmente, de seus mercados financeiros ainda relativamente pequenos. A crise financeira resultou em contrações súbitas e brutais de suas exportações, pela dificuldade de acesso aos créditos internacionais e pela saída de capitais em grande escala, enquanto as matrizes das empresas, aspirando liquidez dos mercados emergentes, provocavam uma crise econômica.

A eficácia das políticas contracíclicas é problemática. O saldo da balança comercial fica positivo na Argentina e no Brasil e continua a ser negativo no México. O superávit comercial das trocas internacionais da Argentina e do Brasil decorre mais de uma redução drástica das importações do que de um aumento das exportações, apesar da retomada das cotações das matérias-primas. O superávit primário do orçamento é grande. Esses dois "fundamentos" são reveladores de margens existentes, sobretudo na Argentina e no Brasil, para conduzir uma política de retomada mais vigorosa. A intervenção do Estado não está à altura dos desafios postos pela crise por várias razões. O aumento das despesas públicas é relativamente tímido se o comparamos àquele dos países industrializados, mesmo que existam excedentes primários consideráveis. As facilidades de crédito e a diminuição das taxas de juros somente podem permitir o financiamento dos investimentos se são considerados rentáveis pelos agentes de decisão, mas esse não foi o caso. Ao contrário, as facilidades dirigidas às famílias, principalmente para a compra de bens duráveis, como automóveis e habitação, podem permitir consumir mais e relançar assim um pouco mais a atividade econômica[34]. Os gastos em infraestrutura, decididos e executados no mais das vezes através de uma parceria público-privado, podem ser facilitados pela existência de um grande banco do Estado, como é o caso do BNDES no Brasil. Essas parcerias são mais difíceis de serem executadas em outros países em razão da ausência de um grande banco de Estado.

---

34 Ao longo do primeiro trimestre de 2009, o PIB apenas diminuiu de 0,8% graças a um crescimento dos serviços (60% do PIB) de 0,8%. A responsabilidade dessa queda vem da contração das exportações de produtos manufaturados, já que a produção destinada ao mercado interno aumentou modestamente. Ver Carta Iedi, n. 370, em <www.iedi.org.br>. Acessado em 2009.

A melhoria do poder de compra das categorias mais modestas poderia exercer um efeito positivo sobre o crescimento ao limitar um pouco os efeitos negativos da redução da demanda externa.

A aposta feita pelos governos é simples: trata-se de substituir a ausência de dinamismo dos mercados externos por uma dinamização do mercado interno. Justificada socialmente – os mais pobres sendo os mais vulneráveis às crises, as desigualdades de rendimentos são consideráveis nesses países –, sua eficácia é limitada. É difícil dinamizar suficientemente o mercado interno dadas as profundas desigualdades. Não é uma redistribuição que se precisa considerar, mas muito mais que isso: uma revolução da política fiscal. Essa somente é possível se os conflitos de classes que ela implica forem resolvidos, o que não parece ainda ser o caso. Vive-se então um período estranho na atualidade desses países: a produção cai, porém as bolsas voam novamente, os investimentos em carteiras retornam e as moedas se reapreciam[35], dando a impressão de que a fase mais dura da crise já passou. Um tal contexto não favorece seguramente as políticas econômicas que estejam à altura dos desafios da crise, ao menos no imediato.

Medidas de urgência. Não existe uma reforma fiscal visando diminuir sensivelmente as desigualdades, não existe uma política industrial pensada e uma sustentação ainda moderada aos investimentos públicos em infraestrutura e não existe uma revisão da política de taxa de câmbio. Vimos o quanto ela, aceitando a valorização, poderia apresentar efeitos negativos em termos de crescimento e de estrutura das exportações[36]. Para retomar um conceito desenvolvido por Habermas, essas políticas explicam os déficits de racionalidade do Estado e não apresentam uma natureza que possa inverter as evoluções estruturais que analisamos na primeira parte.

---

35 Segundo *The Economist* de 16 de maio de 2009, as cotações, expressas em dólar, se elevaram 25,5% na Argentina, 7,4% no México e 43,9% no Brasil, desde 31 de dezembro de 2009. Após ter sofrido uma forte depreciação, as moedas se revalorizam às vezes intensamente como no Brasil: depois de ser cotado 2,5 reais por dólar no momento mais forte da crise, o real foi cotado em 2,1 contra um dólar em 13 de maio (essa cotação era de 1,66 um ano antes).
36 O retorno de capitais e a recuperação dos mercados financeiros após sua queda se traduzem novamente por uma apreciação mecânica da taxa de câmbio.

DÉFICIT DE RACIONALIDADE

Déficit de racionalidade e déficit de legitimidade são conceitos caros a Habermas. O termo déficit visa sublinhar que a racionalidade ou a legitimidade não pode ser total. O déficit é, portanto, mais ou menos importante.

O déficit de racionalidade é um conceito mais conhecido que o de legitimidade. Ele mantém relações complexas com esse último. O déficit de racionalidade explica as dificuldades reencontradas pelo Estado para "produzir" o crescimento e a coesão social. Ele resulta na capacidade/incapacidade dos governos para agir de maneira eficaz sobre o tecido industrial e sobre os conflitos existentes, como nos diz J Habermas, em *Raison et légitimité*. Vimos que, comparados aos países asiáticos, os Estados latino-americanos sofrem de um déficit de racionalidade mais elevado, na medida em que suas vantagens comparativas reveladas da indústria são mais fracas e seus crescimentos são sobretudo baseados na expansão das exportações de produtos primários. A crise questiona novamente esse déficit de racionalidade. A racionalidade procurada pelo Estado não é a mesma das economias exportadoras, das economias cujo regime de crescimento é a substituição de importações, enfim, das economias que se caracterizam por um processo crescente das finanças sobre o produtivo. No primeiro caso, as relações do Estado com os rentistas ligados à expansão das matérias-primas exportadas são mais ou menos racionais, segundo a capacidade de o Estado impulsionar essa divisão internacional do trabalho; no segundo caso, o Estado substitui o capital enfraquecido e torna-se diretamente empreendedor nos setores pesados e semipesados, assim sua racionalidade se mede de maneira excessiva pela magnitude do crescimento; no terceiro caso, a racionalidade do Estado se mede pela capacidade de, ao mesmo tempo, permitir uma expansão das finanças e de limitar os efeitos negativos que a dinâmica da financeirização gera sobre os comportamentos dos investidores. Esses efeitos negativos se caracterizam pela expansão de novos comportamentos rentistas, os quais são ligados aos ganhos das finanças em detrimento do investimento, às relações privilegiadas dos bancos e às necessidades do Estado para financiar sua dívida interna, enfim, pela voracidade do setor financeiro que, subtraindo uma parte crescente dos lucros do setor produtivo, deixa pouca margem para um aumento da taxa de investimento, impede que os salários possam evoluir ao ritmo da produtividade do trabalho e leva à procura de

> um aumento dessa produtividade mais pelas reorganizações do trabalho (mais flexibilidade e precariedade) que pela introdução de novos equipamentos. O déficit de racionalidade é, portanto, relativo ao longo do tempo segundo os regimes de crescimento.

Coalizões e Conflitos de Interesse Tornando Difícil uma "Saída por Cima" da Crise

Para entender as particularidades e limites da intervenção dos Estados, é preciso levar em consideração vários fatores: as coalizões e os conflitos de interesse, presentes nos governos, os mecanismos de legitimação em jogo, a compreensão da natureza de uma crise não prevista, enfim, a personalidade dos chefes de Estado. As coalizões e os conflitos de interesse presentes no interior do governo resultam em um déficit de racionalidade relativa e, ao mesmo tempo, em uma grande legitimidade do governo brasileiro e mais particularmente do presidente do Brasil. Ao contrário, o governo argentino conhece dois déficits importantes: um de racionalidade e outro de legitimidade, enquanto nesses últimos anos o crescimento econômico era nitidamente superior em relação ao do Brasil. Apresentaremos aqui essas duas trajetórias – a do Brasil e a da Argentina – em que, uma sendo o exato oposto da outra, são instrutivas. Tratando-se de coalizões de interesses, a política de taxas de juros muito elevadas conduzida pelo Banco Central brasileiro é muito cara em termos orçamentários: o peso do serviço da dívida interna se aproxima dos 7% do PIB depois de ter alcançado 10%. Essa política é, no entanto, muito vantajosa para inúmeros setores: os bancos, subscrevendo títulos emitidos pelo governo, têm lucros muito elevados, o mesmo vale para as grandes empresas e para os exportadores, que colocam seus recursos em títulos lucrativos e obtêm empréstimos para investir a taxas reduzidas. Essa política favorece a financeirização da economia e enriquece os acionistas.

A política de taxa de juro elevada, somada àquela de manutenção de excedentes primários do orçamento, tem um efeito positivo sobre a credibilidade junto aos mercados financeiros internacionais. Essa política resulta em um afluxo considerável de capitais. As bolsas passam por grande expansão e tornam-se mais lucrativas que as bolsas dos países industrializados. A atração das bolsas é tão forte que o aumento das reservas internacionais e a diminuição da vulnerabilidade externa resultam em uma valorização da moeda nacional face ao dólar. É isso que explica o apoio desses setores e sua coalizão de interesse[37].

Ao contrário, a valorização da moeda nacional acompanhada da liberalização das trocas externas tende a eliminar as empresas manufatureiras menos competitivas. Uma dessubstituição das importações ameaça, portando, ramos inteiros do tecido industrial. Desse ponto de vista, existe um conflito de interesse, para as empresas ameaçadas, com a política de câmbio do governo. Entretanto, aquelas que não estão em condições de resistir à concorrência crescente se beneficiam da importação de bens de capital a menores custos em razão dessa valorização. Enfim, o aumento do salário mínimo em termos reais e a política de redistribuição de rendas em favor dos mais pobres ampliam o mercado interno, sobretudo quando ela é acompanhada de uma política em favor do endividamento das famílias. Essa ampliação do mercado interno beneficia às empresas que produzem para esse mercado. Os conflitos potenciais são assim parcialmente compensados por perspectivas reforçadas de lucro. O conflito de interesse não diz respeito, portanto, ao conjunto do setor industrial e, quando ele existe, pode ser às vezes atenuado pelos efeitos positivos da ampliação do mercado interno sobre a rentabilidade das empresas. Os setores exportadores de matérias-primas, cujos preços são fixados em dólar ou em libras, se encontram penalizados por essa política, já que a valorização diminui o rendimento em moeda local. Mas esse efeito negativo é compensado por condições mais favoráveis de crédito, subvenções e, enfim, pela alta da cotação das matérias-primas. A valorização da moeda, cujos efeitos perversos já vimos, em termos de estratégia de industrialização e de taxa de crescimento, tem um efeito positivo sobre a desaceleração da alta dos preços. A alta das cotações das matérias-primas resulta em uma elevação relativa dos preços dos produtos alimentares em relação aos outros preços, fazendo sofrer as camadas mais vulneráveis, mas seu

---

37 Para mais detalhe sobre essa coalizão de interesses, ver F. Erber, Development Projects and Growth under Finance Domination. The Case of Brazil during Lula Years (2003-2007), *Revue Tiers Monde*, n. 195.

efeito, ainda que elevado, foi atenuado pela valorização da moeda nacional. As rendas aumentaram e, conjuntamente com as renda financeiras, constituem o cimento da coalizão de interesses.

DÉFICIT DE LEGITIMIDADE

Com a expansão do capitalismo na América Latina, a ascensão do Estado sobre o econômico foi realizada a partir de formas de legitimidade, misturando formas de dominação antigas, em que o autoritarismo se soma ao paternalismo, com a forma universal, favorecendo a exclusão. O apoio popular recebido por esse ou aquele governo, portanto, não se baseia necessariamente em formas de designação e de revocação de tipo democrático clássico, respondendo aos "cânones" ocidentais. Mas, mesmo no caso em que as regras do jogo democrático parecem ser aplicadas – como é o caso da maior parte das economias semi-industrializadas latino-americanas – as relações dos indivíduos com o Estado são diferentes segundo o estrato ao qual pertencem, dada a grande segmentação econômica da sociedade. As desigualdades sociais são nesse ponto muito grandes, podendo ser definidas por uma *apartheid* social.

Compreender a maneira pela qual os diferentes estratos da população, quase isolados uns dos outros, veem o Estado, não é simples e refere-se à particularidade de regimes políticos profundamente marcados pela história cultural e social, a qual deve ser entendida na historicidade de cada um desses países. As demandas específicas do Estado, segundo o pertencimento a essa ou aquela camada da população, resultam em formas específicas de apoio aos regimes políticos. Essas formas podem consolidar os processos de democratização engajados, contudo podem, também, levar a apoiar localmente poderes de fato, que substituem o Estado central, quando esse último não está mais em condição de assegurar o mínimo exigido. *O Estado é então poroso*, pois ele não controla a totalidade de seu território. Essa porosidade é mais acentuada quando se mantêm, ou se desenvolvem, guerrilhas como na Colômbia. As organizações criminais – e principalmente aquelas ligadas ao tráfico de drogas particularmente lucrativo – em busca de certa legitimidade, com o objetivo de perenizar seus negócios, ocupam funções de atribuição do Estado e "fazem suas justiças" pelo exercício da violência e ao custo da democracia.

De maneira geral, a relação entre repressão e legitimação é complexa e uma não pode ser reduzida ao inverso da outra. Se a legitimidade é grande, a coerção pode não ser exercida, exceto se ela faz parte dos mecanismos de legitimação, mas é verdade que, mesmo nesse caso, ela é uma faca de "dois gumes" e pode provocar déficits de legitimidade quando não aparece justificada segundo os códigos dominantes de valor. A legitimidade não se confunde com a democracia nas economias emergentes. Porém a complexidade de seus aparelhos de produção e a densidade de suas formações sociais permite mais legitimidade à aplicação das regras do jogo democrático. A legitimidade passa cada vez mais pela democracia, no entanto não se confunde com ela, a herança de valores culturais (herdada do passado, mas também transformada nesse passado pelas mutações econômicas e pela influência das ideias importadas) pesa de maneira diferente e diferenciada nesses países.

Sem querer entrar mais uma vez no debate da democracia formal (aquela das urnas) com a democracia real (aquela das relações de produção), observemos, com D. Caputo, em *La Democracia em America Latina*, o divórcio muito grande entre os progressos da democracia e a continuidade, senão a extensão, das grandes desigualdades. Vários autores insistem no divórcio entre a cidadania política e a cidadania social. O'Donnell, por exemplo, em seu artigo "Acerca del Estado em America Latina Contemporanea", no livro organizado por Caputo, desenvolve a ideia segundo a qual nos países em vias de desenvolvimento, e mais particularmente na América Latina, o Estado não é "universal". Segundo esse autor, três aspectos podem caracterizar o Estado: a eficácia de sua burocracia, a efetividade de seu sistema legal e a credibilidade entendida como realização do bem comum à Nação. O Estado pode ser eficaz, e o é às vezes, em momentos de ditadura. Mas como regra geral, essas três características são muito mal preenchidas. A aplicação do direito é de ordem virtual e discricionária e, nesse sentido, o sistema legal é pouco aplicado, desviado ou favorecido por outras formas de ilegalidades. O trabalho informal é, por exemplo, contrário ao direito. Ele existe maciçamente. Essa presença maciça, negada pelo direito, mas aceita pelos fatos, manifesta a possibilidade de decisões discricionárias sobre certas categorias de trabalhadores informais como os ambulantes. O direito se aplica segundo o bem querer, ele é então a porta aberta a uma corrupção de proximidade. Pagar ou ser vítima do direito, tal é a espada de Dâmocles suspensa acima das cabeças de muitos indivíduos para os quais o direito não tem a universalidade que deveria possuir.

> No mesmo sentido, D. Caputo[38] sublinha que o índice de democracia, escalonado de zero a um, melhorou muito na América Latina nesses últimos 25 anos. Retomando os cálculos efetuados pela PNUD, Caputo lembra que na época das ditaduras ele era próximo de zero (0,28) e, em seguida, aumentou muito até alcançar 0,93. Durante a mesma época, o rendimento médio *per capita* aumentou apenas trezentos dólares... a pobreza e a indigência ficaram em níveis extremamente elevados, bem como as desigualdades. A cidadania social está assim longe de ter um progresso no nível da cidadania política. Dessa forma, o indicador de Morley, construído para medir a evolução das reformas que visam liberalizar os mercados (liberalização comercial, financeira nacional e internacional, reforma fiscal e desregulamentação do Estado), indica uma progressão elevada (0,52 em 1977 e 0,82 em 2000); o indicador que visa medir ao mesmo tempo o direito à vida, à integridade física e às ameaças de perseguição por razões políticas, construído a partir de dados provenientes da Anistia Internacinal e do Departamento de Estado dos Estados Unidos, passa de 3 a 2,6 em uma escala de 1 a 5, em que o valor 5 corresponde ao estado de terror (ele é de 1,1 na Europa). A melhoria é sensível para o indicador que mede a liberalização, fraco para o que é "vivenciado" pelos indivíduos.

A política do governo de Lula parece um *iceberg*. A parte visível, emersa – aquela que corresponde à melhoria da baixa renda – é bem menor que aquela parte imersa, as finanças. O setor financeiro e as grandes empresas obtêm um lucro considerável dessa política e atrás deles, os acionistas. A diminuição das desigualdades esconde aquilo que os economistas chamam de uma deformação da curva de Lorenz. As camadas mais ricas (1% talvez 0,1% da população)[39] veem aumentar suas partes na renda nacional, enquanto as camadas mais pobres (30% da população) tiveram apenas uma melhora de suas situações. A política de redistribuição de rendimentos em favor dessas pessoas constitui a parte mais visível do *iceberg*. Ela

---

38 Una Agenda para la Sustentabilidad de la Democracia, em *Foreign Affairs*, out.-dez. 2005.
39 Ver Cap Gemini e Merrill Lynch, *World Wealth Report*. Segundo esse relatório, o número de indivíduos que possuem mais de 1 milhão de dólares em ativos financeiros é, em 2007, de 143 mil. Essa é uma ínfima minoria comparada à população brasileira. Esse número aumentou 19,1% entre 2006 e 2007, após ter aumentado 10,1% entre 2005 e 2006. Trata-se de uma taxa de crescimento das mais elevadas no mundo, a terceira para ser mais preciso, após a taxa da Índia e da China.

representa menos de 10% das somas pagas a título do serviço da dívida interna entre 2003 e 2007, provavelmente mais do que atualmente em razão da baixa relativa das taxas de juros e da alta do número de beneficiários da bolsa família, principal canal dessa redistribuição. Fraca, comparada ao que custa a financeirização, ela apresenta uma "rentabilidade" considerável em termos de legitimação. É aí que intervém a personalidade dos dirigentes: enquanto, em porcentagem do PIB, as somas destinadas à luta contra a pobreza são mais ou menos equivalentes em cada um desses países, apenas o governo de Lula obteve um benefício político.

Em período de crise, essa coalizão de interesses é colocada à rude prova: as taxas de juros abaixam mas prosseguem elevadas. Isso inicia o enriquecimento pela financeirização, as taxas de câmbio se revalorizam, o que vai contra os interesses dos exportadores de matérias-primas no momento em que as cotações, mesmo que novamente em alta, não alcançam os altos níveis que já vivenciaram. O reaquecimento do mercado interno tem efeitos fracamente positivos, mas reais. A falta de perspectiva a médio e longo prazo leva a um déficit de racionalidade, mas o déficit de legitimação, que deveria levar à crise, com seu cortejo de dificuldades concentradas nos mais vulneráveis, não está presente, muito pelo contrário. Déficit de racionalidade e legitimação mantida parece ser a equação do governo brasileiro. Esse não é o caso da Argentina, nem do México.

A Argentina vivenciou durante anos um crescimento do tipo asiático. Sua política de taxa de câmbio e de taxa de juro é heterodoxa comparada àquela seguida pelo Brasil e, em uma menor medida, pelo México. No entanto, o governo argentino sofre um duplo déficit, de racionalidade e de legitimação.

Para compreender esse duplo déficit, é preciso retornar a um conflito que apareceu nitidamente quando da tentativa de implementação de um sistema progressivo de imposto sobre o valor das exportações de matérias-primas agrícolas, segundo a evolução de suas cotações.

A grande alta, mesmo que diferenciada, das cotações das matérias-primas de origem agrícola está, com efeito, na origem do crescimento das rendas, que beneficiam principalmente as grandes explorações da Argentina, com uma concentração da produção em alguns produtos, cuja rentabilidade é mais elevada. Assim, a produção de soja ocupava 37 mil hectares em 1971, depois 8,3 milhões de hectares em 2000 e 16 milhões de hectares em 2007, ou seja, 60% das terras cultivadas contra 34% no Brasil. Essa reviravolta da "paisagem" agrícola permitiu uma expansão muito rápida da produção e das exportações de soja. As taxas operadas sobre as exportações desses produtos, decididas em 2002, são elevadas e se somam àquelas sobre os benefícios das explorações agrícolas. Essa expansão "irresistível" da cultura da soja se fez na Argentina em detrimento dos produtos alimentares. Houve substituições de culturas e não um avanço da fronteira agrícola pelo aumento de terras aráveis. Para muitos produtos como o trigo, a rarefação subsequente das terras aráveis reduziu de maneira relativa suas ofertas, em face de uma demanda em expansão.

A alta dos preços das matérias-primas de origem agrícola, destinadas ao consumo humano ou ao consumo animal, produz muitos efeitos: 1. o preço da terra quadruplicou em uma década na Argentina; 2. a concentração de terras, já elevada, aumentou; 3. em busca de uma maior rentabilidade, o pequeno proprietário pode abandonar a exploração de sua terra, vendê-la ou mesmo alugá-la; 4. as explorações agrícolas, cujas técnicas de produção não são muito elaboradas, esperam se "beneficiar" dessa alta dos preços, repercutindo sobre os preços dos produtos destinados ao mercado interno com seus custos unitários mais elevados como é, por exemplo, o caso da carne na Argentina; 5. enfim, nesse contexto altista o conjunto das explorações agrícolas tendem a adotar o mesmo comportamento.

A amplitude das rendas obtidas pelos exportadores, graças à alta das cotações dessas matérias-primas, levou o governo em março de 2008 a modificar as "regras" do jogo de maneira um pouco autoritária. As taxas foram desde então indexadas de maneira progressiva às cotações da soja e do girassol: quanto mais elevadas elas forem, maior é a "retenção" operada pelo governo. O princípio das "retenções móveis" visa precisamente neutralizar o efeito de contágio possível dos preços internacionais sobre os preços internos, fornecendo mais recursos ao Estado à medida que os preços externos se elevam. Esses recursos suplementares deveriam servir para frear a alta dos preços internos, ao menos sua aceleração, graças às subvenções concedidas a montante (ajuda aos pequenos produtores, subvenções à indústria e aos transportes para aliviar o custo da fatura petrolífera) e a jusante (subvenções para os produtos alimentares). Essa medida única – já que decidida segundo o nível alcançado pelos preços nos mercados internacionais e aplicada indiferentemente sobre as pequenas e grandes explorações – não tem os mesmos efeitos em termos de amplitude de ganho segundo o tamanho das plantações. Ela corta os ganhos potenciais diferentemente segundo o tamanho da plantação, o rendimento por hectare, os custos dos insumos utilizados, o distanciamento do porto; ela não os diminui de maneira absoluta. Tal medida, somada ao passivo das relações entre os governos argentinos sucessivos e as organizações de agricultores[40], explica em grande parte a aliança entre os agricultores, independentemente do tamanho de suas plantações, da heterogeneidade de suas respectivas situações, de eles produzirem ou não soja, frente ao governo, contra uma medida que dizia respeito apenas às plantações que produzem soja e girassol. Essa política em relação aos exportadores é diferente daquela seguida pelo governo brasileiro: no caso argentino, os fundos assim obtidos deveriam principalmente permitir atenuar o impacto da alta da cotação do petróleo sobre o custo da energia dos transportes e da indústria, subvencionar os produtos alimentares, ajudar as explorações agrícolas em dificuldade, e desacelerar assim a alta dos preços. No caso brasileiro, não existe retenção móvel, mas o efeito moderador sobre a alta dos preços dos produtos alimentares foi obtido pela valorização da taxa de câmbio, por subvenções às pequenas empresas agrícolas e por uma política de taxa de juros reduzida. Com a política de retenção móvel, os conflitos de interesse inflam tanto mais fortemente quanto mais essas medidas são tomadas de maneira autoritária e em seguida são discutidas[41] diferentes medidas com vistas a ajudar os agricultores em dificuldade. O conflito

---

40 Outras medidas foram tomadas como aquelas que visaram limitar as exportações de carne bovina (em março de 2006) e dar melhor provisão ao mercado interno, quando os criadores e seus intermediários tinham tendência a preferir os mercados externos em razão da alta das cotações.
41 Nesse caso preciso, o governo teve que abandonar o projeto de retenção móvel, diante da recusa do Senado em aprovar essa medida.

aberto com o governo reencontra um eco junto aos trabalhadores, enquanto seus interesses estão em exata oposição por várias razões, algumas de ordem estrutural, outras conjunturais. O crescimento muito forte não afetou o perfil da distribuição de renda. As desigualdades de rendimentos se acentuaram durante os anos de 1980 com a hiperinflação, tinham aumentado consideravelmente com a política liberal conduzida pelo governo Menem nos anos de 1990, foram novamente acentuadas com a forte crise do final dos anos de 1990. Essas desigualdades não foram reduzidas, ou o foram na margem, com a retomada do crescimento. A pobreza certamente diminuiu, porém a amplitude de sua diminuição é relativamente modesta em relação à grandeza do crescimento. Os dados fornecidos pelo instituto de estatísticas são enganadores e não refletem a alta real dos preços. Desse fato, os salários reais aumentaram menos que o que levava a crer os números oficiais e a pobreza diminuiu menos. O escândalo provocado por essa revelação alimentou um ceticismo sobre os efeitos positivos do crescimento para os trabalhadores, e uma insatisfação real. Enfim, as razões invocadas para justificar a retenção móvel eram pouco críveis: enquanto era anunciada a possibilidade de subvencionar os produtos alimentares como principal razão, a alta de seus preços era considerável e a parte afetada por essas subvenções, era fraca[42]. Entre a intenção fixada e sua realização, existe um precipício, fonte de muitos descontentamentos. A alta de preços dos produtos alimentares afeta diretamente o poder de compra dos mais necessitados e alimenta um conflito distributivo mais clássico entre assalariados e empresários e uma desconfiança em relação ao governo. Com a crise, esses conflitos aumentaram de intensidade, a perda de legitimidade do governo foi sensível e se exprimiu nas urnas. Os capitais continuam a sair

---

42 Os dados recentes avaliam o conjunto das subvenções na Argentina em 3%, 3,5% do PIB, ou seja, aproximadamente 30 a 35 bilhões de pesos para o ano de 2008. A maior parte dessas subvenções é destinada à energia, ou seja, 19 bilhões, aliviando a fatura petrolífera tanto das empresas públicas como das privadas e das famílias, 7 a 10 bilhões de pesos deveriam ser destinados aos transportes (avião, trem, metrô). As subvenções aplicadas aos exploradores agrícolas e financiadas por um caixa especial seriam avaliadas em 2,5 bilhões de pesos. Observa-se, portanto, que o essencial das subvenções vai para a energia e os transportes e que muito pouco, de fato, é destinado aos produtos alimentares e às compensações.

maciçamente do país, precipitando a necessidade de encontrar uma outra forma de governança e de imaginar outras políticas econômicas contracíclicas.

Enquanto se poderia pensar que o forte crescimento, a diminuição do desemprego, a melhora do nível de vida em seu conjunto, somados às medidas tomadas em favor da "memória" e da recusa do indulto (o perdão aos ditadores por seus crimes) iriam alimentar uma forte legitimidade do governo, foi o contrário o que se produziu nos anos de 2007-2008. O dinheiro da renda não permite comprar as consciências como alguns pensam, nem favorecer o lançamento de grandes projetos industriais, contudo alimenta os conflitos distributivos e as políticas clientelistas discricionárias que, no longo prazo, satisfarão apenas às minorias.

CONCLUSÃO

Uma taxa elevada de crescimento é boa em si mesma? *A priori*, a resposta é positiva. No entanto, quando se aprofunda essa questão, observa-se que o importante, a médio e longo prazo, é a capacidade de transformar a estrutura daquilo que se produziu, pois é dela que depende a qualidade da inserção na economia mundial. Se essa nova inserção se faz a partir de uma especialização em produtos de média e alta tecnologia, cujas elasticidade-preço e, sobretudo, elasticidade-renda em relação à demanda são elevadas, então essa inserção pode ser considerada como positiva, pois dela decorrerão as maiores possibilidades de valorização e uma menor vulnerabilidade do crescimento. Esse não foi o caso dos principais países da América Latina. Ao contrário, um tecido industrial centrado em produtos pouco dinâmicos, como o têxtil, leva a uma inserção regressiva no tempo. Uma especialização em produtos primários aumenta igualmente a vulnerabilidade quando as cotações baixam.

A crise é perversa em si mesma? Ela tem um custo social. As camadas mais modestas e os menos protegidos pagam geralmente um preço elevado, a menos que uma política social contracíclica à altura da crise seja decidida, o que é raramente o caso. Ela pode permitir reforçar o tecido industrial e preparar uma melhor inserção na economia mundial no futuro. Vimos que isso depende das alianças de classes, das coalizões e dos conflitos de interesse. Ora, eles não parecem ter mudado fundamentalmente.

É o abandono das políticas liberais? A série de medidas tomadas para lutar contra os efeitos da crise parece muito mais um conjunto de medidas pragmáticas, tomadas de maneira fragmentada, do que uma política pensada. Nesse sentido, não se pode afirmar que se tem um abandono durável das políticas econômicas de inspiração mais ou menos liberal segundo o país, mas muito mais um parêntese dessas políticas. Que amanhã, no momento de uma mudança dos interesses políticos existentes, uma outra política econômica possa ser decidida, é possível. As forças em jogo, nesse instante, se exprimem de maneira tracejada e vários caminhos são abertos.

A crise pode se aprofundar? As políticas econômicas contracíclicas podem, mais ou menos, criar obstáculo aos efeitos de contágio da crise internacional; elas não podem conter essa crise. Tudo depende, portanto, da amplitude da crise nos países industrializados e, sobretudo, das formas que ela tomará: um v, isto é, uma queda do nível de atividade seguida de uma retomada ao fim de um ano; um w, isto é, após a retomada, uma nova queda seguida de uma nova retomada; um l, isto é, uma queda com uma estagnação em um nível deprimido? Parece que o segundo caso é o mais provável. As forças que se desenrolam dessa crise coloca em ação seus subterrâneos e, igualmente ao que se passou nos anos de 1930, essas forças reservam surpresas tanto no plano político quanto no econômico.

8. Percurso de Vida de um Pesquisador em Economia

Tive a oportunidade, uma oportunidade extraordinária, de viver um momento excepcional, aquele das lutas antiimperialistas contra as guerras da Argélia e do Vietnã. Nascido no Egito, em uma família que logo se dispersou pelo mundo, com tias que emigraram para a América Latina, um dos lugares onde parecia renascer a esperança de mudar o mundo e os homens, sempre fui muito sensibilizado por essas lutas.

A segunda oportunidade é ter tido um mestre pensador: Celso Furtado. Ele foi meu professor durante dois anos. Fui seu assistente durante um ano. Celso foi grande, alguém que me influenciou profundamente. Morreu há pouco e tenho que lhe fazer uma homenagem. Na França, dos anos de 1960, os professores de economia, "especializados" no desenvolvimento, tinham pouco conhecimento sobre o que se passava, ou tinha se passado, na Ásia, no Egito, na Índia e menos ainda na América Latina. A chegada de Celso Furtado à França no mínimo os deixou incomodados em suas certezas e exerceu uma espécie de efeito espelho sobre suas incompetências. Celso Furtado, ministro brasileiro expulso de seu país pelo golpe de Estado, formado em Cambridge, defendia um discurso diferente em 1966, um discurso que permitia reflexão. Essa segunda oportunidade me conduziu ao desenvolvimento. Eu tive também a oportunidade de estabelecer relações com homens e mulheres aqui, na França, lugar de seus exílios, de discutir com eles; eram pessoas que pensavam o desenvolvimento de maneira totalmente diferente daquela que predominava na França. Elas não pensavam simplesmente com "as armas na mão", mas também com suas cabeças. Foi essa mistura, de recusa à ignorância com o conhecimento do adversário, que fornecia um clarão muito lúcido, sábio e militante. Eu trabalhei na preparação dos debates. Fazia conferências no Instituto de Desenvolvimento Econômico e Social (Iedes), conferências que muito interessavam aos estudantes latino-americanos, não apenas brasileiros, e aos refugiados políticos.

Esse período em que conheci Celso Furtado e o mundo de refugiados políticos foi, para mim, muito importante, me formou profundamente, porém não foi isso que me fez descobrir a política. Adolescente, eu tinha começado a fazer política entre os jovens comunistas há pouco tempo, contra a chegada de De Gaulle em 1958. Em seguida continuei, como estudante, no seio da União de Estudantes Comunistas até o fim da guerra da Argélia, depois lutei pelo sindicalismo na Faculdade de Direito, o que não foi fácil em um contexto de herdeiros da OAS[1] (Organisation de l'Armée Secrète). O que era impressionante, e continua a me impressionar, é que, na "novela" de 1968, enquanto militante da Liga[2], eu tinha a energia necessária para fazer política de maneira intensiva e, ao mesmo tempo, conduzir um trabalho teórico de maneira profissional.

PRIMEIROS PASSOS
Primeiras Oportunidades

É também uma oportunidade o fato de ter sido um dos primeiros na França a trabalhar sobre as teorias marxistas e cambridgianas. Karl Marx e Joan Robinson eram dois autores pouco lidos na época. É preciso compreender que, no início dos anos de 1970, muitos eram os que conheciam Marx por intermédio dos trabalhos

---

1 Organização do Exército Secreto.
2 Liga Comunista Revolucionária (LCR), organização trotskista da IVª Internacional.

de Althusser e não a partir da leitura de *O Capital*, o que não era meu caso. Portanto, Marx somado a Cambridge e a Furtado, mais o conhecimento factual que eu tinha da América Latina, tanto por minhas leituras como por minhas discussões com os refugiados latino-americanos, em resumo, essa "mistura", me permitiu avançar muito rapidamente em minhas pesquisas. Isso levou-me diretamente aos assuntos que me pareciam mais interessantes, e assim pude compreender o que eram os movimentos sociais, sua importância e seu papel muitas vezes esquecidos pelos economistas. Ou seja, tive um prumo e fui diretamente ao objetivo, evitando os mil e um contornos bem conhecidos, em geral, por todo pesquisador em suas investigações. Foi assim que pude defender, em 1971, uma tese sobre o desenvolvimento, que continua a ser, esse é o meu sentimento, uma obra maior, imediatamente traduzida em italiano, espanhol e português e, mais tarde, em outras línguas. Essa tese alcançou grande êxito na França e na América Latina, tornando-me conhecido como pesquisador. Por eu nunca ter estado na América Latina, muitos pesquisadores me perguntavam como pude escrever aquele trabalho, e eu simplesmente respondia que isso foi possível graças ao que aprendia com os latino-americanos (exilados como C. Furtado) e ao que o contexto global da época, além de minha sensibilidade de militante, permitiam compreender a respeito dos movimentos sociais na América Latina, sem os quais me parecia difícil apreender os mecanismos econômicos, tal como continuo pensando. A política, mais exatamente a percepção política da América Latina, foi uma oportunidade, uma oportunidade que, hoje, muitos pesquisadores, com a relativização das utopias mobilizadoras, não têm.

Eu também me beneficiei do fato de não ser latino-americano e de poder fixar um olhar a partir do exterior. Quando você discutia com um brasileiro, na época, o subdesenvolvimento era visto e percebido através das lentes brasileiras e, depois, quando você cavasse mais um pouco, você se aperceberia que as referências eram as de um Estado do Brasil, e – exageremos um pouco –, quando você cavasse ainda um pouco mais, você se aperceberia que suas referências eram mais precisamente aquelas de sua cidade de origem. Isso me permitiu compreender aquilo que se chamava na época "a técnica do funil" (começa-se pelo todo para depois se restringir cada vez mais, porém esse todo é, de fato, a representação-generalização do ponto mais estreito do funil). Os latino-americanos eram, em geral, muito ignorantes do que se passava em outros países que não os seus. Isso que falo sobre os brasileiros, também é válido para os mexicanos, para quem a América Latina era o México, ou mesmo a cidade do México. Eu quero dizer com isso que, na época, os latino-americanos não se conheciam entre eles mesmos; não conheciam suas próprias experiências. Eu conhecia os problemas de seus países menos que eles, mas conhecia mais ou menos as trajetórias econômicas, sociais e políticas de vários países e podia assim procurar entender aquilo que tinham em comum e aquilo que os diferenciavam. Isso naturalmente oferecia um esclarecimento diferente e permitia compreender vários aspectos que eles mesmos não conseguiam entender. É isso que pode explicar, *grosso modo*, o sucesso de meu livro e das conferências que eu apresentava no Iedes. As experiências comparadas, tanto no que concerne à substituição de importações, o populismo, os limites da acumulação, a chegada das ditaduras militar-policiais esclareciam certos aspectos particulares de suas próprias experiências e dava sentido a elas. É dessa forma que aprendi a força da análise comparativa, a qual continuei a aplicar. "Comparação não é razão", sem dúvida, mas a comparação dá lugar à imaginação dos pesquisadores. Talvez seja essa uma das coisas mais importantes que aprendi durante uma época tão densa.

Bem no início dos anos de 1970, Jean Luc Dallemagne, Jacques Valier e eu mesmo propomos a François Maspéro a publicação de uma revista. Nós estávamos, a título de anedota, em um porto bretão; bebíamos, comíamos sardinhas e nos colocávamos a questão de publicar nossas teses, fundar uma nova revista, um pouco como provocação, convencidos de que tínhamos "coisas a dizer", maneiras de pensar que gerariam inquietações. Procuramos F. Maspéro, e ele, muito calmo, segurava um elástico entre os dedos com o qual brincava. Não chegamos a discutir o que íamos lhe dizer. Então nós simplesmente lhe dissemos que queríamos publicar uma revista e Maspéro respondeu sim, de acordo, vamos produzir o primeiro número. O primeiro número de *Critique de l'Economie politique*, sobre inflação, foi de imediato um sucesso. Foram feitas duas tiragens, o equivalente a 7.500 exemplares e, em seguida, foi republicada na Petite Collection Maspéro, com tiragem de dez mil exemplares. Os primeiros números retomavam os temas desenvolvidos em nossas respectivas teses. Essa revista, nós a queríamos independente e, ao mesmo tempo, vinculada à Liga, o que foi provavelmente um erro. No início, ela foi um grande sucesso, pois as pessoas tinham sede de conhecimento, o contexto político ajudava e as revistas tradicionais não respondiam a essas expectativas. Era um tipo de revista que hoje não venderia duzentos ou trezentos exemplares, além das assinaturas, mas que na época vendia cinco mil exemplares. Houve mesmo números que se esgotaram e foram reeditados em livro de bolso. Nesse contexto, publicamos, J. Valier e eu, uma *Introduction à l'économie politique* que vendeu setenta mil exemplares em francês (1973), quarenta mil exemplares em espanhol e foi traduzida em onze línguas no espaço de alguns anos. As pessoas procuravam então compreender o que se passava "à direita e à esquerda". Esse foi mais ou menos o contexto da época, que trouxe uma oportunidade, para mim e para outras pessoas de minha geração e que nos forneceu uma abordagem diferente da economia.

O Aprendizado da Multidisciplinaridade

No início de meus estudos, eu seguia um curso de preparação para os concursos das escolas de engenharia, mas estava de fato atraído pela economia, porque essa era, para mim, a maneira de entender a política. Eu logo "deixei" as matemáticas para me reencontrar em economia e ler filosofia. As pessoas de minha geração podiam discutir com sociólogos e antropólogos, enriquecer-se com suas pesquisas e contribuições, ao mesmo tempo em que os ajudavam. As abordagens eram multidisciplinares. Entretanto, essas abordagens são muito difíceis de serem praticadas, sendo preciso ter o domínio das disciplinas, senão o risco é de se cair na mediocridade. Uma das razões que diminui a importância da multidisciplinaridade hoje, e mesmo sua rejeição, é que muitas vezes ela permite o nascimento da mediocridade. Um pesquisador que não domina nem a economia, nem a sociologia, nem a antropologia produz, muitas vezes, qualquer coisa muito medíocre. Para cada dez trabalhos multidisciplinares, oito são de qualidade medíocre, porque as pessoas não dominam suas próprias disciplinas. A multidisciplinaridade é essencial, porém muito difícil de ser praticada.

Esses foram meus primeiros passos. Em seguida, parei com a militância no sentido estrito do termo e passei a investir a fundo na América Latina. Era o início dos anos de 1980. Eu viajava cada vez mais para a América Latina: ao Brasil, ao México, à Argentina e, às vezes, para a Colômbia. Comecei a participar de pesquisas de campo. Sentia cada vez mais a necessidade de estar no campo com geógrafos e sociólogos. O fato de conhecer pessoas no campo, de ter participado de pesquisas com elas, muitas vezes em equipe, é que me permitiu entender em profundidade aquilo que eu via. Eu me alimentava de seus trabalhos e, em certa medida, eles me davam ideias; eu via as coisas que não poderiam ser vistas sem suas explicações. Isso me permitia compreender os problemas que eu mesmo levantava, em seguida, de um ponto de vista macroeconômico e global. Sempre me mantive como macroeconomista, no entanto, para entender a macro, eu tinha necessidade da famosa micro; sem ela, a macroeconomia não tem, para mim particularmente, o menor sentido. É dessa maneira que consigo resolver, mesmo com muitas dificuldades, aquilo que os economistas chamam várias vezes de "*no bridge*". Não resolvo esse problema cientificamente, pois ele passa por uma análise da lógica interna das teorias, porém o resolvo na prática, em contato essencialmente com geógrafos e sociólogos, a partir de intuições que essas abordagens de campo podem me dar.

Interlúdio Africano

Eu descobri a África com o Gabão, para onde fui enviado após minha nomeação como professor universitário. No Gabão, eu me encontrava em outro mundo. Tinha alguns amigos que me indicaram alguns bons autores a serem lidos, mas eu estava em outro mundo, era outra coisa, era muito diferente. Conhecia o subdesenvolvimento industrializado e estava na presença daquilo que se chama de antigo modelo de inserção na economia mundial, fundado na promoção das exportações, isto é, a exportação de produtos primários. Muito pouco populoso, o Gabão era e continua sendo um caso típico: mais rico em matérias-primas que a maior parte dos países africanos, ele exportava petróleo, madeira e manganês.

Minha instalação no Gabão não foi fácil. Com efeito, depois de ter passado no concurso para associado e, após minha nomeação, fui investigado pelos serviços policiais franceses, resultando em uma interdição de estadia no Gabão, provavelmente por causa de minha atividade política em favor dos latino-americanos. Os sindicatos do Ministério da Cooperação, pensando que minha ida ao Gabão era voluntária, se ocuparam do "assunto" e se mobilizaram contra essa decisão escandalosa. Como estávamos na véspera das eleições nacionais, fim de 1977, e pensávamos que a esquerda ganharia, o ministério recuou, e assinou um novo decreto, quando fui novamente nomeado para servir em Libreville. Não fui bem recebido na universidade, tanto da parte de alguns franceses, que aparentemente receavam por suas situações, como da parte de alguns gaboneses que já haviam passado pelas prisões de Omar Bongo e temiam que minha presença lhes ocasionasse problemas: logo, preferiam não frequentar minha casa. Fugindo dessa atmosfera e sem nenhum interesse em passar meus dias em Libreville, frequentemente ia para as savanas com alguns expatriados, na maior parte "marginais", o que era bem mais interessante do que ficar na capital. Tive de fazer um esforço gigantesco em antropologia para entender como funcionava essa sociedade. Diziam-me que o Gabão não era África.

Não era fácil compreender o que se passava naquele país, pois a diferença com os países latino-americanos era muito grande. Apesar de ter "meu Georges Balandier"* no bolso, eu tinha muitas dificuldades para compreender os profundos mecanismos de funcionamento dessas sociedades. Na América Latina, sabendo o português e o espanhol, eu podia entender o "ruído da rua" e traduzi-lo em termos econômicos e sociais, mas isso era quase impossível no Gabão. Compreendi, então, que eu "não fora feito para a África" e retornei para minha América Latina, em um outro Terceiro Mundo.

"Meu" Terceiro Mundo era muito diferente da África, porém, mesmo assim, essa foi uma experiência extremamente

---

* Georges Balandier, sociólogo e etnólogo francês, estudou, principalmente, a sociologia da África Negra (N. da E.).

rica. Entretanto, para partir sem perder meu posto, era preciso que eu fosse reformado e repatriado pelos militares franceses. Fui vê-los. Queixei-me de mil e um males e, ao mesmo tempo, me dizia que após um ano meus registros seriam suficientemente densos para que eles me reformassem. Após vinte minutos, eles propuseram me repatriar por síndrome de inaptidão ao meio, em outras palavras, por loucura. Isso satisfazia a todo mundo: a eles, que não podiam dizer para eu ficar, e a mim, que retornaria à França para minha universidade em Lille. Mas uma decisão como essa poderia se tornar perigosa e levar a um impedimento de lecionar. Quando de meu retorno à França, obtive, então, de amigos psicanalistas, um certificado onde constava que eu tinha uma síndrome de inaptidão ao meio gabonês, que me permitiu ensinar em Lille.

Retorno aos Meus Lugares de Predileção

Ir de Paris a Lille a cada semana, ser um parisiense em Lille, era também descobrir a província. E viajar para a América Latina sob o sol e a luminosidade brasileira, depois me reencontrar na manhã do dia seguinte com a leve chuva do Norte, produzia em mim estranhas alterações e isso era uma fonte de perplexidades. Ver a miséria, a verdadeira miséria, marcada por favelas e crianças procurando sua condição de vida nas imundices do lixo e me reencontrar com colegas que se mobilizavam em torno de pequenas coisas, ignorantes e, sobretudo, indiferentes ao que se passava em seu entorno, me surpreendia. Percebi o quanto certas pessoas podiam ter um espírito estreito e o quanto sua imaginação não ia além de 50 km de Lille. Jamais pude me integrar em Lille; os únicos amigos que pude fazer foram os "turbo profs"*
como eu mesmo e alguns militantes da Liga, exilados em Lille, na casa dos quais pude me alojar. Mesmo assim, o contato com os estudantes, tanto os de Lille como os estrangeiros, e as lutas que eles conduziam, me enriqueceram muito.

---

* Os "turbo profs" que o autor menciona (se incluindo no grupo) eram professores "turbinados", que diante da quantidade de trabalho não faziam outra coisa senão preparar seus cursos e reger suas classes (N. da T.).

Eu parti de Lille para Amiens, mais próxima de Paris. Nesse momento, assumi a direção da UFR e montei um DEA[3] sobre o desenvolvimento, logo em seguida, dois ou três anos mais tarde, fui nomeado para Paris, mais exatamente Paris XIII, universidade que eu reencontrava com prazer. Com efeito, eu tinha ensinado nessa universidade em turmas de primeiro ano durante quatro anos antes de fazer o concurso de professor associado. Paris XIII, situada em pleno meio das periferias consideradas como difíceis, era uma universidade conhecida por suas mobilizações.

A PESQUISA: AMBIGUIDADES NAS EXPRESSÕES UTILIZADAS E NOVAS DIFICULDADES

As Palavras e Seus Sentido

Adiantarei, antes, algumas palavras sobre o desenvolvimento para tornar precisos meus temas de pesquisa e, principalmente, os problemas com os quais nos confrontamos enquanto pesquisadores "engajados". Os termos "desenvolvimento", "subdesenvolvimento" e "em vias de desenvolvimento" possuem fortes conotações. Eu participei de numerosos debates com estudantes e pesquisadores latino-americanos que não aceitavam que seus países fossem qualificados de "subdesenvolvidos", porque esse termo tinha um sentido pejorativo. Logo, preferiam utilizar expressões mais neutras como "economias semi-industrializadas" ou mesmo "economias emergentes". Para mim, a expressão "subdesenvolvido" não é pejorativa, porém, se ela é sentida como tal, pode-se utilizar metáforas como "emergente", "novo país industrial" ou "semi-industrializado". Essas expressões são, talvez, mais politicamente corretas, no entanto não permitem, do mesmo modo, ressaltar facilmente que se está tratando de um "outro" desenvolvimento e de insistir, assim, sobre os aspectos qualitativos desse outro

---

[3] Uma Unité de Formation et de Recherche (Unidade de Formação e de Pesquisa) seria, aproximadamente, um Departamento das universidades brasileiras. O Diplôme d´Etudes Approfondies (Diploma de Estudos Aprofundados) é um certificado oferecido aos concluintes do primeiro ano de pós-graduação na França, que corresponde ao primeiro ano do Doutorado.

desenvolvimento. Não é o fato de eles terem sido ou não colonizados que confere a essas economias esse aspecto qualitativo. Decorrente da difusão das relações mercantis, feita em um espaço de tempo muito curto e muitas vezes imposta do exterior, essas economias adquiriram aspectos qualitativos particulares. Isso se traduz, por exemplo, por aquilo que Gilberto Matias qualificava de assalariamento incompleto. O salário é, com efeito, ao mesmo tempo, uma relação de valor, pois permite a reprodução do trabalhador e de sua família, e uma relação de favor. Esses dois aspectos coexistem nos países desenvolvidos, mas, nos países subdesenvolvidos, o aspecto "favor" é muito mais importante e isso resulta muitas vezes em empregos informais em número considerável e em formas de dominação na qual prevalece a combinação autoritarismo-paternalismo. As modalidades de expansão das relações mercantis são diferentes de país a país. Contudo é verdade que, pela difusão extremamente rápida das relações mercantis, as formas de submissão do trabalho adquirem especificidades que traduzem a desestruturação-adaptação de antigos modos de gestão do trabalho.

O Desenvolvimento das Economias Semi-Industrializadas: Paradoxos Associados ao Tema

No que concerne aos meus temas de pesquisa, centrados no desenvolvimento das economias semi-industrializadas, eu gostaria de realçar dois pontos antes de entrar nos detalhes: o primeiro é o interesse pelo tema e pela evolução na maneira de abordá-lo, diferente hoje; o segundo diz respeito à multiplicação das informações, à sofisticação de seus tratamentos e, como corolário, à pobreza dos raciocínios subjacentes.

Interesse e Indiferença

Esse interesse é certo e isso constitui um fato muito positivo; observem o sucesso dos DEES[4] (hoje chamado de Master 2) junto

---

4 Diplôme d'Etudes Supérieures Spécialisées (Diploma de Estudos Superiores Especializados): trata-se de um certificado oferecido aos concluintes dos dois primeiros anos de universidade.

aos estudantes com relação às ONGs. Entretanto, diferentemente do que foi no passado, hoje procura-se muito menos entender o sistema em sua globalidade, analisar o subdesenvolvimento e a periferia em relação à expansão de economias centrais, estudar a intervenção do Estado e compreender sua importância, procurar a especificidade das formações sociais etc. Isso está provavelmente relacionado a uma desconfiança crescente em relação às utopias mobilizadoras, desconfiança alimentada por inúmeros insucessos, além de permitir que fiquemos mais no "terra a terra".

Hoje o interesse é mais pragmático: procura-se resolver aquilo que não está bem, aliviar os sofrimentos, logo se busca com menos intensidade revolucionar o mundo. É essa dimensão de ausência de utopias que eu lamento. Existe um certo interesse pelos sofrimentos e isso é positivo, porém existe também pouca vontade em compreender as origens desses sofrimentos. O exemplo de ajuda ao Terceiro Mundo é significativo. Eu fui marcado pela campanha de donativos para o Terceiro Mundo, que foi desenvolvida a partir de uma iniciativa do presidente Reagan: de um lado, diminuía-se fortemente os auxílios públicos e, de outro, desenvolvia-se a caridade. Lembrem da canção We are the World. Os Estados Unidos tinham diminuído bastante suas ajudas e, ao mesmo tempo, lançavam uma campanha televisiva no estilo Téléthon*, exercendo grande apelo à sensibilidade das pessoas. Os donativos chegavam em abundância, mas, apesar da generosidade dos doadores, uma vez pagas as despesas dessa campanha, o montante recolhido foi muito insignificante em relação à amplitude dos cortes orçamentários efetuados nos gastos públicos destinados à ajuda ao desenvolvimento.

Atualmente, os Estados Unidos oferecem uma ajuda muito pequena. Em relação ao salário médio por habitante, essa ajuda é ainda muito menor que a da França ou dos países escandinavos, além de se encontrar concentrada em poucos países (no início eram apenas Egito e Israel). Com exceção dos "auxílios" militares, isso resulta em somas ridículas vindas da parte desses países. Em suma, para ter a consciência tranquila sem muito

---

* Téléthon é uma contração das palavras televisão e maratona. Trata-se de programas de televisão que têm por objetivo arrecadar fundos para obras de caridade (N. da T.).

gasto, dávamos as mãos ao redor do mundo, cantávamos uma bela canção e, durante esse tempo, longe dos projetores, os efeitos negativos dessa redução se fazia sentir. Assim acontece quando não se procura identificar as causas globais da miséria ou mesmo quando se reduz o horizonte que alimenta sua sensibilidade. Sem dúvida, esse não é o caso para aqueles que vão trabalhar com ONGs, muitas vezes em condições muito difíceis. Mas, em certa medida, essa filosofia de alívio dos sofrimentos individuais e o fato de não procurar compreender aquilo que produz esses sofrimentos, conduz a limitações análogas. Existe uma sublime indiferença por parte do cidadão médio e, ao mesmo tempo, um sentimento difuso de culpabilidade, que explicam esses momentos de generosidade súbita. Existem, portanto, a indiferença e ao mesmo tempo o interesse. Isso é um pouco paradoxal.

Informação Rica e Raciocínios Pobres

Uma informação mais rica com raciocínios mais pobres: esse é um segundo paradoxo. O enriquecimento aconteceu de fato; graças aos computadores temos capacidade de cálculo absolutamente fantástica, não apenas em economia, mas também na medicina e na maior parte das disciplinas. O empobrecimento relativo vem do fato de que o progresso não surge, na maior parte das vezes, de nós mesmos, de nossas capacidades em inovar ou de novas maneiras de raciocinar, mas daquelas máquinas cada vez mais eficientes. É como se o enriquecimento freasse um pouco nossas capacidades criativas. Isso é um paradoxo. Ontem, quando queríamos inverter uma matriz, nós o fazíamos na maior parte das vezes à mão, o que era complicado e longo. Os testes econométricos eram relativamente simples, porém demorados para serem executados. Também pensávamos muito antes de aplicar um modelo, que devíamos testar em seguida. Refletíamos sobre a metodologia e sobre a fiabilidade dos dados, porque em seguida devíamos passar muito tempo fazendo os cálculos: os computadores estavam longe de ter a potência que oferecem hoje.

Atualmente os computadores são tão poderosos e a miniaturização é tão impressionante, que é possível realizar cálculos que não podíamos imaginar antes. Isso naturalmente permite inventar pesados testes em econometria. Novos testes aparecem a cada ano, e muitas vezes os estatísticos não conseguem acompanhar esse ritmo frenético de inovação. Sobre a análise das crises financeiras, é particularmente impressionante: podemos agrupar muitos países em vários anos; podemos misturar tudo; podemos retirar a Suécia e acrescentar a Noruega; mudar o ano de análise, mudar de teste etc. É possível, hoje em dia, colocar na máquina outras séries, sem ter refletido sobre a maneira pela qual elas foram construídas, ou mesmo sobre suas significâncias. Aperta-se, em seguida, um botão, e a máquina oferece um resultado diferente, que podemos novamente contestar acrescentando esse ou aquele país, modificando o período, as séries, bem como as variáveis etc. Com isso é factível produzir até cem artigos, *grosso modo*, com o mesmo modelo, testado e aplicado, tanto para a Tanzânia como para o Brasil.

Existe hoje uma proliferação desse tipo de análises. E elas são consideradas "ciência". Há um enriquecimento da capacidade de tratar os dados e, paralelamente, um empobrecimento da capacidade de interpretá-los. A única questão colocada por muitos economistas é a de saber se eles têm a possibilidade de tratar ou de mudar o painel. A maior parte dos economistas não raciocina mais sobre o que é um número. No entanto os estatísticos de profissão ainda se perguntam: O que é um número? Como ele foi construído? O que ele significa? Por exemplo, eu posso dizer que a taxa de desemprego no Brasil não é muito elevada, sem me interrogar sobre o que é o desemprego em um país onde não existe auxílio desemprego para muitos trabalhadores e, mais particularmente, para aqueles que não são ou são muito pouco qualificados. Com efeito, os mais pobres não podem ser desempregados. Eles se encontram no setor informal, fazem qualquer coisa, têm apenas atividades de sobrevivência, mesmo se recebem hoje o auxílio do programa Bolsa Família. No Brasil, os desempregados são principalmente técnicos e técnicos de nível superior, pois são eles que são capazes de poder ficar sem emprego durante alguns meses. Não se interrogar sobre esses números, sobre sua construção, sobre seu significado, considerá-los como dados neutros, com o mesmo sentido em diferentes países, conduz a profundos erros de interpretação.

Muitas vezes os economistas não se colocam mais, ou se colocam muito pouco, questões de fundo sobre a metodologia, os conceitos, como construí-los. A economia se tornou apenas uma caixa de instrumentos.

Observem, principalmente, como são tratados os períodos. Logicamente, os regimes de crescimento deveriam ser distinguidos. Certos países conheceram um regime de crescimento durante vinte anos, pois o regime muda, muitas vezes por ocasião de uma crise: o crescimento, então alavancado pela expansão das rendas das camadas sociais médias, passam a ser puxados pelas exportações, ou então graças a uma intervenção substancial do Estado, ou ainda pela expansão da renda das camadas sociais de rendimentos mais modestos. Nem todos os países apresentam o mesmo regime de crescimento no mesmo instante ou em períodos distintos; essa é uma questão possível de ser tratada econometricamente. Mas, na maioria das vezes, mistura-se cinquenta países em um período longo do tempo, e cada país se diferencia mais ou menos um do outro com relação ao seu regime de crescimento, e cada um passa por um ou dois regimes de crescimento diferentes no mesmo período – e procura-se saber se o livre-comércio favorece, por exemplo, o crescimento. A potência das máquinas permite facilidades que custam caro. Para se ter boas questões deve-se inicialmente distinguir os regimes e, em seguida, em se tratando da influência das exportações sobre o crescimento, é necessário se interessar pela natureza dos produtos exportados[5], bem como pelas formas de sua expansão[6]; a partir daí, pode-se analisar a influência das exportações sobre o crescimento e do crescimento sobre as exportações. Ora, isso é o inverso do que se observa na maior parte dos artigos ou dos textos. Apesar do enriquecimento da informática, permitindo pensar de maneira diferente e inovar, simplifica-se demasiadamente e, por trás do abuso dos testes, se perfilam "velhas banalidades" como supostos efeitos positivos do livre-comércio. A economia se coloca cada vez mais a serviço dos dogmas. Minhas observações sobre o livre-comércio poderiam ser aplicadas a inúmeros outros exemplos, como a relação

---

5 A expansão dos produtos manufaturados simples não tem o mesmo efeito que o aumento da potencialidade dos produtos mais sofisticados.
6 Trata-se de fábricas de montagem ou, ao contrário, existe uma impulsão por parte do Estado, uma política industrial para estimular uma integração a montante e a jusante?

"mais mercado – mais crescimento – menos pobreza". É preciso ter desastres, como na Argentina, ou mesmo mobilizações, como em Seattle, para que as instituições internacionais sejam obrigadas a avaliar e ver as nuanças de suas atitudes passadas.

Um Grupo de Pesquisa Inovador em Suas Relações com o "Mainstream"

Inicialmente éramos poucos a travar uma batalha teórica sobre os problemas do desenvolvimento na América Latina, mas agrupamos nossas forças. Eu fundei, com alguns amigos, o Grupo de Pesquisa sobre o Estado, a Internalização das Técnicas e o Desenvolvimento (GREITD). O GREITD foi, desde o início, um grupo de pesquisa multidisciplinar, usando da polêmica em seu próprio seio com vivacidade e inteligência. Esse grupo rapidamente atraiu muitos intelectuais e constituiu uma estrutura de acolhimento para muitos latino-americanos, doutorandos em Paris. Foi assim que pouco a pouco nossa rede se reforçou na América Latina, e muito rapidamente foram organizados, na França como também na Colômbia, no Brasil, no México e na Argentina, colóquios internacionais sobre temas da atualidade, como, por exemplo, as políticas de ajustamentos estruturais. Eu dirigi esse grupo por mais de dez anos, inicialmente sozinho e depois auxiliado por um secretariado, tendo Bruno Lautier me sucedido em seguida. O grupo se transformou progressivamente, a América Latina deixou de constituir o tema único de nossas pesquisas, a necessidade de reconhecimento acadêmico se fazia sentir, principalmente pelos jovens doutorandos franceses também membros do grupo. Animados por uma abordagem um tanto militante, mas também muito científica, praticando a multidisciplinaridade e procurando a realidade, quantas vezes estávamos "na frente" de contingentes de economistas das instituições internacionais? Éramos, como pequenos soldados, levados pelos problemas do Terceiro Mundo para tomar de assalto os exércitos de economistas do "*mainstream*". Pequenos soldados heterodoxos face aos grandes exércitos ortodoxos, nós criticávamos suas formas de raciocínio e propúnhamos análises alternativas.

Seria um erro considerar que essas instituições não trazem nada cientificamente além de ideologia. A leitura de suas produções é útil, não apenas no plano da informação e do tratamento dos dados, mas também das análises. Essa leitura é também útil porque ela inspira, com maior ou menor força, muitos países do Terceiro Mundo. Portanto, há muito a aprender a partir de seus trabalhos e a pior das atitudes seria rejeitar o conjunto de sua produção, com o pretexto de que ele é marcado pelo selo do "*mainstream*". Essa não é minha atitude, mas, paradoxalmente, eu poderia me queixar pelo fato de dedicar muito tempo a visitas de seus sites e a ler seus trabalhos, em lugar de dedicar mais de meu tempo a ler e reler autores que muito me marcaram e me formaram, como os cambridgianos, os cepalinos, os marxistas e os pós-keynesianos. Para seguir o ritmo de suas produções, não dedicamos pouco tempo a suas metodologias! Seria um erro ignorá-los, não apenas em razão de suas contribuições, mas também porque se queremos criticá-los, devemos analisar os resultados de suas políticas governamentais, com efeitos nefastos para a maior parte da população. Melhor conhecê-los. Evidentemente, temos o direito de colocar a questão: por que pessoas inteligentes chegam a falar truísmos e sofismas e a construir raciocínios fracos apesar da aparência científica, pelo uso e abuso de modelos sofisticados? A economia é uma ciência flexível. Os economistas dessas instituições, diferentemente de muitos intelectuais, defendem seus rendimentos, muitas vezes mais elevados que os dos acadêmicos. A primeira coisa que muitos deles pensam quando obtêm um contrato, é conseguir, logo, um outro contrato. Eles devem, portanto, adivinhar "o que pensa o Príncipe", o que lhe convém, o que justifica ou legitima a política que ele conduz. Eles devem fornecer elementos de análise para que o homem político possa afirmar que não há "outro caminho possível". Participam, assim, dessa burocratização do pensamento. Produzem o pensamento único e, quando esse pensamento é ameaçado por críticas externas, cuja força vem muitas vezes dos efeitos sociais desastrosos das políticas em questão e das mobilizações que esses efeitos suscitam, eles devem legitimar novamente a argumentação, mudar de direção ou mesmo mudar de posição, porém tentando mostrar que eles não a mudaram. Certamente é preciso colocar uma nuança, pois isso não diz respeito a todos os economistas, longe disso. Existem gradações no pensamento único, nuanças desenvolvidas por uns e rejeitadas por outros, mas a maior parte do tempo essas discussões se mantêm em certos limites. Da mesma forma, deve-se distinguir entre o cínico, que sabe que vende sua alma, e aquele que, ainda que sincero, está "alienado" pelo aprendizado adquirido nas universidades mais ortodoxas dos Estados Unidos.

A discussão sobre os efeitos de uma mudança da distribuição de rendimentos para reduzir a pobreza e relançar o crescimento mostra bem o que queremos dizer. Ontem, as instituições internacionais, Banco Mundial na frente, militavam contra esse tipo de política, qualificando-a de populista, destacando que "o inferno está pavimentado de boas intenções" e que querer aliviar a pobreza dessa maneira apenas a agravaria. Eu me lembro de um Dornbush[7] escrevendo esse tipo de banalidade com arrogância, contudo, felizmente, me lembro também de um Hirschman demonstrando exatamente o contrário; é verdade que Hirschman não trabalhava para essas instituições. Dizia-se "*growth is good for the poor*" (crescimento é bom para o pobre). No entanto, o crescimento não resulta unicamente do liberalismo. Menos desigualdade pode também contribuir para mais crescimento e principalmente para menos pobreza. Hoje, diante, de um lado, dos malfeitos dessas políticas e da dificuldade de aliviar a pobreza em muitos países e, de outro, da sensibilização, da mobilização diante de tanto cinismo e com a esperança de que uma outra maneira de pensar a globalização seja possível, admite-se, enfim, que uma melhor distribuição dos rendimentos pode contribuir para alcançar o objetivo de aliviar a pobreza… mas que autocrítica, ponto!

Sobrevoo de Meus Temas de Pesquisa

Os Regimes de Crescimento "Excludentes"

Teoria e empirismo, um alimenta e, por sua vez, questiona o outro. Foi assim que pude evitar o lado um pouco mecânico

---

7 Cf. R. Dornbush; S. Edward, (orgs.), *The Macroeconomics of Populism in Latin America*.

das teses estagnacionistas, insistindo no aspecto evolutivo das contradições produzidas por essa tendência. A abordagem de K. Marx em relação às crises foi muito útil para mim. Pude teorizar a respeito da emergência de um "regime de crescimento excludente", que repousa na expansão das camadas sociais médias, como saída para a crise do regime de crescimento anterior. Lembro de ter nomeado esse regime de crescimento como da "terceira demanda", aquela das camadas médias, e o termo teve certo sucesso na época. Eu tinha sobretudo mostrado que sua expansão passava pela instauração de regimes políticos com legitimidade restrita, isto é, ditaduras que podiam impor uma repressão salarial aos trabalhadores. Na época, os trabalhadores, diferentemente dos quadros, e, de maneira geral, as camadas médias, apenas constituíam um custo e não uma demanda para as indústrias potencialmente dinâmicas de bens de consumo duráveis, levando em conta as profundas desigualdades de renda – isso favorecia a expansão dessas camadas médias de maneira significativa. Desde então, a oferta de bens de consumo duráveis podia ser suficientemente valorizada, em razão da redução dos salários e, ao mesmo tempo, do aumento da demanda por esses produtos pelas camadas médias. A expansão desse setor alimentava a consolidação das camadas médias na formação social. Eu me inspirava na análise dos trabalhadores indiretamente produtivos e na abordagem em termos de ciclo do capital produtivo, de K. Marx, no livro II de *O Capital*.

O Estado na América Latina

Com Gilberto Matias, pesquisamos as causas da amplitude e da especificidade da intervenção do Estado nas economias semi-industrializadas. Nesse momento nos referíamos aos trabalhos de certas correntes marxistas da Escola de Frankfurt chamada de "derivação"[8]. O Estado, abstração real, é deduzido da cadeia lógica das categorias marxistas: mercadoria-valor-dinheiro-capital. Em outras palavras, segundo essa abordagem, a categoria capital, por exemplo, não pode ser compreendida sem a cate-

8 Cf. P. Salama; G. Mathias, *L'État surdéveloppé, des métropoles au Tiers Monde*.

goria que a segue, da mesma forma o Estado capitalista é abordado em se referindo às categorias que o precede. Enfim, tal como o preço é a forma de existência do valor, o regime político é a forma de manifestação do Estado. Nossa contribuição foi a de aplicar essa abordagem ao contexto latino-americano. Em lugar de "deduzir" a natureza de classe do Estado na América Latina da categoria capital que não existia – exatamente porque a hipótese de Marx da generalização das mercadorias não podia ser considerada quando se queria analisar a gênese do subdesenvolvimento –, nós procuramos deduzir a inserção de suas economias na "economia mundial constituída" tal como ela emergiu no final do século XIX. Essa abordagem nos permitiu explicar por que o Estado podia favorecer o desenvolvimento de relações mercantis e capitalistas, quando a luta de classes, que ele representava, somente existia de maneira muito fraca. Assim, sem recorrer à conceituação de capitalismo de Estado, um pouco em voga na época, podíamos compreender que o Estado poderia criar a classe que ele deveria representar. Podíamos também definir certas leis, tanto no nível da abstração do Estado como no nível de sua forma de existência, logo, do regime político. Podíamos então mostrar os limites da intervenção do Estado, indo além da oposição virtual entre sua função de acumulação e sua função de legitimação, tal como tinha desenvolvido James O'Connor, em *The Fiscal Crisis of the State* (A Crise Fiscal do Estado). A inspiração, dessa vez, vinha da leitura aprofundada de *Raison et légitimité* (Razão e Legitimidade), de Jurgen Habermas e de *1905*, de Leão Trótski. Mas, como já sublinhei, minha pesquisa se alimentava dessa abordagem metodológica e, ao mesmo tempo, a interrogava, colocando em questão certos conceitos. Essa pesquisa sobre o Estado foi, para mim, muito difícil e eu apenas lamento uma coisa; ter me afastado dessa abordagem até recentemente por diversas razões:

- o marxismo estava cada vez menos na moda e os conceitos que eu utilizava eram cada vez menos compreendidos, o que dava certa impressão de não me fazer entender, pelo menos na França;
- certos aspectos funcionalistas de minha abordagem, que eu não conseguia ultrapassar, me eram cobrados;

• uma dificuldade de preencher a lacuna entre o que era do domínio da dedução ("derivação" dizia-se) lógica e o que era do domínio da história real.

Retomei a pesquisa, timidamente é verdade, neste livro. Trata-se, evitando o recurso a conceitos que podem parecer confusos, de compreender os limites de um Estado mínimo, que favorece a expansão da financeirização e estrutura suas despesas, ao mesmo tempo, nos serviços da dívida interna, em uma alta ainda tímida, mas real, dos gastos sociais, e em um quase desaparecimento de sua intervenção direta no econômico.

Riqueza e Pobreza

Esses últimos anos, eu tenho trabalhado mais particularmente nos efeitos da expansão das finanças sobre o crescimento, a distribuição de renda e a pobreza, a partir de uma análise comparativa, não apenas entre economias latino-americanos, mas principalmente entre essas economias e as economias asiáticas. Essas últimas vivem diferentemente a globalização comercial e a mundialização financeira. O que me interessa é compreender o por quê. Dessa forma, procuro colocar a nu os mecanismos econômicos que conduzem as economias latino-americanas a ter uma taxa de crescimento baixa. Um crescimento baixo se traduz em uma probabilidade muito fraca de aumentar a mobilidade social, logo também em maiores dificuldades para diminuir de maneira significativa a pobreza. Minha abordagem da pobreza não é independente de uma pesquisa sobre as causas do enriquecimento de uma fração muito pequena da população. Eu tento, portanto, andar com as duas pernas ao analisar riqueza e pobreza em suas relações íntimas. Isso, infelizmente, não é frequente entre os economistas, com exceção de alguns como Márcio Pochmann, no Brasil. A maior parte dos economistas analisa a pobreza independentemente da formação da riqueza. Mais precisamente, eles consideram a distribuição pessoal da renda do trabalho, no entanto dificilmente consideram o conjunto dos rendimentos, dentre os quais aqueles de origem financeira, logo, em certa medida, aqueles que se originam da riqueza. Essa distribuição de rendimentos e sua evolução para mais ou menos desigualdades, juntamente com a taxa de crescimento, constituem algumas causas da evolução da pobreza. Portanto, seus trabalhos não analisam a formação da riqueza em suas relações com a pobreza. Eles apenas observam que mais desigualdades é um fator agravante da pobreza.

Múltiplos cenários combinam taxa de crescimento e redução das desigualdades a fim de reduzir a pobreza em dez anos em um dado montante. Isso é um progresso. Pois se admite enfim que tocar nas desigualdades pode ser favorável a uma redução da pobreza, enquanto antes as organizações internacionais mobilizavam seus funcionários para demonstrar que não se devia "tirar a roupa de Pedro para vestir Paulo", que mexer na distribuição provocaria efeitos perversos, e que, enfim, uma tal política não poderia ser defendida porque era a manifestação de um populismo condenável. Agora sim, há progresso, não estamos mais condenados aos gemidos do inferno quando evocamos a necessidade de reduzir as desigualdades. Mas a formação da riqueza continua sem ser analisada em sua relação com a pobreza: uma riqueza muito concentrada é um freio ao abrandamento da pobreza e um crescimento mais sustentado é então necessário, isso basta.

As desigualdades sociais não são comparáveis na Ásia com aquelas existentes na América Latina, ainda que na China essas desigualdades tenham aumentado, passando de um índice de Gini* de 0,28 no início dos anos de 1980 a 0,45 em 2002. O primeiro índice é muito baixo, o segundo já é elevado. Nos países europeus esse índice se situa entre 0,32 e 0,35. Nos Estados Unidos em 0,37 e no Brasil em torno de 0,60 com leve tendência à baixa. O Brasil é, com a África do Sul, um dos países mais desiguais do mundo, quais sejam os indicadores utilizados. Há vinte anos, qualificava-se de "*apartheid* social" o processo de exclusão brasileiro. O que me interessa, portanto, é explicar a evolução das desigualdades, como elas condicionam o crescimento e o produzem. Para compreender esses

---

* O índice de Gini mede a desigualdade da distribuição da renda entre os indivíduos. O valor desse índice varia entre 0 e 1. Quando ele se situa em 0, significa dizer que não há nenhuma desigualdade distributiva, ou seja, todos os indivíduos possuem a mesma renda; quando ele se situa em 1, a desigualdade é máxima, de maneira que apenas um indivíduo detém todo o rendimento social, ficando nulo o rendimento de todos os demais indivíduos (N. da T.).

mecanismos, não se pode se limitar a um indicador como o de Gini: esse indicador revela uma leve redução das desigualdades no Brasil nesses últimos anos, enquanto, de fato, emerge uma bipolarização dos rendimentos. Mais precisamente, se observa uma deformação da curva de Lorenz: 2 a 3% das camadas sociais mais ricas estão ainda mais ricas do que o foram no passado, graças à expansão dos ganhos permitidos pelo crescente peso das finanças; por outro lado, 30% da população, os mais pobres, tiveram uma leve melhora em sua situação em termos absolutos e relativos. Isso em parte se deve à política de assistência observada na maior parte dos grandes países da América Latina. As camadas médias, mais particularmente dois terços delas, tiveram uma deterioração relativa, às vezes absoluta, de suas rendas. A estabilidade, talvez um leve declínio, de um indicador como o de Gini pode esconder movimentos profundos, os quais é preciso analisar, pois eles estão na origem da incapacidade desses países de conseguir, por um longo período, uma taxa elevada de crescimento, logo, uma sólida mobilidade social. Essas evoluções da formação social são importantes hoje na América Latina. São uma caricatura daquilo que se observa nos Estados Unidos e na Europa. Elas lembram, como sublinha Krugman, a sociedade analisada por Scott Fitzgerald nos Estados Unidos no início do século XX, quando ele descrevia o modo de vida dos 2% a 3% mais ricos da população e o fraco peso das camadas médias. Parece-me que somente podemos compreender essas profundas evoluções se levarmos em conta o peso crescente das finanças. Esse peso provoca efeitos indiretos sobre a amplitude absoluta e relativa dos lucros industriais e, ao mesmo tempo, sobre os modos de gestão da força de trabalho. Com efeito, nos anos de 1990, as finanças tomaram uma nova forma na América Latina: diminui a parte dos salários no valor agregado das empresas não financeiras. A parte dos impostos aumenta levemente no Brasil, e a dos lucros cresce. Os lucros servem para pagar os dividendos, para financiar o serviço da dívida dessas empresas e, enfim, para fornecer os fundos necessários ao autofinanciamento. Os dois primeiros destinos constituem os lucros financeiros; o último constitui o lucro industrial. O que acontece com o peso crescente das finanças? Tendo aumentado fortemente a parte dos lucros financeiros, os lucros industriais, procurando se manter em termos relativos no valor agregado, só podem aumentar em detrimento da parte dos salários. Desde então estamos na presença de restrições muito fortes, de especificidades que não necessariamente se observa na Ásia:

- os salários se descolam da evolução da produtividade;
- a melhoria da produtividade é obtida, principalmente, graças a modos diferentes de gestão do trabalho e, em parte, por meio de equipamentos modernos;
- a precariedade e a flexibilidade aumentam;
- a parte dos lucros industriais fica muito pequena para financiar um forte crescimento;
- o recurso ao crédito é muito oneroso, diferentemente do que se observa nos países asiáticos, e o crédito serve, sobretudo, para financiar os salários, os *inputs*; em resumo, o capital circulante e um pouco o capital fixo.

Entretanto, é preciso cuidado para não se ter uma abordagem unilateral dos efeitos das finanças e não ver apenas os aspectos negativos, mesmo se eles pareçam predominar na América Latina. Nós temos assinalado que na Ásia as finanças, igualmente submetidas à globalização financeira, ajudam o crescimento. Por razões diferentes, podemos acrescentar que nos Estados Unidos elas não constituíram um obstáculo proibitivo. Como Janus, as finanças têm duas faces: um lado virtuoso quando facilita a acumulação e um lado parasitário quando se faz em detrimento dessa mesma acumulação. Essas duas faces coexistem, uma dominando a outra, a depender do período e do ambiente macroeconômico (distribuição da renda, formas de inserção na economia mundial, relações com as economias desenvolvidas e com os mercados financeiros internacionais). No Brasil, a face parasitária de Janus é mais forte que a face virtuosa. Os bancos preferem então financiar os títulos, muito lucrativos, da dívida pública interna e o Estado produz sua própria dívida interna graças às fabulosas taxas de juros reais que paga. O serviço da dívida do Estado assume assim o primeiro posto do orçamento. As empresas investem, sobretudo, fazendo apelo a seus próprios fundos; elas pouco recorrem ao crédito, muito caro, com exceção das maiores, que têm acesso aos mercados financeiros internacionais. Com exceção das pequenas empresas, elas obtêm às vezes créditos subsidiados concedidos pelos bancos via Banco Nacional de Desenvolvimento Econômico e Social (BNDES) principalmente quando investem em certos setores alvo (agricultura de exportação, por exemplo). As empresas tomam empréstimos, sobretudo, para financiar a compra de seus *inputs* e o pagamento dos salários, mas isso custa muito caro e corta cada vez mais a parte dos lucros destinada ao reinvestimento. A financeirização age, portanto, de duas maneiras: a primeira, mais conhecida, consiste em preferir a compra de ativos financeiros, mais lucrativos, do que investir no setor produtivo; a segunda, menos conhecida, traduz a pressão crescente do financeiro sobre os lucros das empresas não financeiras (encargos de suas dívidas, pagamento dos dividendos etc.) em detrimento dos lucros que servirão para o autofinanciamento. A taxa de investimento fica então baixa, não porque a valorização do capital industrial é fraca, mas porque ela está muitas vezes abaixo do que pagam os investimentos em carteiras e, sobretudo, porque "o apetite das finanças" acontece em detrimento das possibilidades de financiamento. Decorre daí uma real dificuldade para se alcançar uma taxa de crescimento sustentada e regular, por um longo período. Isso deve acontecer enquanto:

- as finanças não forem fortemente "reguladas" graças a uma nova "eutanásia dos rentistas", como dizia Keynes;
- o Estado continue a praticar uma política de ausência industrial e a recusar "manipular" as taxas de câmbio e de juros com o objetivo de favorecer o crescimento;
- não houver uma redistribuição de rendimento pela via fiscal.

Os poucos países que conseguiram obter altas taxas de crescimento, como, por exemplo, a Argentina há alguns anos, são interessantes para análise. Pode-se pensar, porém isso ainda é uma hipótese de trabalho, que a crise profunda enfrentada por esse país, cujo custo social foi extremamente elevado, permitiu ressituar a finança marginalizando-a relativamente e recriando-a, graças à forte desvalorização e à manutenção da taxa de câmbio num nível pouco apreciado, com novos espaços de valorização do capital. Esses espaços engendram um círculo virtuoso graças aos empregos criados e à alta consecutiva da demanda efetiva.

Enfim Meu Hobby:
A Análise Econômica da Droga e da Violência

Sem abandonar o tema de pesquisa centrado na pobreza, na riqueza e no crescimento, a cada três ou quatro anos eu retorno a um *hobby*: o estudo da droga e da violência nas economias emergentes, *hobby* que eu abandono quando tropeço em dificuldades que me parecem intransponíveis; depois essas dificuldades me aparecem sob um outro ângulo e retomo minhas pesquisas. Michel Schirray, Jean Cartier Bresson e eu mesmo temos assim publicado vários números e relatórios sobre a droga, mas também sobre a violência, na *Revue Tiers Monde*. A violência está ligada ao tráfico da droga. Muito naturalmente, portanto, eu passei de um a outro tema. Contudo não se pode compreender essa violência e, sobretudo, sua explosão, sem que a inscrevamos na sua história. O Estado, consideravelmente enfraquecido pela crise dos anos de 1980, preso na restrição neoliberal dos anos de 1990, reduz suas funções (transporte, educação, saúde etc.) e deixa o mercado produzir novas desigualdades. Já falamos disso. Uma educação insuficiente, uma urbanização descontrolada (transportes e habitações insuficientes), um aumento das ocupações informais, uma desigualdade acentuada entre diferentes camadas sociais da população, mas também entre os pobres, pode conduzir a uma expansão de atividades informais de estrita sobrevivência e, mais amplamente, a expansão de atividades criminais ligadas muitas vezes ao tráfico da droga. Isso contribui para o aumento do número de homicídios. Assim, de uma maneira mais geral, o Estado controla menos a Nação e o território torna-se poroso, ao reduzir seu papel em benefício do mercado. E em seus bolsões – bairros das cidades e regiões do campo –, guerrilhas em certos países, máfias em outros e em certos bairros, ligados muitas vezes ao tráfico de drogas, aos jogos proibidos, senão sequestros, exercem então um poder *de facto* e deixam a porta aberta ao desencadeamento da violência.

A violência torna-se então a única maneira de regular os conflitos e também o meio privilegiado de adquirir rendas, isto é, de enriquecer quando falta o trabalho ou este é menos protegido. Poderes paralelos se desenvolvem assim, ligados muitas vezes ao tráfico de drogas e aos jogos proibidos. Esses poderes são geradores de violência extrema, porque não são *de jure* mas *de facto*.

* * *

Eu creio que o que se passa no Terceiro Mundo hoje nos abre canteiros gigantescos. Essa é uma oportunidade para o pesquisador, embora seja muito menos para aqueles que vivem dessas perturbações. Mas, para compreender o mundo, não é também preciso mudá-lo?

Conclusão:
Os Ensinamentos da Comparação entre Economias Latino-Americanas e Asiáticas

A comparação das trajetórias econômicas dos países latino-americanos e asiáticos oferece ensinamentos valiosos. As descontinuidades, quando da análise de algum caso específico, podem ser percebidas mais claramente graças a uma análise comparativa. O fraco crescimento das economias latino-americanas, interpretado a partir do forte crescimento e da baixa volatilidade da Ásia, se explica, por um lado, pela combinação de um elevado nível de desigualdades e de grande deformação da distribuição de rendimentos, concentrados nos altos rendimentos, e, por outro, pela rentabilidade menos atrativa do setor não financeiro em relação à do setor financeiro.

A deformação da distribuição de rendimentos e a manutenção de um nível muito elevado de desigualdades parecem ser as causas do baixo crescimento. Entretanto, uma relação como essa é pertinente apenas de maneira aparente. A deformação da curva de Lorenz e a manutenção do nível de desigualdades não são um "dado": resultam, em grande parte, do regime de crescimento fortemente financeiro implantado após as hiperinflações, da diminuição da participação da indústria no PIB em relação aos serviços, do aumento de força das finanças, e, enfim, da utilização de tecnologias mais intensivas em capital, necessitando mais trabalho qualificado[1]. A concentração em altos rendimentos a partir de um nível de desigualdades muito elevado acentua um comportamento rentista, já existente em favor do consumo de bens de luxo e de repatriação de capitais – e em detrimento de investimentos produtivos. Essa evolução, na qual a distribuição e a acumulação se autodeterminam de uma maneira específica, explica a baixa taxa de investimento em relação à taxa que se pode observar nas economias asiáticas. É, portanto, nesse aspecto particular de expansão das finanças na América Latina, que se encontra uma das causas da tendência à estagnação do crescimento. Mas essa não é a única. Como já vimos (supra, Capítulo 1), o aumento de força das finanças alimenta a fraca atração para o investimento produtivo na América Latina.

O crescimento é volátil e às vezes apresenta a forma de uma "montanha-russa". A liberalização muitas vezes brutal dos movimentos de capitais aumenta a vulnerabilidade financeira, a despeito da diminuição da dependência financeira desde o início dos anos 2000, com o aparecimento de grandes excedentes comerciais em países como o Brasil ou a Argentina. Modificações no aparelho industrial foram realizadas, suprimindo setores inteiros não competitivos e modernizando os que poderiam vir a ser. Em alguns casos, a expansão das exportações de produtos manufatureiros se tornou importante, em outros, os excedentes comerciais resultam de um retorno da economia ao setor primário; e o setor industrial, profundamente afetado pela abertura externa, resiste muito pouco à penetração das importações. Mas, incluído neste último caso, é a modernização do setor primário que explica o sucesso do movimento exportador, de sorte que não se pode reduzir o aparecimento desses excedentes unicamente à evolução favorável dos termos de troca, ou mesmo às grandes demandas oriundas dos países asiáticos.

A dependência financeira diminuiu porque o serviço da dívida (juros e amortização) e o pagamento de *royalties* e de dividendos para as multinacionais podem, em parte, ser financiados por esse superávit comercial, quando antes o déficit da balança comercial se somava a esse conjunto de necessidades

[1] Sobre o impacto do progresso técnico no crescimento e no emprego, ver o anexo, p. 249, dedicado a um *survey* de trabalhos recentes nesse tema.

de financiamento. O isolamento da Argentina dos mercados financeiros internacionais depois que ela decidiu, em 2003, não pagar uma parte de sua dívida externa, demonstra muito bem essa situação: o crescimento não foi apenas muito grande, mas também foi longo, contrariamente aos prognósticos da maior parte dos economistas.

A vulnerabilidade externa continua alta: os movimentos de capitais são raramente freados pelas tributações específicas. A variação das taxas de juros é o instrumento privilegiado para procurar diminuir as saídas de capitais num momento em que a probabilidade de uma grande depreciação da moeda nacional aumenta, para sinalizar positivamente aos mercados financeiros internacionais e reencontrar uma credibilidade, em vias de decomposição, junto aos investidores financeiros. Quando os equilíbrios macroeconômicos não são considerados satisfatórios pelos mercados financeiros internacionais, a liberalização de capitais oferece a oportunidade de evitar as consequências de uma gestão pública vista como nefasta. A sequência "liberalização-saída de capitais-elevação das taxas de juros-redução dos gastos públicos-recessão-agravamento da pobreza, e mais particularmente, agravamento da situação dos mais pobres", se desenrola na espera de um retorno dos capitais. Essa lógica está na raiz da volatilidade da taxa de crescimento. Ir além dela requer que a ultrapassagem dos desequilíbrios macroeconômicos seja resolvida por meio de outras soluções que não a saída de capitais, e isso naturalmente leva a repensar a inserção desses países na economia mundial de uma maneira diferente, limitando, sem custos, as possibilidades dos capitais.

Na América Latina, a pobreza diminuiu pouco desde o fim das hiperinflações e continua situada em um nível elevado, enquanto foi rapidamente reduzida na Ásia. Não é o crescimento das desigualdades globais – já que esse crescimento não foi significativo, exceto em alguns países – que explica essa resistência da pobreza a diminuir, mas o nível dessas desigualdades, de um lado, e o crescimento pequeno e volátil, de outro. Como aumentar o crescimento na América Latina para reduzir a pobreza, quando as desigualdades são muito elevadas e o regime de crescimento com domínio financeiro tende a concentrar ainda mais os rendimentos em favor das camadas mais ricas?

Sem reformas estruturais, sem imaginar outra forma de pensar a economia, é muito difícil, a menos que se possa proceder a "simples manipulações do índice", desenvolvendo o lado assistencialista de alguns gastos sociais e, naturalmente, evitando aumentar de forma considerável os gastos em favor da educação primária, da saúde e da infraestrutura básica. Esses gastos são suscetíveis de oferecer, a médio prazo, as condições para que os pobres ultrapassem sua pobreza, e não a distribuição da renda, que, ainda que útil e necessária, apenas mantém os níveis de pobreza.

As desigualdades de rendimentos devem ser diminuídas e uma política voluntarista pode reduzir sua amplitude. O fim das hiperinflações produziu, no primeiro ano, uma redução do nível de pobreza graças a uma redistribuição produzida pelo mercado: uma recuperação parcial do poder de compra perdido durante o período inflacionista. Mas desde então, não há mais, ou há pouca, inflação a ser erradicada e o mercado não produz mais esses efeitos redistributivos favoráveis aos pobres. As tecnologias utilizadas, e principalmente o apetite das finanças, não conduzem a uma diminuição automática das desigualdades salariais, muito pelo contrário. O mercado se revela, portanto, incapaz de diminuir a pobreza de maneira significativa, e essa incapacidade legitima uma ação redistributiva do Estado em favor das camadas mais pobres, visando atacar a pobreza pela raiz.

A ação social do Estado deve obedecer a regras simples, definindo os limites a partir dos quais um esforço maior será efetuado em favor dos pobres. Pode-se decidir, por exemplo, que quando o crescimento do PIB diminui um ponto, os gastos sociais (educação, saúde, aluguel, auxílios) aumentam automaticamente dois pontos. Uma estimativa como essa permitiria favorecer a ação de políticas anticiclícas do tipo *pro-poor*. Ela seria exatamente o oposto das políticas implantadas quando das crises financeiras. Também é possível indexar os gastos sociais aos gastos públicos destinados ao serviço da dívida quando estes crescem. Tal restrição permitiria limitar, em razão de seus efeitos induzidos sobre os demais gastos, a alta brutal das taxas reais de juros quando das crises financeiras. Ela tornaria mais difícil e mais cara a arbitragem em favor dos investimentos financeiros e em detrimento dos investimentos, e facilitaria o financiamento desses investimentos através de empréstimos.

Após a redistribuição, as desigualdades seriam menos elevadas. De um ponto de vista ético, trata-se de uma exigência atual. De um ponto de vista econômico, isso permitiria dinamizar o mercado interno sem dificultar as exportações, mas sob a condição de que uma política industrial estimuladora seja empreendida, procurando nichos e favorecendo o desenvolvimento tecnológico. Essas medidas apontam uma utopia? Observando mais de perto as trajetórias asiáticas, percebe-se que é possível pensar o setor econômico de outra forma. Essas medidas são necessárias, pois somente elas permitem a redução do fosso existente entre as cidadanias social e política. Elas também permitem uma diminuição da pobreza e das desigualdades, além de uma retomada do crescimento e a passagem de um crescimento durável para um desenvolvimento durável.

Anexo:
Os Efeitos da Modernização Técnica sobre o Crescimento e o Emprego:

os ensinamentos de trabalhos recentes

A modernização e a evolução da defasagem tecnológica entre as economias emergentes e as industrializadas são atualmente muitas vezes debatidas nas revistas acadêmicas e nos documentos publicados pelas instituições internacionais. Os resultados de testes econométricos surpreendem. Às vezes contestáveis, muitas vezes pertinentes, eles colocam em questão ideias reconhecidas como verdadeiras. Analisaremos sucessivamente as evoluções da produtividade total dos fatores, da produtividade do trabalho e, por im, a evolução do emprego e da pobreza.

A PRODUTIVIDADE TOTAL DOS FATORES:
UM INDICADOR DE MODERNIZAÇÃO PERTINENTE?

O estudo de Guy Meredith et al., *México*, trata da decomposição das fontes do crescimento no México. Segundo esses autores, o progresso técnico teria contribuído pouco para o crescimento: a partir de um teste econométrico de uma função de produção Cobb-Douglas, eles mostram que a contribuição da produtividade total dos fatores (PTF) ao crescimento é particularmente baixa. Esse resultado é contrário ao normalmente admitido pelos economistas quando, caracterizando os anos de 1990 e seguintes, observam a pronunciada modernização do aparelho de produção. Os resultados obtidos por Barry P. Bosworth e Susan M. Collins[1], a partir de uma função de produção "bem comportada", mas com o trabalho integrando a evolução do conhecimento, são mais diferenciados, ainda que confirmem os resultados de Meredith et al., bem como os de Solimano e Soto[2]. Segundo Bosworth e Collins, a América Latina, entre 1990 e 2000, passou por um crescimento médio da contribuição da PTF ao crescimento de 0,4%. Essa contribuição foi de apenas 0,2% entre 1960 e 2000, a fragilidade desse número se explica pelo envelhecimento do aparelho de produção durante a "década perdida" dos anos de 1980 (-2,3% ao ano)[3].

Os países asiáticos em seu conjunto – exceto a China – tiveram, entre 1960 e 2000, uma taxa média de crescimento da PTF de 1% ao ano, superior à taxa média da América Latina, mas essa taxa diminuiu para 0,5% entre 1990 e 2000. Esse baixo nível de crescimento se explica, em parte, pela forte crise de 1997, mas reflete também uma fraca utilização da força de trabalho e uma elevada taxa de investimento. Esses resultados são surpreendentes quando se sabe que Taiwan e Coreia do Sul destinaram uma grande porcentagem de seu PIB à pesquisa, uma porcentagem mais elevada que a dos Estados Unidos e mais ainda que a do Brasil. Em sentido oposto, entre 1990 e 2000, a taxa média de crescimento da PTF da China situou-se em 5,1% ao ano, um feito considerável.

Decompondo as fases de crescimento da PTF, estas correspondem a períodos de alto crescimento (mais de 2% de crescimento *per capita* durante ao menos seis anos seguidos) ou de declínio (menos de 1% de crescimento *per capita* durante cinco anos

---

1 B. P. Bosworth; S. M. Collins, *The Empirics of Growth*.
2 Segundo Solimano e Soto, a contribuição da PTF seria de 0,6% no México para um crescimento médio de 4,5% ao ano entre 1960 e 2002. Para o período entre 1980 e 2002, essa contribuição teria sido de -0,8% ao ano para um crescimento médio anual de 2,5%. No Brasil, para o primeiro período, Solimano e Soto encontraram uma contribuição da PTF de 0,4% para um crescimento médio de 4,3%. Esses números foram respectivamente 1,1% e 1,8% para o período 1980-2002. Ver A. Solimano; R. Soto, Economic Growth in Latin America in the Late 20th Century, *Macroeconomia del Desarrollo*, n. 33.
3 Observemos, por contraste, a grande taxa de crescimento da PTF durante a fase de substituição de importações, tanto vilipendiada pela corrente liberal: 1,6% ao ano de 1960 a 1970, e 1,1% de 1970 a 1980.

consecutivos). Solimano e Soto mostraram que, tanto na América Latina quanto na Ásia, a contribuição da PTF ao crescimento acumulado foi mais elevada que a do capital e a do trabalho nas fases de crescimento durável; em sentido inverso, essa contribuição foi muito menor, negativo no mais das vezes, nas fases de declínio.

O progresso técnico teria contribuído pouco para o crescimento da maior parte das economias latino-americanas. Em termos globais, a América Latina estaria acumulando atrasos no plano tecnológico, principalmente em relação a alguns países asiáticos. Isso significa que a "ameaça" asiática – sobretudo no que se refere à China – não diz respeito aos produtos fabricados com o auxílio de uma mão de obra abundante e pouco remunerada, mas, em um futuro próximo, aos produtos de alta tecnologia, confirmando assim nossas conclusões. Sem estar integralmente equivocada, a observação sobre o crescente atraso da América Latina parece pecar pelo excesso: ela é um pouco contraditória com a reestruturação do ambiente econômico observado desde o final dos anos de 1980 na América Latina. Sabe-se que a importação de bens de capital tornou-se mais barata em relação aos bens produzidos localmente[4], e que estes estão muito mais *up to date* do que no passado. Se se tomam ao pé da letra as desvalorizações da PTF como indicadores do progresso técnico, não se entende o significado da transformação dos anos de 1990 no México[5] e nos demais países da América Latina, a menos que tenhamos nos enganado a respeito dela, ou então que o instrumento de análise (a PTF) não seja pertinente para medir a evolução das técnicas utilizadas e avaliar a reestruturação do tecido industrial.

Esse instrumento é, portanto, contestável: muitos autores o criticaram principalmente quando os resultados dos testes

4 Lembramos que o custo das importações baixou em razão da diminuição drástica dos impostos de importação e, ao mesmo tempo, das frequentes fases de apreciação da moeda nacional após as desvalorizações maciças e o retorno dos capitais voláteis. Isso aconteceu em relação aos bens de capital produzidos localmente a partir, muitas vezes, de tecnologias mais ou menos obsoletas.

5 No caso do México, G. Meredith et al (op. cit., p. 12, tabela 3 sobre as três fontes de crescimento) obtiveram resultados surpreendentes. Sabe-se que o crescimento, desde os anos de 1990, criou poucos empregos, o que se explica pela elevação da relação capital/trabalho e pela utilização de técnicas modernas. Ora, o teste permite mostrar que o progresso técnico teria sido maior no período 1965-1979 que no período 1996-2003.

efetuados por Altwyn Young revelaram que os países asiáticos, inclusive a Coreia do Sul, utilizaram pouco o progresso técnico (baixa PTF), e que seus crescimentos decorreram, sobretudo, da utilização de capital e trabalho, conclusões que foram retomadas por Paul Krugman. Como indicam Bosworth e Collins, o trabalho não é homogêneo ao longo do tempo – ainda que se possa levar em consideração o nível de escolaridade –, muito menos o capital. Mais importante: os fatores de produção, e em especial o capital, não incorporam o progresso técnico precisamente porque este é analisado como um resíduo. Devemos, então, lembrar das antigas palavras do economista Moses Abramovitz: "O resíduo é a medida de nossa ignorância"? O resíduo, tornado PTF, assimilado ao progresso técnico, incorpora os efeitos das mudanças de política econômica, os choques externos e a evolução das instituições, tal como lembram Bosworth e Collins[6]. Para esse conjunto de razões, é difícil dissociar as mudanças no *volume* de investimento das modificações de sua *forma*, e como observou Kaldor em sua crítica radical das funções de produção, preferindo, como bem se sabe, uma função de progresso técnico como instrumento de análise. A análise das transformações do aparelho de produção a partir do estudo da evolução da produtividade do trabalho é, portanto, pertinente, a despeito de certas insuficiências.

A PRODUTIVIDADE DO TRABALHO AFETADA PELA VOLATILIDADE DO PIB

A evolução da produtividade do trabalho depende da combinação capital-trabalho e, ao mesmo tempo, da "forma" do capital, segundo a expressão de Kaldor. A combinação capital--trabalho deve ser compreendida em dois níveis: o aumento do grau de mecanização, medido pela intensidade (relação capital/trabalho), e a organização do trabalho. Uma é quantitativa; a outra, qualitativa. A forma do capital depende da incorporação das novas técnicas. Na América Latina dos anos de 1960 e 1970, o aumento da produtividade do trabalho foi resultado,

---

6 B. P. Bosworth; S. M. Collins, op. cit., p. 115.

sobretudo, de um aumento da relação capital/trabalho: era a época em que as empresas transnacionais exportavam os capitais produtivos desvalorizados em seus países – principalmente no setor automobilístico – e instalavam linhas de produção obsoletas mas valorizáveis graças ao elevado grau de protecionismo – que elas, aliás, sempre requeriam. Hoje, observa-se um fraco aumento da taxa de investimento em relação à "década perdida" dos anos de 1980: abaixo, alguns pontos apenas, do que existia nos anos de 1950 e 1970, e muito abaixo das taxas esperadas pelos economistas asiáticos. O crescimento da produtividade do trabalho se explica essencialmente pela reorganização do processo de trabalho, com maior flexibilidade, e pela abertura das fronteiras que permitiram importar máquinas *up to date* em termos tecnológicos, cujo custo unitário diminuía relativamente quando das fases de apreciação das moedas nacionais em relação ao dólar e em razão da desregulamentação alfandegária.

Mas é preciso levar em conta que os anos de 2001 a 2003 foram anos de forte desaceleração da atividade econômica na maior parte das economias latino-americanas, talvez mesmo de recessão e crise profunda: as capacidades ociosas de produção aumentaram e o emprego diminuiu com certo atraso. Esses dois movimentos, um defasado do outro, pesaram na evolução da produtividade do trabalho, afetando o significado dos resultados do conjunto desse teste. Em outras palavras, seria preciso "dessazonalizar" esses dados da crise, supondo uma capacidade ociosa de produção constante.

A volatilidade do crescimento econômico – forte na América Latina e mais fraca na Ásia – pesa igualmente sobre a evolução da produtividade do trabalho. Segundo a Organização Internacional do Trabalho (OIT)[7] e o Bureau Internacional do Trabalho (BIT)[8], a taxa média de crescimento da produtividade do trabalho seria, na América Latina, de 0,1% ao ano entre 1993 e 2003, ou seja, um nível muito inferior aos da Ásia do Leste (5,8%) e da Ásia do Sul (3,3%) no mesmo período. Os dados da OIT e do BIT para a América Latina são surpreendentes. Eles são opostos aos resultados obtidos por

---

7   *Panorama Laboral.*
8   *World Development Report.*

Katz, da Cepal, no fim dos anos de 1990: o fraco crescimento da produtividade é explicado, em parte, pela forte desaceleração da atividade econômica verificada no início dos anos 2000; o aumento das capacidades ociosas exerce efeitos negativos sobre o crescimento da produtividade do trabalho e, ao contrário do que acontece quando da retomada, observa-se uma aceleração do crescimento dessa produtividade. Em geral, a volatilidade do crescimento pesa sobre a evolução da produtividade de duas formas: de um lado, induz uma volatilidade da própria produtividade (a queda quando da crise e a expansão no início da retomada não se compensam); de outro, age negativamente sobre o crescimento da formação bruta de capital.

Esses movimentos mascaram a real modernização dos anos de 1990, produzida pela compra de bens de capital *up to date* e pela reorganização do processo de trabalho, fato que introduziu uma maior flexibilidade. Mas essa evolução é também mascarada pelo aumento da heterogeneidade produtiva. Setores se modernizam ou desaparecem, outros progridem pouco no plano tecnológico: eles permanecem os mesmos ou aumentam suas importâncias, protegidos da concorrência internacional pelo fato de pertencerem mais ou menos temporariamente ao setor de *bens non tradable*. É, aliás, a persistência, e mesmo o aumento do peso desses setores, especialmente nos de serviços, que explicam o aumento em termos relativos e absolutos do emprego informal desde 1990, apesar da liberalização de empregos formais no mercado de trabalho. Não considerar essas evoluções reais bem como suas diferenciações setoriais, não permite compreender, por exemplo, que o México possa exportar carros e que suas exportações ultrapassem as exportações do complexo brasileiro de soja em 2004, ano caracterizado por uma melhoria substancial nos termos de troca desses produtos e pela conquista de novos mercados na China. De maneira geral, seria apenas atribuir a responsabilidade de uma melhoria substancial do saldo da balança comercial aos movimentos das taxas de câmbio, subestimando os efeitos da reestruturação do aparelho produtivo, "selvagem" e diferenciada entre os países, sobre suas capacidades de exportação.

UMA RELAÇÃO INVERSA ENTRE EXPANSÃO DA PRODUTIVIDADE E DIMINUIÇÃO DA POBREZA?

Para o BIT[9], o crescimento da produtividade do trabalho, associado à criação líquida de empregos, é um meio de diminuir a pobreza[10]. O caso da Coreia do Sul é particularmente analisado: observam-se em um longo período (de 1990 a 2002) duas evoluções distintas: de um lado, o crescimento da produtividade é levemente superior ao crescimento tanto dos salários reais quanto do emprego; de outro, o crescimento dos salários diretos e indiretos ultrapassa o crescimento da produtividade[11]. O aumento da produtividade é a condição de uma melhoria dos salários.

Tal afirmação, nesse nível de generalidade, parece evidente, mas aplicada aos anos de 1990-2000 na América Latina, não é suficiente. Com efeito, observa-se nesse período uma interrupção da evolução dos salários na América Latina em relação à evolução da produtividade; um aumento relativo dos empregos informais, sub-remunerados, em relação aos empregos formais; um aumento das diferenças de remuneração entre empregos não qualificados – não integralmente assimiláveis aos empregos informais – e qualificados; enfim, um aumento da participação relativa dos empregos não qualificados e precários, muitas vezes informais. Pode-se acrescentar, ainda, que existe uma forte relação entre essas formas de emprego e a pobreza, os pobres tendo uma taxa de desemprego menos elevada, isso porque são obrigados a multiplicar os empregos estritamente de sobrevivência. Por fim, como indica essa relação, os despedidos muitas vezes não encontram outro emprego em condições equivalentes. A mobilidade não é, portanto, garantia de uma melhoria do bem-estar em um nível microeconômico, mesmo que ela o possa ser, muitas vezes, em um nível macroeconômico. A melhoria da produtividade é, assim, uma condição necessária, porém não suficiente, para a diminuição da pobreza.

9 Idem, p. 30 e 98-99.
10 Em se tratando da evolução da pobreza, seria preciso acrescentar a influência da variável demográfica, e mais particularmente da variável associada às camadas de renda e taxas de fecundidade, isso porque esta última é mais elevada nas categorias mais pobres.
11 BIT, op. cit., p. 40.

Ao contrário da relação discutida anteriormente, e segundo as abordagens keynesiana, kaleckiana e marxista, um aumento dos salários reais pode ser a origem de uma elevação da produtividade do trabalho. Segundo Keynes, o aumento da demanda efetiva eleva a rentabilidade e, tudo o mais constante, conduz a um aumento dos investimentos, do emprego e do PIB. Segundo a abordagem de Kalecki, a alta dos salários reduz as capacidades ociosas, eleva mecanicamente a produtividade e o PIB e reduz, por fim, os custos unitários. Esse raciocínio, iconoclasta hoje em dia, deve ser certamente modulado e nuançado segundo o grau de abertura das economias e a amplitude das capacidades ociosas de produção[12]; ele, porém, conserva uma forte pertinência, embora muitas vezes subestimada.

Para o BIT, os benefícios "teóricos" de um crescimento da produtividade são: mudança dos preços relativos, suscetível de melhorar o nível de vida; elevação dos salários; aumento do investimento em razão do aumento dos lucros, se a baixa dos preços e o aumento dos salários não estão à altura do crescimento da produtividade (esse argumento deve ser modulado segundo o grau de abertura); aumento do emprego, se o crescimento dos salários conduz a uma modificação da natureza da demanda, valorizando assim a produção de outros produtos, e mesmo de novos produtos[13]. Concentremo-nos neste último ponto: a relação produtividade-emprego.

UMA ELASTICIDADE DO EMPREGO EM RELAÇÃO AO PIB CADA VEZ MAIS FRACA

O estudo do BIT é particularmente interessante na análise que seus autores fazem da China e da Ásia do Sul e do Leste. Apesar de uma elevada taxa de crescimento do PIB, a taxa de crescimento do emprego é em torno de 1% apenas para a China; 27% a 28% da força de trabalho estão empregadas no setor de serviços (contra quase 80% em Hong Kong) no fim dos anos de 1990, e

---

[12] Nesse caso, a rigidez da oferta, se as capacidades de produção são quase plenamente utilizadas, está na origem de uma alta dos preços.
[13] Op. cit., p. 81.

22% a 23% na indústria (contra 43% na Coreia)[14]. A elasticidade do emprego industrial se tornou negativa a partir de 1997 (-0,45% de 1995 a 1999), o que se explica, sobretudo, pelo forte crescimento da produtividade do trabalho nesse setor (+17,7% de 1990 a 1995, e +10,3% de 1995 a 1999)[15]. O emprego desse setor diminuiu, portanto, em valor absoluto[16] (-4,6% ao ano), mas os salários reais da indústria aumentaram 8,3% ao ano[17]. Esse aumento reflete parcialmente a mudança na composição do emprego, que caminhou para um nível mais elevado de qualificação: o emprego industrial aumenta nas novas tecnologias e diminui mais ou menos fortemente nos setores de baixa tecnologia.

A elasticidade do emprego voltou a ser positiva no setor agrícola a partir de 1998, e a do setor de serviços caiu após alcançar um pico e ter ultrapassado 1% em 1995, mas continuou positiva (em torno de 0,2%) em 1998-1999 e se recuperou em seguida, sem, no entanto, alcançar os níveis e a evolução do início dos anos de 1990[18]. Contrariamente ao que se poderia pensar, se nos situarmos em uma lógica HOS*, a China busca uma especialização em produtos de tecnologia mais elevada, requerendo por conta disso uma mão de obra cada vez mais qualificada. Para tanto, conduz uma política ativa a fim de favorecer essa "aposta em favor das novas estruturas", segundo a expressão de J. Weiller. A China não quer continuar nos setores *labour using*, mas se serve desses setores e desses empregos como trampolim[19].

---

14 Idem, p. 27.
15 Para o conjunto da economia chinesa, de 1990 a 2001, a produtividade do trabalho aumentou 9,8% ao ano em média, contra 7% para a Coreia do Sul e 4% para os Estados Unidos (D. Patterson, Checking China's Vital Signs, *McKinsey Quaterly*, 10 set. 2005).
16 Pode-se observar um fenômeno análogo na Grã-bretanha de 1960 a 1999, analisado por R. Rowthorn (*The Political Economy of Full Employment in Modern Britain*) a partir de uma abordagem kaleckiana.
17 BIT, op. cit., p. 29.
18 Idem, p. 28.
* Referência à teoria do comércio de Hecksher-Ohlin, modificada por Samuelson (N. da E.)
19 O fim das quotas dos produtos têxteis no início dos anos 2000, mesmo que tenha continuado no setor de vestuário dos países da OCDE, é de natureza a favorecer o emprego não qualificado e a dar nova importância a esse setor. Mas também se pode considerar que na China essa etapa resultará em uma intensificação tecnológica desse setor.

Estamos, portanto, na presença de uma aposta sobre o novo emprego qualificado.

O crescimento da produtividade do trabalho é acompanhado, em geral, por um aumento do emprego em todos os setores[20], mas a relação é pró-cíclica com defasagens[21]: o crescimento do PIB pode conduzir a um aumento do emprego, mas após certo tempo, a produtividade declina mais que o emprego, pois na véspera da recessão, as capacidades ociosas de produção aumentam e o emprego diminui com certo atraso. O encadeamento das causas é, entretanto, mais complexo que essa relação pró-cíclica observada na maior parte dos países. O crescimento da produtividade pode destruir mais empregos do que a acumulação é capaz de criar. Em um longo período de tempo, o aumento do PIB explica em parte o crescimento da produtividade. Ora, para que se tenha tal crescimento, é preciso que ao menos uma das três condições enunciadas anteriormente esteja presente: intensificação capitalista; reorganização do processo de trabalho; modificação da forma do investimento – e, na maior parte dos casos, aumento do investimento. Reencontra-se a relação entre crescimento da produtividade destruidora de empregos e aumento de investimento criador de empregos, relação complexa na medida em que o progresso técnico é, em parte, incorporado aos novos bens de capital, e sua localização se dá no setor de bens de produção, ou principalmente no setor de bens de consumo, e depende da amplitude da variação do emprego. Isso explica que se possa ter crescimento sem emprego, ou mais exatamente, que a elasticidade do emprego em relação ao PIB possa ser diferente segundo os regimes de crescimento.

---

20 BIT, op. cit, p. 79 e s.
21 Idem, p. 81.

Referências Bibliográficas

ACEMOGLU, D.; JOHSON, S.; ROBINSON, J.; THAICHAROEN, Y. Institutional Causes, Macroeconomics Symptoms: Volatility, Crises and Growth. Carnegie-Rochester Conference. New York/ Boston: NYU e MIT, 2002 (mimeo).

ACIOLY, Luciana; ALVES, M. A. S.; LEÃO, R. P. F. A Internacionalização das Empresas Chinesas. Conferência. Brasília: Ipea, 2009. Disponível em: <http://www.ipea.gov.br>.

AGLIETTA, Michel. Les Crises financières: plus ça change, plus c'est la même chose, *Revue D'économie Financière*, 2008.

AGLIETTA, Michel; BERREBI, Laurent. *Désordre dans le capitalisme mondial*. Paris: Odile Jacob, 2007.

AFONSO, José Roberto; DAIN, Sulamis. *Dos Decadas de la Descentralización del Gasto Social en Americal Latina: Una Evaluación Preliminar*. Cepal, <www.eclac.org> (*working paper*).

AKKERMAN, Age; TEUNISSEN, Jan Joost (dir.). *Diversity in Development: Reconsidering the Washington Consensus*. Haia: Fondad, 2004.

ALESINA, A.; WAGNER, A. Choosing (and Reneging on) Exchange Rate Regime. *Working Paper Series*. Washington: National Bureau of Economic Research, 2003.

AMSDEN, Alice H. *Asia's Next Giant: South Korea and Late Industrialization*. New York: Oxford University Press, 1989.

ANDRADE, Luis; FARRELL, Diana; LUND, Susana. *Desarrollo del Potencial de los Sistemas Financieros de América Latina*. Bogotá: The McKinsey Quaterly, 2007.

ARGITIS, George. *Finance, Instability and Economic Crisis: The Marx, Keynes and Minsky. Problems in Contemporary Capitalism*. University of Cambridge, 2003 (mimeo).

ARRELLANO, R. China: Transformación Económica, Competitividad y Posibles Implicaciones para México. *Comércio Exterior*, México, v. 55, n. 8, 2005.

ASIAN DEVELOPMENT BANK. *Key Indicators 2005. Labor Markets in Asia. Promoting Full, Productive and Decent Employment*, 2005. Disponível em: <www.adb.org>.

BAIROCH, P. *Economic and World History: Myths and Paradoxs*. Clarendon Press, 1993. (Trad. franc.: Mythes et paradoxes de l'histoire économique. Paris: La Découverte, 1994.)

BANQUE DES RÈGLEMENTS INTERNATIONAUX. *Rapport Annuel*. Bale, 2005.

BANCO INTERAMERICANO DE DESENVOLVIMENTO. *The Emergence of China: Opportunities and Challenge for Latin America and the Caribbean*. Washington, 2004. Disponível em: <www.iadb.org>.

BANCO MUNDIAL. *Global Development Finance*, Washington D.C., 2009b.

_____. *Global Economic Prospects*, Washington D.C., 2009a.

_____. *World Development Report 2006: Equity and Development*, 2006.

_____. *Pro-Poor Growth in the 1990s: Lessons and Insights from 14 countries*. Washington, 2005b.

_____. *World Development Report 2005: Development and Equity. World Development*. Washington, 2005a. Disponível em: <www.worldbank.org>.

_____. *World Indicators Development*. Washington, 2004b.

_____. *Globalization, Growth and Poverty: Building an Inclusive World Economy*. Washington, 2004a.

_____. *The East Asian Miracle: Economic Growth and Public Policy*. Washington, 1993.

BARROS DE CASTRO, A. *Estratégias Industriais Pós-abertura*. Rio de Janeiro: Fórum Nacional XV, 2004 (mimeo).

BARROS DE CASTRO, A.; DE PAULA COSTA ÁVILA, J. *Por uma Política Industrial e Tecnológica Voltada para a Especificidade do Caso Brasileiro*. Rio de Janeiro: Fórum Nacional, 2004 (mimeo).

BCRA, *Informe de Inflation*, 2º trimestre, Buenos Aires, 2009.

BEAUD, Michel. *Le Système national-mondial hiérarchisé: une nouvelle lecture du capitalisme mondial*. Paris: La Découverte, 1987.

BELLUZO, L. G.; CARNEIRO R. *Política Econômica em Foco*. Campinas: Unicamp (vários números).

BERTRAND, J.-P. *Le Développement des Monopoles et la Tendance à la Stagnation: Un Problème, Quelle Méthode?* Memória DEA. Paris: Universidade de Paris I, 1972 (mimeo).

BIRDSALL, Nancy. Asymmetric Globalization: Global Markets Require Good Global Politics. *Working Paper Series*, n. 12. Washington: Center for Global Development, 2002.

BIRDSALL, Nancy; HAMOUDI, Amar. Commodity Dependance, Trade and Growth: When "Openness" is not Enough. *Working Paper Series*, n. 7. Washington: Center for Global Development, 2002.

BIT. *World Development Report: Employment, Productivity and Poverty Reduction*. Genebra, 2004.

BOLETIM Brasil, v. 6, n. 1, São Paulo, 2009.

BOORMAN, Jack. The Impact of the Financial Crisis on Emerging Markets: The Transmission Mechanism, Policy Response and Lessons, *Global Meeting of the Emerging Markets Forum 2009*. Mumbai, 2009.

BOORMAN, Jack; BASU, Anupam; BHASKARAN, Manu; LOSER, Claudio. Emerging Markets Economies and the Global Financial Crisis: Resilient or Vulnerable in turbulent Times, *Emerging Markets Forum*, Washington D.C., 2008.

BOSWORTH, Barry; COLLINS, Susan. *The Empirics of Growth: An Update*. Washington: Brooking Institution and Georgetown University, 2003.

BOURGUIGNON, F. . The Poverty Growth Inequality Triangle. Washington, 2004. Disponível em: <www.worldbank.org>.

_____. Redistribution et Développement. *Conseil d'Analyse Économique*. La Documentation Française, n. 25, Paris, 2000.

BOURGUINAT, Henri ; BRIYS, Eric. *L'Arrogance de la finance, comment la théorie financière a produit le krach*. Paris: La Découverte, 2009.

BOYER, Robert. Une Crise tant attendue, leçons d'histoire pour économistes, *Prismes*, n. 13, Paris: Centre Cournot pour la Recherche en Economie, 2008.

BRADESCO. Em que Medida o Elevado Déficit Externo Brasileiro em 2010 Será Capaz de Conter a Apreciação do Real? *Destaque Depec*, n. 104. [S.l.], 28.12.2009.

BRESSER-PEREIRA, Luiz Carlos. *Mondialisation et compétition: Pourquoi quelques pays émergents réussissent et d'autres non?* Paris: La Découverte, 2009.

_____. Brazil's Quasi Stagnation and the Growth *cum* Foreign Saving Strategy. *Journal of Political Economy*, v.32. [S.l.], 2002.

BRUNO, M. *Crescimento Econômico, Mudanças Estruturais e Distribuição: As Transformações do Regime de Acumulação no Brasil*. Rio de Janeiro/Paris: UFRJ/EHESS, 2004 (mimeo).

CALVO, G.; IZQUIERDO, A.; TALVI, E. *Sudden Stops: The Real Exchange Rate and Fiscal Sustainability: Argentina's Lessons*. Washington: Banco Inter-Americano de Desenvolvimento, 2002 Disponível em: <www.iadb.org> (*working paper*).

CALVO, G.; MISHKIN, F. *The Mirage of exchange Rate Regimes for Emerging Market Countries*. Washington: National Bureau of Economic Research, 2003. Disponível em: <www.nber.org> (*working paper*).

CAPGEMINI; MERRILL LYNCH. *World Wealth Report*. [S.l.: s.n.], 2009.

CAPUTO, Dante. (dir.) *La Democracia en América Latina*. Washington: PNUD, 2004. Disponível em: <www.undp.org>.

_____. Una Agenda para la Sustentabilidad de la Democracia. *Foreign Affairs*, Washington, out./dez. 2005.

CARTIER-BRESSON, J. La Banque Mondiale, la Corruption et la Gouvernance. *Tiers Monde*, Paris, n. 161, 2000.

CARTIER-BRESSON, J.; KOPP, P. *L'Analyse Sectionnelle*. Amiens: Universidade de Picardie, 1982 (tese).

CENTRO PANAMERICANO de Investigación e innovación (CEPII). *Panorama de l'économie mondiale*, Paris, 2008.

CEPAL. *Balance Preliminar de las Economias de America Latina y el Caribe*, 2009.

_____. Tributación Directa en Mexico: Equitad y Desafio. *Macroeconomia del Desarrollo*, n. 91, Santiago do Chile, 2009.

_____. La Reacción de los Gobiernos de America Latina y el Caribe Frente a la Crisis Internacional: Una Presentación Sintetica de las Medidas de Politica Anunciadas hasta el Enero de 2009. *Boletim Brasil (2009)*. [S.l.],v. 6, n. 1, 2009.

_____. *The Millennium Development Goals: Latin American and Caribbean Perspective*. Santiago, 2005. Disponível em: <www.eclac.org>.

_____. *Annuaire Statistique*, 2005. Disponível em: <www.eclac.org>.

_____. *Panorama Social de la América Latina*. Santiago, 2004. Disponível em: <www.eclac.org>.

CEPAL; IPEA; PNUD. *Hacia el Objetivo del Milenio de Reducir la Pobreza en América Latina y el Caribe*. Santiago, 2003. Disponível em: <www.eclac.org>.

CHAMBOUX-LEROUX, J.-Y. *Approches théoriques des disparités régionales: Une application au Mexique*. Paris: Universidade de Paris 13, 2000 (tese, mimeo).

CHESNAIS, François. *La Finance mondialisée, racines sociales et politiques, configura-tions, conséquences*. Paris: La Découverte, 2004.

CHESNAIS, François; PLIHON, Dominique. *Les Pièges de la finance mondiale*. Paris: Syros, 2000.

CLING, J. P.; DE VREYER, P. H.; RAZAFINDRAKOTO, M.; ROUBAUD, F. La Croissance ne Suffit pas pour Réduire la Pauvreté. *Revue Française d'Économie*, Paris, v. XVIII, n. 3, 2004.

CNUCED. *Rapport 2004 sur les pays les moins avancés: Commerce international et réduction de la pauvreté*. Genebra, 2004.

_____. *Trade and Poverty from a Development Perspective*. Genebra, 2003.

COUTINHO, Luciano. 2009, A Crise Financeira Internacional: Os Impactos Sobre a Economia Brasileira e o Papel do BNDES. *Documento BNDES*, Rio de Janeiro, 13 mai. 2009.

DANTAS CAFFÉ, R. *Cycles de croissance financiarisés en Amérique Latine depuis les années 1970: l'économie brésilienne entre le cycle du miracle économique et le cycle stagnant*. Paris: Universidade de Paris 13, 2006 (tese, mimeo).

DESTREMAU, B.; SALAMA, Pierre. Brasil: Paradojas de la Pobreza. Nuevos Pretextos para Mantenerla? *Trayectorias*, n. 6. Monterrey: Universidade Autônoma de Nuevo León, 2001.

DHANANI, S.; ISLAM, I. Poverty, Vulnerability and Social Protection in a Period of Crisis: The Case of Indonesia. *World Development*, v. 30, n. 7. London, 2002.

DIAS DAVID, Maurício. *Dynamique et permanence des exclusions sociales au Brésil: Économie de pauvreté, des inégalités et de l'accumulation des richesses*. Paris: L'Harmattan, 2004.

DJANKOV, S.; LA PORTA, R.; LOPEZ DE SILANES, F.; SHLEIFER, A. Appropriate Institutions. In: Banco Mundial, *The New Reform Agenda*, Annual World Bank Conference on Development Economics. [S.l.], 2003.

DOLLAR, David; KRAAY, Aart. Growth is Good for the Poor. *Policy Research Working Paper*. Washington: Banco Mundial, 2000. Disponível em: <www.worldbank.org/research>.

DOLLAR, David. Globalization, Poverty and Inequality since 1980. *Policy Research Working Paper*, n. 3333. Washington: Policy Research/Banco Mundial, 2003. Disponível em: <www.worldbank.org/research>.

DORNBUSH, Rudiger; EDWARDS, Sebastian. (dir.) *The Macroeconomic of Populism in Latin America*. Chicago: University of Chicago Press, 1991.

DUTT, A. K. Stagnation, Income Distribution and Monopoly Power. *Cambridge Journal of Economics*, Cambridge, n. 8, 1984.

ELIAS, Norbert. *La Dynamique de l'Occident*. Paris: Calmann-Lévy, 1969.

ERBER, Fabio Stefano. Development Projects and Growth under Finance Domination: The Case of Brazil during Lula Years (2003-2007). *Revue Tiers Monde*, n. 195, Paris, 2008.

FAINI, R. Trade Liberalization in a Globalization World. *Working Paper*, n. 28976. Roma: Universidade de Roma Tor Vergata/CEPR/IZA et CSLA, 2004.

FAY, M.; MORRISSON, M. *Recent Development and Key Challenge*. Washington: Banco Mundial, 2005. Disponível em: <www.worldbank.org>.

FERREIRA, Assuero. *Limites da Acumulação Capitalista: Um Estudo da Economia Política de Michal Kalecki*. São Paulo: Hucitec, 1996.

FMI. How Financial Linkage Fuel the Fire: The Transmission of Financial Stress from Advanced to Emerging Countries. *World Economic Outlook: Crisis and Recovery*, Washington D.C., avr. 2009.

FMI. *Regional Economic Outlook, Western Hemisphere*, Washington D.C., 2009.

_____. *World Economic Outlook*, Washington D.C., 2009.

FONTAGNÉ, Lionel; LORENZI, Jean-Hervé; ARTUS, Patrick; FAIOLE, Jacky. Désindustrialisation, Délocalisation. *La Documentation Française: Rapport du Conseil d'Analyse Économique*. Paris, 2005.

FOURQUIN, M.; HERZOG, C. *Panorama de l'iconomie mondiale*. Paris: CEP II, 2009.

FUKUYAMA, Francis. *Construção de Estados, Governo e Organização no Século XXI*. São Paulo: Rocco, 2005.

FURTADO, Celso. *Développement et sous-développement*. Paris: PUF/Publicações do Ismea, 1966.

GALINDO, Arturo; IZQUIERDO, Alejandro; ROJAS-SUAREZ, Liliana. Financial Integration and Foreign Banks in Latin America, How They Impact the Transmission of External Financial Shocks. *IDB Working Papers*, n. 116. [S.l.], abr. 2010.

GERSCHENKRON, Alexander. *Economic Backwardness in Historical Perspective*. Cambridge: Belknap Press of Harvard University Press, 1962.

GOLDSTEIN, Morris; XIE, Daniel. *The Impact of the Financial Crisis on Emerging Asia*. [S.l.]: Peterson Institute for International Economics, 2009 (*working paper*).

GÓMEZ SABÍAN, Juan C.; ROSSIGNOLO, Dario A. Argentina, Analisis de la Situación Tributaria y Propuestas de Reformas Impositivas Destinadas a Mejorar la Distribución del Ingresso. Universidad de Buenos Aires, 2008 (*working paper*).

GONÇALVES, R. Crise Econômica: Radiografia e Soluções para o Brasil. Fórum Especial: Como Ser o Melhor dos Brics. *Fórum Nacional*: *Estudos e Pesquisas*, n. 250, Rio de Janeiro, 2008.

_____. A Crise Internacional e a América Latina, com Referência ao Caso do Brasil. Fórum Especial: Como Ser o Melhor dos Brics. *Fórum Nacional: Estudos e Pesquisas*, n. 250, Rio de Janeiro, 2008.

GONI, E.; LOPES, Humberto J.; SERVEN L. Fiscal Redistribution and Income Inequality in Latin America, *Policy Research Working Paper*, n. 4487, 2008.

GRIFFITH JONES, St. The Mexican Peso Crisis. *Discussion Papers*. Brighton: IDS, 1996.

HABERMAS, Jürgen. *Après Marx*. Paris: Fayard, 1985.

_____. *Raison et Légitimité*. Paris: Payot, 1978.

HANSEN, Alvin H. *Full Recovery or Stagnation*. New York: Norton, 1938.

HARRIBEY, Jean-Marie: PLIHON, Dominique. *Sortir de la crise globale, vers un monde soli-daire et écologique*. Paris: La Découverte, 2009.

HICKS, N.; WODON, Q. Protección Social para los Pobres en América Latina. *Revue de la CEPAL*, Santiago do Chile, n. 73, 2001.

HIRSCH, J. Éléments pour une théorie matérialiste de l'État Contemporain. In: VINCENT, Jean-Marie et al. (dir.). *L'État Contemporain et le marxisme*. Paris: Maspero, 1975.

HIRSCHMANN, Albert. O. *Deux siècles de rhétorique réactionnaire*. Paris: Fayard, 1991.

HOEKMAN, B.; MICHALOPOULOS, C.; SCHIFF, M.; TARR, D. Trade Policy Reform and Poverty Alleviation. *Policy Research Working Paper*. Washington: Banco Mundial, 2002. Disponível em: <www.worldbank.org>.

HUFBAUER, Gary; STEPHENSON, Sherry. Trade Policy in a Time of Crisis: Suggestions for Developing Countries. CEPR: *Policy Insight*, n. 33. [S.l.], 2009.

HUMPHREYS, J. (dir.) *World Development*, v. 23, n. 1, . London, 1995.

IBARRA, Carlos. El Paradoja del Crecimiento Lento de México. *Revista de la Cepal*, n. 95, Santiago do Chile, 2008.

IEDI. A Crise Internacional e a Economia Brasileira: O Efeito Contágio sobre as Contas Externas e o Mercado de Crédito em 2008. Disponível em: www.iedi.org.br.

_____. Seis Meses de Crises: o Impacto na Indústria Segundo a Intensidade Tecnológica, *Carta n. 364*. Disponível em: www.iedi.org.br.

_____. *Carta n. 370*. Disponível em: www.iedi.org.br.

_____. *Carta Iedi*. Brasília, 2006.

JARQUE, C.; BOUILLON, C.; FERRONI, M. *The Millenium Development Goals in Latin America and the Caribbean*. Washington: Banco Interamericano de Desenvolvimento, 2005. Disponível em: <www.iadb.org>.

JIMÉNEZ, Juan Pablo. *Crisis, Recuperación y Espacios de Política: Desafios de la Política Fiscal*. Cepal, 2010 (working paper).

JOHSUA, Isaac. *La Grande crise du XXIe siècle, une analyse marxiste*. Paris: La Découverte, 2009.

KAKWANI, N.; KHANDKER, S.; SON, H. Pro-Poor Growth: Concepts and Measurements with Country Case Studies. *IPC Working Paper*, n. 1. Washington: UNDP, 2004. Disponível em: <www.undp.org/povertycentre>.

KANDUR, Ravi. *Growth, Inequality and Poverty: Some Hard Questions*. Cornell, 2004. Disponível em: <www.people.cornell.edu/pages/sk145>.

KHATIWADA, Sameer. Stimulus Packages to Counter Global Economic Crisis. *Discussion Paper* DP, n. 196, International Institute for Labor Studies. [S.l.], 2009.

KINDLEBERGER, Charles-P. *Histoire mondiale de la spéculation financière de 1760 à nos jours*. Paris: P.A.U, 1994.

KLIASS, Paulo; SALAMA, Pierre. La Globalisation au Brésil: responsable ou bouc émissaire?, *Lusotopie*, [s.l.], 2008.

KREGEL, Jan A. The Global Crisis and the Implications for Emerging Countries: Is the Brics Justified? *Fórum Nacional: Estudos e Pesquisas*, n. 291, Rio de Janeiro, 2009.

_____. *The Perils of Globalization: Structural, Cyclical and Systemic Causes of Unemployment*, 2003 (mimeo).

LALL, Sanjaya; WEISS, John; ZHANG, Jinkang. The Sophistication of Exports: A New Measure of Product Characteristics. *QEH: Working Paper*, n. 123, 2005.

LALL, Sanjaya. Reinventing Industrial Strategy: The Role of Government Policy in Building Competitiveness. *G-24 Discussion Paper Series*, New York: United Nations, 2004.

LATTIMORE, Ralph; KOWALSKI, Przemyslaw. *Globalization and Emerging Market*. Washington D.C.: Banco Mundial, 2009.

LAUTIER, Bruno. Les Malheureux sont les puissants de la Terre. *Revue Tiers Monde*, Paris, n. 142, 1995.

LAUTIER, Bruno; MARQUES PEREIRA, Jaime (dir.) *Mexique et Brésil: Deux trajectoires dans la mondialisation*. Paris: Karthala, 2004.

LAUTIER, Bruno; MARQUES PEREIRA, Jaime.; SALAMA, Pierre. Régimes de croissance, vulnérabilité financière et protection sociale en Amérique Latine: Les Conditions "macro" de l'efficacité de la lutte contre la pauvreté. Série *Financiamento del Desarrollo*, Santiago do Chile: Cepal, n. 140, 2004. Disponível em: <www.eclac.org>.

LI CUI. Is China Changing its Stripes? The Shifting Structure of China's External Trade and its Implications. Washington D.C.: FMI, 2007 (*working paper*).

LOPEZ-CALVA, Luis L. *Macroeconomía y Pobreza: Lecciones desde Latinoamérica*. Cepal, 2004. Disponível em: <www.eclac.org> (*working paper*).

LOPEZ-CALVA, Luis F.; LUSTIG, Nora. The Recent Decline of Inequality in Latin America: Argentina, Brazil, Mexico and Peru, *Working Paper Series*, n. 140, Ecineq, 2009.

LORA, E.; PAGÉS, C.; PANIZZA, U.; STEIN, E. (dir.) *A Decade of Development Thinking*. Washington: Banco Interamericano de Desenvolvimento, 2004. Disponível em: <www.iadb.org>.

LOSER Claudio. Mexico: A Safe Vessel or a Risky Wreck in Turbulent Waters? *Emerging Markets Forum, Entennila Group Latin-America*. Mimeo Internet, 2009.

LUSTIG, N. La Desigualdad en México. CET, *Economía de América Latina: Las Dimensiones Sociales de la Crisis*, México, n. 18-19, 1989.

_____. Crisis and the Poor. Socially Responsible Macroeconomics. *Technical Papers Series*, Washington: Banco Interamericano de Desenvolvimento, 2000. Disponível em: <www.iadb.org>.

MANDEL, E. Classes sociales et crise politique en Amérique Latine. *Critiques de l'Économie Politique*, Paris: Maspero, n. 16-17, 1974.

MARX, Karl. *Le Capital*. Paris: Éditions Sociales.

MATHIAS, Gilberto. État et salarisation restreinte au Brésil. *Revue Tiers Monde*, Paris: PUF, n. 110, 1986.

MATHIAS, Gilberto; SALAMA, Pierre. *L'État surdéveloppé: Des métropoles au tiers monde*. Paris: La Découverte/Maspero, 1983.

MAXWELL, S. The Washington Consensus is Dead! Long Live the Meta-Narrative! *Overseas Development Institute Working Paper*, n. 243, 2005.

MAYER SERRA, Carlos Elizondo. The Mexican Economy in the Context of the World Economic Crisis. XXI Forum Nacional: Na Crise Global, o Novo Papel Mundial dos Brics. *Estudos e Pesquisas*, n. 284, 2009.

MCKINNON, R. I. Financial Liberalization and Economic Development: A Reassessment of Interest-Rate, Policies in Asia and Latin America. *Oxford Review of Economy Policy*, Oxford, v. 5, n. 4, 1989.

MEJIA REYES, P. Fluctuaciones Cíclicas en la Producción Maquiladora de México. *Revista de la Frontera Norte*, Tijuana, n. 29, 2003.

MEREDITH, G. et alli. *México*. Washington: Selected Issues FMI, 2004.

MIOTTI, E. L. *L'Amérique Latine entre deux crises*. Paris: École Normale Supérieure, 2009 (groupe Pollens) (*working paper*).

MOREIRA, Ajax; ROCHA, Katia; SIQUEIRA, Roberto. O Papel dos Fundamentos Domésticos na Vulnerabilidade Econômica dos Emergentes. *Texto para discussão*, n. 1358. Rio de Janeiro: Ipea, 2008.

NASSIF, A. L. Estratégias de Desenvolvimento em Países de Industrialização Retardatária: Modelos Teóricos, A Experiência do Leste Asiático e Lições para o Brasil. *Revista do BNDES*, Rio de Janeiro, n. 23, 2005.

_____. Uma Contribuição ao Debate sobre a Nova Política Industrial Brasileira. *Texto para Discussão n. 101*, Rio de Janeiro: BNDES, 2003. Disponível em: <www.bndes.gov.br>.

NELL, Edward; SEMMLER, Willi. *After Hubris, Smoke and Mirrors, the Downward Spiral: Financial Markets and Real Markets Pull Each Other Down; How Policy Reverse This?* New York: New School for Social Research, 2009.

NUÑEZ, J.; ESPINOSA, S. *Determinantes de la Pobreza y la Vulnerabilidad*. Bogotá: Misión para el Diseño de una Estrategia para la Reducción de la Pobreza y la Desigualdad, 2005. Disponível em: <www.dnp.gov.co> (*working paper*).

OCDE. *Regional Economic Outlook, Western Hemisphere, II^a Parte: Latin American and Caribbean Outlook*, 2009.

_____. *Perspectives économiques de l'Amérique Latine 2009*. 2008.

O'DONNELL, Guillermo. Acerca del Estado en América Latina Contemporánea: Diez Tesis para Discusión. In: CAPUTO, Dante. (dir.) *La Democracia en América Latina*. Washington: PNUD, 2004. Disponível em: <www.undp.org>.

OFFE, Claus. *Contradictions of the Welfare State*. London: Hutchinson: 1984.

OMC-OCDE. *Globalisation and Emerging Economics*. Paris, 2009.

ORGANIZAÇÃO INTERNACIONAL DO TRABALHO. *Panorama Laboral: América Latina y Caribe*. Genebra, 2004.

_____. *Global Employment Trends*. Genebra, 2003.

PAES DE BARROS, R.; MENDONÇA, R. et alli. Poverty, Inequality and Macroeconomic Instability. *Texto para Discussão*, Rio de Janeiro: Ipea, n. 750, 2000.

_____. O Impacto do Crescimento Econômico e de Reduções no Grau de Desigualidade sobre a Pobreza. *Texto para Discussão*, n. 528. Rio de Janeiro: Ipea, 1997.

PALMA, José Gabriel. The Seven Main Stylised Facts of the mexican Economy since Trade Liberalization and Nafta. *Industrialand Corporate Change*, v. 14, n. 6, 2005.

_____. *Flying-Geese and Lame-Ducks: Regional Powers and the Different Capabilities of Latin America and East Asia to Demand-Adapt and Supply-Upgrade Their Export Productive Capacity*. Oxford: Oxford University, 2004 (mimeo).

_____. *The 1999 Brazilian Financial Crisis: How to Create a Financial Crisis by Trying to Avoid One*. Working Paper Series. Genève/Cambridge: Institute of Labour Organisation/Universidade de Cambridge, 2004.

PATTERSON, D. Checking China's Vital Signs. *McKinsey Quaterly*, 10 set. 2005.

PAULA, L. F. de; CASTRO PIRES, M. C. de; MEYER, T. R. Regime Cambial, Taxa de Câmbio e Estabilidade Macroeconômica do Brasil. *V Forum de la Fondacion Getulio Vargas*, São Paulo, 2008 (mimeo).

PELTIER, C. Les Banques en Amérique Latine: Pourquoi si peu de crédit alloué au secteur privé? *Conjoncture*, n. 6, BNP Paribas, 2005.

PETIT, P. La Difficile émergence de nouveaux régimes de croissance à l'ère de l'information et de la communication. *Revista de Economía Política de las Tecnologías de la Información y Comunicación (Eptic)*, v. v, n. 3, sep/dic 2003.

QIAN, Y. How Reform Worked in China. In: RODRIK, Dani. (dir.) *In Search of Prosperity*. Princeton: Princeton University Press, 2003.

RAMOS, C. A. *Crise et redistribution des revenus, l'expérience brésilienne pendant les années 1980*. Paris: Universidade de Paris 13, tese, 1992.

RANCIÈRE, Jacques. *La Haine de la démocratie*. Paris: La Fabrique, 2005.

RIBEIRO, Fernando J.; MARKWALD, Ricardo. Balança Comercial e Déficits em Transações Correntes: De Volta a Vulnerabilidade Externa? Fórum Especial: Como Ser o Melhor dos Brics. *Fórum Nacional: Estudos e Pesquisas*, n. 250, 2008.

ROBINSON, Joan. *The Accumulation of Capital*. London: Mac Millan, 1966.

ROCHA, Sonia. *Pobreza no Brasil: Afinal de que se Trata?* Rio de Janeiro: FGV, 2003.

RODRIK, Dani. Nations et mondialisation. Les stratégies nationales de développement dans un monde globalisé. Paris: La Découverte, 2008.

_____. *Getting Institutions Right*. Boston: Harvard University, 2004 (*working paper*).

_____. (dir.) *In Search of Prosperity*. Princeton: Princeton University Press, 2003.

_____. *Growth Strategies*. Boston: Harvard University/School of Government/Harvard/J. F. Kennedy, 2003 (mimeo).

_____. Por que Hay Tanta Inseguridad Económica en América Latina. *Revista de la Cepal*, n. 73, Santiago do Chile, 2001.

_____. Growth Policy, Getting Interventions Right: How South Korea and Taiwan Grew Rich. *Economic Policy*, Manchester, 1995.

ROS, J. El Crecimiento Económico en México y Centroamérica: Desempeño y Perspectivas. *Estudios y Perspectivas*, Santiago do Chile: Cepal, n. 18, 2004. Disponível em: <www.eclac.org>.

_____. *La Era de Plomo*. México: Fondo de Cultura Económico, 1994.

ROWTHORN, R. *The Political Economy of Full Employment in Modern Britain: The Kalecki Memorial Lecture*. University of Oxford, 1999.

SALAMA, Pierre, *Avec cette crise, les pauvres sont-ils devenus moins vulnérables au Brésil*. Disponível em: <http://pagespersoorange.fr/pierre.salama/art/avec_cette_crise_les_pauvres_sont_ils_devenus_ moins_vulnerables_au_bresil@fr.pdf>.

_____. *Amérique Latine, dettes et dépendance financiere de l'État*. Disponível em: <http://netx.u-paris10.fr/actuelmarx/m4salama.htm#_ftnref5>.

_____. Argentine, Brésil, Mexique face à la crise. *Revue Tiers Monde*, n. 197, 2009.

_____. Forces et faiblesses de l'Argentine, du Brésil, du Mexique. In: HUGON, Philippe; SALAMA, Pierre (orgs.). *Les Suds dans la crise*. Paris: Armand Colin, 2009.

_____. Argentina: El Alza de las Materias Primas Agricolas, una Oportunidad? *Comercio Exterior*, Ciudad de México, n. 12, 2008.

_____. Pauvreté, le bout du tunnel? *Problèmes d'Amérique Latine*, n. 66/67, 2007.

_____. *Riqueza y Pobreza en América Latina: La Fragilidad de las Nuevas Políticas Económicas*. Ciudad de México: Fondo de Cultura Económico, 1999.

_____. *La Dollarisation*. Paris: La Découverte, 1989.

_____. Spécificités de l'internationalisation du capital en Amérique Latine. *Revue Tiers Monde*, Paris: PUF, n. 74, 1978.

_____. *Un Procès de sous-développement*. 2. ed. ampl. Paris: Maspero, 1976.

_____. Au-delà d'un faux débat, l'articulation des États-nations en Amérique Latine. *Revue Tiers Monde*, Paris: PUF, n. 68, 1976.

_____. La Pauvreté prise dans les turbulences macroéconomiques en Amérique Latine. *Problèmes d'Amérique Latine*, Paris: Institut Européen de Géoéconomie, n. 45, 2002.

_____. *Pauvretés et inégalités dans le tiers monde*. Paris: La Découverte, 1994.

_____. *L'Économie gangrenée: Essai sur l'hyperinflation*. Paris: La Découverte, 1990.

_____. *Une Introduction à l'économie politique*. Paris: F. Maspéro, 1973. Traduzido em espanhol (Era e Fontamara), em português (Rio de Janeiro: Livros Horizonte e Civilização Brasileira), em italiano (Milano: Jaca Book), em persa, em turco e em grego.

SALAMA, Pierre; VALIER, Jacques. La Tendance a la stagnation revisitée. *Problèmes d'Amérique Latine*, Paris: Institut Européen de Géoéconomie, n. 52, 2004.

SALVADORI DEDECCA, C. *As Desigualdades na Sociedade Brasileira*, 2010 (mimeo).

SCHARZER, J. Cuentas y Cuentos sobre el Negocio de la Soja. *Cespa*. Universidad de Buenos Aires, 2008.

SHAFAEDIN, S. Mehdi. *The Impact of China: Accession to WTO on the Exports of Development Countries*. Genebra: CNUCED, 2002.

SHIXUE, J. Cultural Factors and Economic Performance in East Asia and Latin America. LABEA, 2003. Disponível em: <www.labea.org> (*working paper*).

SOLIMANO, A.; SOTO R. Economic Growth in Latin America in the Late 20th Century: Evidence and Interpretation. *Macroeconomia del Desarrollo*, Cepal, n. 33, 2005. Disponível em: <www.eclac.org>.

STEINDL, Josef. *Maturity and Stagnation in American Capitalism*. London: Blackwell, 1952.

STERN, N. The Economics of Development: A Survey. *The Economic Journal*, v. 99, n. 397, 1989.

STIGLITZ, Joseph E. *La Grande désillusion*. Paris: Fayard, 2002.

_____. *Quand le capitalisme perd la tête*. Paris: Fayard, 2003.

SZEKELY, M. The 1990s Latin America: Another Decade of Persistent Inequality, but with Somewhat Lower Poverty. *Journal of Applied Economics*, Buenos Aires, n. 2, 2003.

TADEU LIMA, G.; MEIRELES, A. J. A. Macrodinâmica Pós-Keynesiana do Crescimento e Distribuição. Brasília: Universidade de Brasília, 2001 (*working paper*).

TAKATOSHI, Ito. Exchange Rate Regime and Monetary Cooperation: Lessons from East Asia for Latin America. *Working Paper Series*, n. 9. LABEA, 2003. Disponível em: <www.labea.org>.

TAVARES, M. C. *Relação entre Distribuição da Renda, Acumulação e Modelo de Desenvolvimento*. Rio de Janeiro, 1973 (mimeo).

TITELMAN, Daniel; PEREZ-CALDENTEY, Esteban; PINEDA, Ramón. Como Algo tan Pequeno Termino Siendo tan Grande? Crisis Financiera, Mecanismo de Contagio y Efectos en America latina. *Revista de la Cepal*, n. 98. [S.l.], 2009.

TROTSKI, Leon. *1905: Bilan et perspectives*. Paris: Editions de Minuit, 1969.

VALIER, J. Pauvreté, inégalité et politiques sociales dans les tiers mondes depuis la fin des années 1980. *La Documentation Française*. Conseil d'Analyse Économique, n. 25. Paris, 2000.

WADE, R. Globalization, Poverty and Income Distribution: Does the Liberal Argument Hold. *London School of Economics*. London: Development Studies Institute, n. 02-33, 2002. Disponível em: <www.lse.ac.uk/depts/destin>.

WINTERS, A.; MCCULLOCH, N.; MCKAY, A. Trade Liberalization and Poverty: The Evidence so Far.*Journal of Economic Literature*, Pittsburgh, v. XLII, 2004.

WODON, Q. T. *Poverty and Policy in Latin America and the Caribbean*. Washington: Banco Mundial, 2000. Disponível em: <www.worldbank.org>.

WOO, W. T. Serious Inadequacies of the Washington Consensus: Misunderstanding the Poor by the Brightness. In: AKKERMAN, Age; TEUNISSEN, Jan Joost. (dir.). *Diversity in Development. Reconsidering the Washington Consensus*. Haia: Fondad, 2004.

ZETTELMEYER, J. Growth and Reforms in Latin America: A Survey of Facts and Arguments. WP/06/210, FMI, Washington D.C., 2006.

ECONOMIA NA PERSPECTIVA

Planejamento no Brasil I, Betty Mindlin (D021)
A Grande Esperança do Século XX, Jean Fourastié (D043)
Saída, Voz e Lealdade, Albert Hirschman (D087)
Tributação Indireta nas Economias em Desenvolvimento, John F. Due (D101)
Planejamento no Brasil II, Anita Kon (org.) (D277)
Unidade e Fragmentação: A Questão Regional no Brasil, Anita Kon (org.) (D284)
Política Econômica e Desenvolvimento no Brasil de 1947-1964, Nathaniel H. Leff (E042)
O Desafio das Desigualdades: América Latina/Ásia: Uma Comparação, Pierre Salama (E287)
O Problema Ocupacional: Implicações Regionais e Urbanas, Anita Kon (EL031)

COLEÇÃO ESTUDOS
(Últimos Lançamentos)

260. *A Cena em Ensaios*, Béatrice Picon-Vallin
261. *Introdução às Linguagens Totalitárias*, Jean-Pierre Faye
262. *O Teatro da Morte*, Tadeusz Kantor
263. *A Escritura Política no Texto Teatral*, Hans-Thies Lehmann
264. *Os Processos de Criação na Escritura, na Arte e na Psicanálise*, Philippe Willemart
265. *Dramaturgias da Autonomia*, Ana Lúcia Marques Camargo Ferraz
266. *Música Serva D'Alma: Claudio Monteverdi – Ad voce Umanissima*, Ibaney Chasin
267. *Na Cena do Dr. Dapertutto*, Maria Thais Lima Santos
268. *A Cinética do Invisível*, Matteo Bonfitto
269. *História e Literatura*, Francisco Iglésias
270. *A Politização dos Direitos Humanos*, Benoni Belli
271. *A Escritura e a Diferença*, Jacques Derrida
273. *Outro Dia: Intervenções, Entrevistas, Outros Tempos*, Ruy Fausto
274. *A Descoberta da Europa pelo Islã*, Bernard Lewis
275. *Luigi Pirandello: Um Teatro para Marta Abba*, Martha Ribeiro
276. *Tempos de Casa-Grande*, Silvia Cortez Silva
277. *Teatralidades Contemporâneas*, Sílvia Fernandes
278. *Conversas Sobre a Formação do Ator*, Jacques Lassalle e Jean-Loup Rivière
279. *A Encenação Contemporânea*, Patrice Pavis
280. *O Idioma Pedra de João Cabral*, Solange Rebuzzi
281. *Monstrutivismo: Reta e Curva das Vanguardas*, Lucio Agra
282. *Manoel de Oliveira: Uma Presença*, Renata Soares Junqueira (org.)
283. *As Redes dos Oprimidos*, Tristan Castro-Pozo
284. *O Mosteiro de Shaolin: História, Religião e as Artes Marciais Chinesas*, Meir Shahar
285. *Cartas a uma Jovem Psicanalista*, Heitor O´Dwyer de Macedo
287. *O Desafio das Desigualdades: América Latina / Ásia: Uma Comparação*, Pierre Salama
289. *Mística e Razão: Dialética no Pensamento Judaico*, Alexandre Leone
290. *O Espaço da Tragédia: Na Cenografia Brasileira Contemporânea*, Gilson Motta